**A Series of Books
Issued by Taxpayer Club**
纳税人俱乐部丛书

丛书主编：李永延

税务监测算法解密与
智能化纳税管理

刘海湘　张建忠◎编著

云南大学出版社
YUNNAN UNIVERSITY PRESS

图书在版编目（CIP）数据

税务监测算法解密与智能化纳税管理 / 刘海湘，张建忠编著. -- 昆明：云南大学出版社，2021
（纳税人俱乐部丛书 / 李永延主编）
ISBN 978-7-5482-4309-0

Ⅰ．①税… Ⅱ.①刘… ②张… Ⅲ.①税收管理—中国 Ⅳ.①F812.423

中国版本图书馆CIP数据核字（2021）第111080号

策划编辑：赵红梅
责任编辑：王　颖
装帧设计：刘　雨

税务监测算法解密与
智能化纳税管理

SHUIWU JIANCE SUANFA JIEMI YU
ZHINENGHUA NASHUI GUANLI

刘海湘　张建忠◎编著

出版发行：云南大学出版社
印　　装：昆明精妙印务有限公司
开　　本：787mm×1092mm　1/16
印　　张：22.25
字　　数：275千
版　　次：2021年6月第1版
印　　次：2021年6月第1次印刷
书　　号：ISBN 978-7-5482-4309-0
定　　价：68.00元

社　　址：云南省昆明市一二一大街182号（云南大学东陆校区英华园内）
邮　　编：650091
电　　话：（0871）65033244　65031071
网　　址：http://www.ynup.com
E-mail：market@ynup.com

若发现本书有印装质量问题，请与印厂联系调换，联系电话：0871-67122763。

总　序

2020年底，我在云南玉溪和普洱、海南海口、江苏南京和常州5个城市先后开了5场有企业总经理、财务总监参加的座谈会，以了解企业的经营情况。在会上听到的情况归纳起来为两种"不匹配"：一是企业经营与市场需求不匹配，二是企业经营与资金不匹配。这两种不匹配同时带来了两个"焦虑"：一是生存焦虑（包括企业和财务总监个人），二是大数据人工智能转型焦虑。两种不匹配和两个焦虑体现在财务上属于业财融合问题。为此，我建议我们北京财税研究院的陈雪飞副院长组织专家编辑出版业财融合方面的培训教材，以帮助财务人员提升业财融合的水平和能力。经过数月的努力，首批编辑出版了《生存核心资源与战略成本控制》《并购重组财税规划实务》《税务监测算法解密与智能化纳税管理》3本书，先听听读者的意见和建议。如大家觉得好，继续往下编辑出版。

3本书各有侧重，《生存核心资源与战略成本控制》以核心资源利用和配置，解决扼住企业发展咽喉的成本问题；《并购重组财税规划实务》在当前并购重组井喷时期，有效帮助投资者、企业在企业并购重组过程中解决财税处理方面存在的财务和税收规划业务问题；《税务监测算法解密与智能化纳税管理》是当下税务机关利用数字征管稽查需要快速掌握的应对技巧和自查方法，同时也有助于企业提升智能化税务管理能力。我们衷心希望这3本书能够帮助税务机关、投资者、企业财务人员等开展工作。

今天是个自我颠覆、范式跃飞的新时代。传统上让企业强大的资产、专业技能、大规模的劳动力、品牌传承等元素，在某种程度上已成了企业的负担。依据自身资源，创造出满足消费者需求的独特产品和商业模式，才能使每个企业获得发展。作为企业数字管理中枢的财务管理部门，也因此正在经历一场大的发展变革。财务如何配合业务成为企业竞争的核心关键，作为以财税实务为研究核心的北京财税研究院，有义不容辞的责任，我们希望能够编出更多受财务工作者欢迎的书籍。

李永延

2021年5月24日

前　言

在信息技术高速发展的当下，税务新基建日臻完善，金税工程大数据云平台已经让"四个一"落地，这就是税务中间层实现了在全国范围内企业信息"一户式"，个人信息"一人式"，税务管理"一局式"，相互关联"一网式"。企业身处"用数据说话""靠信息管税"的时代，却面临着前所未有的财务信息"裸奔"、没有自身监测税务风险机制和防控税务风险体系的尴尬局面。在如此形势下，企业只有建立贯穿于企业内部各个环节的风险预测机制，将之渗透到企业经营活动的各个层面和全过程，定期进行企业税务风险的检查，才能从源头上防范涉税风险、降低企业税收负担。本书对于指导企业结合实际情况，建立自身智能化纳税管理体系，通过风险识别、风险分析、风险评价等步骤，查找企业经营活动及其业务流程中的税收风险具有很强的指导意义。本书的特点如下：

一是与实际工作紧密结合。由于作者有多年的税务稽查、纳税评估、风险分析的工作经验，所以本书每一风险指标和风险点的描述都来源于实践、紧贴现实，具有很强的操作性。

二是案例丰富。本书包括近300个实战案例，无论是风险指标的计算方法和分析思路，还是各税种每个风险点的表现形式，作者都辅之以精选案例进行阐述，案例也大都来自一线税务稽查、评估工作实际，通俗易懂，易于掌握，具有很强的实用性。

三是内容全面。本书内容除了涵盖增值税、企业所得税和个人所得税三大税种的风险发生规律、风险分析指标和模型外，还全面梳理了印花税、房产税、土地增值税等各税种税务风险的分析方法和具体风险表现，同时还详解了通过财务报表数据分析税务风险的方法，内容翔实，分析透彻，具有很强的指导性。

本书既可作为企业智能化纳税管理指导用书，亦可作为税务稽查、纳税评估人员进行企业税收风险分析的参考用书。全书共五章，包括企业税务风险分析方法、增值税税务风险管理、企业所得税税务风险管理、个人所得税税务风险管理、其他税种税务风险管理，全面介绍了各税种的税务风险分析指标、税务风险点和利用主要财务数据分析税务风险的方法等内容。

企业税务风险管理是一项新兴、复杂的工作，笔者相信这本书能够提醒企业识别风险，合理控制，杜绝违法。提高纳税遵从度和纳税信用等级，为企业在商海中畅游保驾护航。

目　录

第一章

企业税务风险
分析方法

扁鹊是春秋战国时代的名医，原名秦越人。由于医术精湛，人们用传说中的上古轩辕时代的名医——扁鹊来称呼他。在回答魏文王"你们三兄弟谁最厉害"时，扁鹊说出一番大道理：长兄治病，是治于病情发作之前，所以默默无闻；中兄治病，是治于病情初起之时，一般人以为他只能治轻微的小病，所以在小范围知名；而我是治病于病情严重之时，大家看到我穿针放血、开刀敷药，以为我的医术高明，我的名气因此响遍天下。扁鹊三兄弟行医的故事，应该给企业管理者以重要启示——防患于未然，这是应对税务风险的上善之法。

税务风险爆发只是一瞬间的事，酝酿过程往往很长，且可能缘于企业各环节长时间积累的矛盾。但是，一些企业在处理税务风险时侧重于风险发生后的应对策略，而忽略了风险的源头治理。一言以蔽之，缺乏"治未病"的风险管理理念。从企业长远发展的角度看，企业应像扁鹊长兄那样"于病视神"，定期自查分析自身税务风险，"未有形而除之"，及时修正完善，所谓"发现在早、处置在小、效果在好"，可以最大限度将税务风险降低或消除。

那么，该如何做到"于病视神，未有形而除之"，掌握风险应对主动权呢？笔者建议企业可建立自身的税务风险风控体系，参照税务机关分析核查企业税务风险的方式，定期对企业税务风险进行自查，及时修正完善一些不合规行为，以防范被税务稽查和纳税评估的风险。为此，本章通过案例解析的方式重点介绍税务机关分析纳税人税务风险的具体方法。税务机关分析企业税务风险的方法主要有核对法、比较分析法、逻辑推理法、控制计算法等。在分析过程中，税务人员会结合货物、资金、发票、运输等流向的多个方面，分析企业生产经营情况与纳税申报情况，判断纳税人纳税申报的真实性、准确性。

第一节　核对法

核对法是指通过表表之间、表实之间以及内外部信息之间的核对，查找企业存在涉税问题的方法。

一、表表核对

表表核对指对企业各税种纳税申报表、财务报表等报表之间的数据进行核对，查找企业涉税风险。

（一）纳税申报表间的核对

【案例】某汽车服务有限公司2019年申报增值税销售收入合计169 844 909.18元，其中：按适用税率计税销售额为36 638 193.95元，按简易征收办法计税销售额为180 769.23元，免税销售额为133 025 946.00元；企业所得税申报全年营业收入为36 800 774.50元。

【解析】

运用表表核对进行分析，发现企业存在以下问题：增值税申报销售收入远远大于企业所得税申报销售收入。通过进一步检查后发现企业存在以下问题：

1. 纳税申报表填写错误

（1）2019年7月、11月和12月的增值税申报表均出现数据填写错误；

（2）增值税申报表填写的免税销售额133 025 946.00元，实际为经销二手车代收的销货款，所收款项的实际性质不是免税销售额。

2. 少申报企业所得税收入

该企业销售二手车，每台车收取100～200元手续费，2019年约销售10 000台二手车，手续费收入应为1 500 000元左右，此笔收入未并入企业所得税应纳税所得额，未申报缴纳企业所得税。

【相关风险分析方法】

纳税申报表间的核对：主要通过增值税申报表和企业所得税申报表之间、增值税申报表和消费税申报表之间、企业所得税申报表和个人所得税申报表之间具有勾稽关系的项目或是同一申报表中具有勾稽关系的项目进行核对，以发现企业涉税风险。

（二）财务报表间的核对

【案例】甲包装公司2019年度营业收入为24 370 829.39元，应收账款增加42 358 042.95元。

【解析】

利润表上的营业收入×（1+适用增值税税率）=24 370 829.39×（1+13%）=27 539 037.21元<资产负债表应收账款增加数42 358 042.95元。

应收账款增加数与收入的增长幅度不配比，且应收账款的增加数远远大于利润表上的营业收入×（1+适用增值税税率），可能会被税务机关认为企业存在隐瞒收入、多计成本费用的问题。

【相关风险分析方法】

财务报表间的核对：主要通过资产负债表与利润表之间、资产负债表与现金流量表之间等不同财务报表间或是同一财务报表具有勾稽关系的项目进行核对发现企业涉税风险。

1. 同一报表中的有关项目的核对

如核对资产负债表中资产总额与负债、所有者权益数额之和是否一致；又如损益表中利润总额是否等于营业利润＋投资收益＋营业外收入－营业外支出。

2. 不同报表之间的相互核对

具体又分两种情况：一是不同报表中的相同指标的名称及金额是否相符。如资产负债表中的"未分配利润"与利润分配表中的"未分配利润"项目是否一致；二是不同报表中的相关项目的相互对照。例如，通常情况下，资产负债表中的应收账款的对应科目是利润表中的"主营业务收入"和"其他业务收入"，所以应收账款应与营业收入同方向变动。如果一个企业的应收账款大幅增加，而利润表中的营业收入本年和上年相比却是持平或者下降的，则税务机关可能会认为企业存在隐瞒收入、多计成本费用的问题。

（三）纳税申报表与财务报表间的核对

【案例】检查人员在核对一家制造企业2019年度企业所得税纳税申报表时，看到附表三《纳税调整项目明细表》第40行扣除类项目调整"其他"中，填列调减金额11 362 408.12元。

【解析】

"其他"中填列调减金额11 362 408.12元，无非是想说明，该单位在申报表正列举扣除项目之外，有11 362 408.12元税法允许扣除的支出，会计上未认定为成本或费用，"应当扣除而未扣除"，所以要纳税调减。较大的数字和通过比较模糊的项目进行纳税调减，引起了检查人员的注意，于是要求对方提供该项目调整的明细。经核对，检查人员发现，11 362 408.12元调减有多项内容，其中绝大多数确实属于"应当扣除而未扣除"，但混在其中的一笔431 276.88元支出是"补缴个税"，经询问财务人员后，检查人员了解了事情的真相。原来，被查单位在进行产品推广时，向个人客户赠送礼品，未代扣个税，后经审计发现了这一问题，在无法向客户补扣个税的情况下，决定由单位负担，而根据相关规定，这部分税款不允许税前扣除，已经负担了个税，又不想在所得税上"吃亏"，于是被查单位便将这笔税款支出精心隐藏在"其他"项目中申报"扣除"，结局自然是补税和被处以罚款。

【相关风险分析方法】

纳税申报表与财务报表间的核对：主要是通过财务报表与企业所得税申报表、增值税申报表之间具有勾稽关系的项目进行核对，以发现企业涉税风险。例如分析增值税销项税额时，可将"产品销售收入""应交税费——应交增值税（销项税额）"明细账等账户与增值税纳税申报表核对，即可发现申报销项税额及销售额是否有误。又如将总账中的"本年利润"账户余额合计值与企业所得税纳税申报表中的"利润总额"相互核对，看其是否相等。

二、表实核对

【案例】甲企业是一个经营合资品牌小轿车的4S店，该企业的总资产规模为1亿多元，其中存货占4 000多万元，该品牌系列小轿车市场平均单价每辆15万元左右，按照整车的平均单价来估算，企业会有260台左右的库存车辆。

【解析】

税务检查人员实地核查后发现库存整车数量较少，其他的汽车配件、维修材料、装饰材料等也不多。账实核对后，整车的数量账实相符，而一些料件的数量实存数远远小于账存数。经进一步检查，发现主要是企业销售整车以后，提供的维修、保养、装饰等服务一般都是对个人的，而个人可能由于企业不开票会给予一定价格方面的优惠，所以大都没有索取发票，造成企业这一部分的收入没有确认，对应的材料成本没有结转，材料的账存数大于实存数，报表中存货项目的余额很大。

【相关风险分析方法】

表实核对：指根据账面记录核对库存实物的品种、数量、价值是否相符的一种自查方式。通过账实核对，确认实物的购入、发出、领用、销售、委托加工等的真实情况。通过账实核对，可以发现企业在提取折旧、摊销费用、生产成本的计算以及收入等方面存在的问题。

三、内外核对

【案例】利用互联网信息查找风险。某市税务机关在日常管理中，将加强限售股股权转让活动监控作为强化高净值自然人税收征管的重要措施，税务人员应用网络爬虫技术采集上市公司公告数据和信息，并借助个人限售股选案模型，分析互联网信息及征管数据，以及时发现个人转让限售股的线索。

不久前，某市税务人员从巨潮资讯网、东方财富网等多家行业网站中采集公告信息数据实施风险分析。税务人员发现，本地上市企业F公司大股东吴某近期分批在外地证券公司减持其持有的解禁限售股，总金额逾亿元。但比对吴某减持年度个税综合收入申报信息，却发现吴某并未在"财产转让所得"一栏中申报该项股份转让事项。

税务人员认为，F上市公司大股东吴某存在转让限售股后未足额申报个人财产转让所得疑点，于是决定跟进调查。

税务人员了解到，F公司是高新技术企业，2010年上市向社会公开发行股票，并在深圳证券交易所挂牌交易。根据有关规定，F公司上市时大股东吴某手中持有的股份限售期为3年。

　　税务人员发现，吴某在限售股解禁期满后，分别在广东某市、福建某市等地分批次通过股票交易市场转让其所持有的股份合计3 000多万股，涉及金额逾亿元。对于企业限售股转让所形成收入的税收问题，《财政部、国家税务总局、证监会关于个人转让上市公司限售股所得征收个人所得税有关问题的通知》（财税〔2009〕167号）明确规定，限售股转让所得个人所得税，以限售股持有者为纳税义务人，以个人股东开户的证券机构为扣缴义务人，在证券机构所在地缴纳限售股个人所得税。

　　税务人员认为，由于吴某通过异地证券公司减持其持有的企业股份时，全国个人所得税缴纳信息数据尚未联网，加上吴某未在当年个人所得税申报表中反映这一信息，因此，税务机关没能及时掌握吴某转让股份这一情况。

　　因涉及金额较大，为进一步摸清吴某减持股份的交易情况，核实其个人所得税缴纳状况，该市税务机关决定对该项交易实施深入调查，派出税务人员先期赴深圳证券交易所了解吴某减持限售股的具体情况，再根据调查获取的信息，进一步核实吴某是否存在缴税问题。

　　【相关风险分析方法】

　　内外核对：指利用与纳税人生产经营密切相关的第三方信息来分析、核实纳税人申报信息是否真实的方法。

第二节　比较分析法

　　比较分析法是指对企业当期的申报资料，包括涉税信息、财务数据等资料与某一设定好的数值进行对比分析，包括同一纳税人不同时期的数据对比，同一行业中不同企业的相同时期的数据对比以及某一纳税人当期申报资料的数据与该值正常范围变动边界值的对比，找出其中的差异，并对差异的合理性或合法性进行分析判断的一种评估分析方法。

【案例】某购物中心2019年1～12月应税销售额596.52万元（上年同期548.27万元），应纳增值税额0（上年同期0元），增值税税负为0。税务机关公布的同行业增值税税负预警值为1.41%。2018年和2019年的相关财务数据见表1-1和表1-2。

表1-1

单位：万元

指标名称	2018年	2019年
销售收入净额	548.27	596.52
销售成本	469.15	528.84
营业费用	44.27	119.77
利润总额	23.46	-22.41
固定资产折旧额	297.60	403.50
固定资产原值	6 147.37	6 625.47

表1-2

单位：万元

指标名称	2018年		2019年	
资产	期初数	期末数	期初数	期末数
资产总额	8 083.62	8 819.06	9 320.46	9 811.78
存货	1 300.32	1 679.98	1 695.74	1 575.95

【解析】

1. 增值税税负分析

该企业增值税税负为零，税务机关公布的增值税税负预警值为

1.41%，低于预警值。

疑点一：增值税税负明显偏低。

2. 收支类指标分析

（1）收入成本指标配比分析

2019年主营业务收入变动率＝（596.52－548.27）÷548.27×100%＝8.80%

2019年主营业务成本变动率＝（528.84－469.15）÷469.15×100%＝12.72%

2018年毛利率＝（548.27－469.15）÷548.27×100%＝14.43%

2019年毛利率＝（596.52－528.84）÷596.52.46×100%＝11.35%

疑点二：通过指标计算，该购物中心2019年主营业务成本变动率为12.72%，而2019年主营业务收入变动率却为8.80%，主营业务收入变动率小于主营业务成本变动率，两者比值为0.69＜1，两者不同步增长，并且2018年毛利率为14.43%，而2019年毛利率却为11.34%，2019年在收入增长的同时，毛利率却出现了下降。

（2）收入费用指标配比分析

2019年主营业务收入变动率＝（596.52－548.27）÷548.27×100%＝8.80%

2019年营业费用变动率＝（119.77－44.27）÷44.27×100%＝170.54%

疑点三：通过指标计算，该购物中心2019年营业费用变动率为170.54%，而2019年主营业务收入变动率为8.80%，主营业务收入变动率小于营业费用变动率，两者比值为0.0516＜1。可能存在少计收入、多列费用的问题。

3. 资产类评估指标分析

固定资产综合折旧率＝固定资产折旧总额÷固定资产原值总额×100%

2018年固定资产综合折旧率＝297.60÷6 147.37×100%＝4.84%

2019年固定资产综合折旧率＝403.50÷6 625.47×100%＝6.1%

通过指标计算，该购物中心2018年固定资产综合折旧率为4.84%，2019年固定资产综合折旧率为6.1%。

疑点四：2019年的综合折旧率高于上年同期，可能存在税前多列固定资产折旧的问题。

【相关风险分析方法】

1. 绝对数比较分析法

绝对数比较分析法是指将相互关联的涉税指标的绝对值直接进行对比，来揭示和发现它们之间的差异，并根据这些差异判断问题的性质和程度的方法。例如，对企业不同时期的销售收入进行对比，对不同企业或同一企业不同时期的纳税金额进行对比。通过这种对比，可以反映相关事项的增减变动是否正常，从而发现潜在的问题和风险。

2. 相对数比较分析法

相对数比较分析法是指对涉税数据中内容不同但相互关联的税收指标进行对比计算的方法。根据对比基础的不同，又可以分为比率相对数比较、构成比率相对数比较。前者是通过计算有关项目的百分比、比率或比值结构等，再进行比较来揭示其中的差异，如应收账款周转率、存货结构、税负率等都属于比率相对数比较。后者是通过计算每一个经济指标各组成部分的占比情况来分析其相应的构成比率变化，从而发现存在的异常变动。例如，通过计算企业外购货物与销售货物、期末存货的构成比率是否具备同一性，可以发现该企业是否有虚假进货、隐瞒公司销售收入等行为。

一般而言，在实践中使用比较分析法时，应重点关注以下两个方面：一是在使用比较分析法之前，应确认该方法使用时所涉及内容的正确性；二是用于分析比较的指标必须具有可比性，且对比的指标口径应当保持一致。

第三节　逻辑推理法

逻辑推理法是利用企业生产经营中的各种已知条件和数据，根据事物之间内在的相互关系，对未知事物的结果进行推理判断，从而分析企业纳税相关数据是否异常的一种方法。

【案例】某企业2019年度申报数据中主营业务成本为270万元，营业费用为25万元、管理费用为15万元、财务费用为10万元，成本费用率指标预警值为25%～30%，请运用成本费用率指标进行分析。

【解析】

成本费用率=（分析期营业费用+管理费用+财务费用）÷分析期主营业务成本×100%=（25+15+10）÷270×100%=18.5%<25%，说明纳税人可能存在多列支成本问题。

【相关风险分析方法】

1. 比率分析法

指利用数理统计学的原理挖掘大样本数据，分析比对企业财务上存在固有配比关系的相关指标之间的相关性，判断其合理性的方法。如成本费用率指标是根据纳税人申报数据计算出各类费用（营业费用、管理费用、财务费用）与当期主营业务成本之间的比率关系，与所设置的相应预警值做比较。

成本费用率=（分析期营业费用+管理费用+财务费用）÷分析

期主营业务成本×100%

一般情况下，费用与成本的关系应该是期间费用的增长幅度低于主营业务成本的增长幅度，并且费用总额也应该小于成本总额，因此所设置的预警值应小于1。如果测算出的成本费用率近似于预警值，说明纳税申报数据正常；如果测算出的结果小于预警值，说明纳税人可能存在多列支成本问题；如果测算出的结果大于预警值，说明纳税人可能多列支期间费用问题。

2. 杜邦分析法

指利用几个财务指标间的内在关系来综合反映企业财务状况的方法。

净资产利润率=资产净利率×权益乘数

权益乘数=资产总额÷所有者权益=资产总额÷（资产总额−负债总额）=1÷（1−资产负债率）

资产净利润=销售净利率×资产周转率

在进行企业所得税纳税税收分析时，根据杜邦分析体系，计算企业当年的净资产利润率，并与同期同行业企业进行横向对比以及与历史同期水平进行纵向对比，若明显低于行业平均水平或历史最低水平，就可能存在异常。

3. 因素分析法

指从数据样本中总结并提取出若干个互相关联的因素，用其变化来解释结果的变化，从而分析得出因变量与自变量之间的关系的方法。如企业所得税应纳税额的变动受应纳税所得额变动的影响，应纳税所得额的变动又受到收入、成本、费用、税金、其他支出等多种因素的影响。因此，分析应纳税额的变动时，就可以从分析其影响因素入手，分析出每个因素对应纳税额变动的影响程度，进而判断应纳税额的变动是否合理。

第四节　控制计算法

控制计算法是指根据有关数据之间的相互控制、相互制约关系，用可靠的或科学测定的数据来证实账面资料是否正确的一种纳税检查方法。如以耗核产、以进核出、以产核销、以存计销、以存计耗等都属于这种方法。

（一）保本经营测算法（费用倒挤法）

【案例】B超市有限公司于2000年9月份办理税务登记证并申请认定为一般纳税人，公司注册资金为50万元人民币，经营范围为各类百货、日用杂品、副食品和针纺织品等零售业务。公司现有营业网点2个，其中大庆南路店营业面积900平方米（转租钟表、服装两柜组50平方米，年收取租金2万元），商业街店营业面积150平方米；年上交租金23.5万元，正常水电费每年10万元，人员工资（含社会保险）28万元，其他业务费用每年7万元。2019年累计申报增值税应税销售收入3594362.51元，实现增值税50574.71元，当期税负为1.41%。省税务局公布最低商业超市税负为1.51%、商业超市平均毛利率为11%。

【解析】

疑点一：税负偏低。

采用保本测算法：依据企业2019年度发生或必须承担的费用额，按该省省税务局公布的商业超市平均毛利率11%，测算年保本销售额。

年费用额=租金23.5万元−转租收入2万元+水电费10万元+人员工资（含社会保险）28万元+其他业务费用7万元=66.5万元

年保本销售额=66.5万元÷11%=604.55万元

差额=年保本销售额−申报销售额=604.55−359.43=245.12万元

疑点二：该企业可能存在少计收入、少交税款问题。

【相关风险分析方法】

保本经营测算法又称费用倒挤法，是按照纳税人生产经营保本这一最基本要求，根据其一定属期内的费用开支状况，倒挤出纳税人当期的最低保本销售收入，并以此来分析、核实其申报信息是否真实的方法。

费用推算最低销售收入差异率＝（按适用税率征税货物及劳务销售额－费用推算最低销售收入）÷费用推算最低销售收入

费用推算最低销售收入＝（分析期营业费用＋分析期管理费用＋分析期财务费用）÷行业平均毛利率

实际工作中，保本经营测算法的操作计算比较简单，关键是要摸清纳税人费用开支的真实情况。

【注意问题】

（1）确定纳税人必不可少的费用支出项目，如房租、水电费、雇员工资、卫生费、品牌使用费以及其他必要的费用支出等；

（2）合理确定纳税人费用支出额度和非生产经营收入，如确定纳税人的房租支出时，应参照同一地段其他纳税人的房租高低；在确定雇员工资时，不仅要参照当地雇工的平均工资水平，还应根据纳税人的生产经营规模，准确掌握雇工人数；在确定纳税人其他费用开支时，还应摸清纳税人的家庭人员构成状况，有无其他收入来源，等等。

（二）能耗测算法

【案例】某企业2003年12月8日被认定为增值税一般纳税人，注册资本1 200万元，生产工人380人，主要生产高强度瓦楞纸，共有纸机6台，分别是1575型3台，1760型1台，1880型1台，2400型1台，2019年1～12月申报销售14 996 419.57元，已纳税额387 967.91

元，税负2.7%，当年入库产成品11 392.438吨，该产品投入产出比为55%、单位产品耗煤量为0.69吨／吨、单位产品耗电量为400度／吨。

【解析】

1. 按单位产品耗草模型计算

该单位2019年1～12月账面记载：上期结转麦草7 336.921吨，本期购进麦草44 586.313吨，年末结存麦草24 691.594吨。

分析期耗用麦草数量＝期初库存麦草数量+分析期购进麦草数量－期末库存麦草数量＝7 336.921+44 586.313－2 4691.594＝27 231.64吨

分析期产品产量＝分析期耗用麦草数量×投入产出率＝27 231.64×55%＝14 977.40吨

2. 按单位产品耗煤模型计算

该单位2019年1～12月账面记载：上期结转煤625.8吨，本期购进煤9 118.78吨，年末结存煤－563.9吨（未收到发票、未记账，煤已先使用）。

分析期耗用煤的数量＝期初库存数量+分析期购进数量－期末库存数量＝625.8+9 118.78－（－563.9）＝10 308.48吨

分析期产品产量＝分析期耗用煤数量÷单位产品耗煤量＝10 308.48÷0.69＝14 939.826吨

3. 按单位产品耗电模型计算

该单位2019年1～12月共计耗电5 992 080度。

分析期产品产量＝分析期耗电量÷单位产品耗电量＝5 992 080÷400＝14 980.2吨

按该厂耗用的原材料、煤、电推算的产品生产数量与设备设计生产能力大致相同，说明造纸业的评估模型基本符合企业实际。由此推算出纳税人分析期产量与账面记载产量相差3 500多吨，说明其很可能存在隐匿产量、未记销售的现象。

【相关风险分析方法】

能耗测算法：主要是根据纳税人分析期内水、电、煤、气、油等能源、动力的生产耗用情况，利用单位产品能耗定额测算纳税人实际生产、销售数量，并与纳税人申报信息对比、分析的一种方法。其中耗电、耗水等数据可从电力部门、自来水公司等第三方取得核实，相对较为客观。

分析期测算产品产量=分析期生产能耗量÷分析期单位产品能耗定额

分析期测算产品销售数量=分析期期初库存产品数量+分析期测算产品产量–分析期期末库存数量

分析期销售收入测算数=分析期测算产品销售数量×分析期产品销售单价

问题值=（测算应税销售收入–企业实际申报应税销售收入）×适用税率（征收率）

【注意问题】

正常的企业非生产性（办公照明、空调使用等）用电占比例很小，可以忽略。但对差异额较大的，应分析是否存在隐瞒产量少计销售收入的可能，是否存在将电转售其他企业或用于不得抵扣项目等少计其他业务收入或多抵进项情况；对需要由电费推算用电量的，应考虑扣除企业缴纳的基本电费。

（三）投入产出法

【案例】某织布厂2002年6月被认定为增值税一般纳税人，现有职工90人，共有织机11台，主要产品为不割绒茶巾、浴巾。2019年6～12月，实现销售收入684 500元，销项税额88 985元，进项税额78 477元，缴纳增值税10 508元，当期税负1.53%。产品平均售价为19.2元/千克（不含税），6～12月投入棉纱62 385千克，账面期初无库存，期末库存为13 000千克，销量为37 000千克，该行业投入产出比在85%以上。

【解析】

运用投入产出比模型测算结果如下：

分析期产品产量＝62 385（分析期投入原材料）×85%（投入产出率）＝53 027.25千克

分析期产品销售量＝53 027.25（分析期产量）－13 000（期末库存）＝40 027.25千克

问题值＝40 027.25（分析期销售量）－37 000（账面销量）＝3 027.25千克

评估差异金额＝3 027.25×19.2元（每千克售价）＝58 123.2元

测算税款与申报税款差异额＝58 123.2×13%＝7 556.02元

利用企业申报的数据测算其投入产出率＝[37 000（账面销量）+13 000（期末库存）－0（期初库存）]÷62 385（分析期投入原材料）×100%＝80.15%

与该产品正常投入产出率85%比，也存在差异。经约谈，该厂承认为打开销路，将部分产品无偿赠送给了客户；由于资金紧张，将部分产品作为工资福利发放给了职工，数量和金额与预测数据基本一致。

【相关风险分析方法】

投入产出法。投入产出，对企业而言是个效率指标。从广义上讲，企业的投入产出既包括货物流的投入产出，也包括资金流的投入产出，还包括人力的投入产出。从狭义上讲，仅是指企业货物流的投入产出。这里使用的是狭义的概念，即投入产出法就是根据企业分析期实际投入原材料、辅助材料、包装物等的数量，按照确定的投入产出比（定额）测算出企业分析期的产品产量，结合库存产品数量及产品销量、销售单价测算分析纳税人实际产销量、销售收入，并与纳税人申报信息进行对比分析的方法。

1. 分析指标

分析期投入产出率=分析期产品产量÷分析期投入原材料（辅助材料、包装物）数量×100%

2. 分析方法

若分析期投入产出率小于行业最低投入产出率，则推断企业可能存在不计、少计收入或多转原材料（辅助材料、包装物）成本情况，需结合主营业务收入变动率与期间费用变动率及主营业务收入变动率与主营业务成本变动率等通用配比指标进一步分析。

（1）若主营业务收入变动率低于期间费用变动率，则可能存在不计、少计收入问题。

分析期不计、少计产品产量=当期投入原材料（辅助材料、包装物）数量×投入产出率−当期产品产量

不计、少计收入问题值=分析期不计、少计产品产量×分析期产品销售单价

应交增值税问题值=不计、少计收入问题值×适用税率（征收率）

应交企业所得税问题值=（应纳税所得额+不计、少计收入问题值）×适用税率−已交企业所得税税额

（2）若主营业务收入变动率与期间费用变动率基本同步而主营业务收入变动率低于主营业务成本变动率，则可能存在多转材料成本问题。

分析期多转材料数量=当期投入原材料（辅助材料、包装物）数量−（当期产品产量÷投入产出率）

应交企业所得税问题值=分析期多转材料数量×分析期材料单

位成本×（分析期产品销售数量÷分析期产品产量）×适用税率

【注意问题】

（1）对测算分析结果，应从企业仓库保管、库存明细账目、辅助材料、包装物耗用等多方面印证、分析。

（2）注意模型中指标的计量单位，特殊情况下必须进行单位换算，以免出现错误。

（3）对农副产品收购、废旧物资收购等企业可利用该法关联分析收购发票开具的真实性。

（四）设备生产能力法

【案例】某运输集团公司成立于2008年，主营公路货物运输，是一般纳税人，现有职工108人，车辆23台，核定载质量192.5吨。全年车辆运转时间为80%。2019年度申报营业收入9 768 542.56元。

企业的车辆情况见表1–3。

表1–3　××运输集团公司车辆情况

车型吨位	微型	轻型	中型				重型	合计
	0	2.5吨车	9吨车	10吨车	13吨车		0	0
台数	0	5台	6台	10台	2台			23台
吨位	0	12.5吨	54吨	100吨	26吨		0	192.5吨

中型车：主要跑省外长途运输，每吨每天平均营运收入为181.47元；轻型车：主要跑省内短途运输，每吨每天平均营运收入为136.80元。

【解析】

营业天数：全年车辆运转时间为80%，2019年营运天数为365×80%=292天

测算运输业务收入=∑各车型总载质量×每吨每天营运收入×营运天数=（292×181.47×180）+（292×136.8×12.5）

=9 538 063.2+499 320=10 037 383.2元

申报运输业务收入：9 768 542.56元

偏离值=10 037 383.2−9 768 542.56=268 840.64元

偏离系数=268 840.64÷10 037 383.2×100%=2.68%

该企业可能存在隐瞒收入的问题。

【相关风险分析方法】

设备生产能力是指主要生产设备在原料、动力和人员等正常运转下产出的能力，可分为设计生产能力和实际生产能力。设计生产能力指按照国家标准生产或引进的设备，经过国家有关部门审验、认可的标准性生产能力。实际生产能力是指设备在实际运转时的生产能力。在一般情况下，设备的实际生产能力与设计生产能力有一定出入。随着各个行业国标、强制性国标及行业管理标准的出台和完善，设备的实际生产能力越来越接近设计生产能力。

分析期测算产品产量=分析期若干设备的日产量或时产量×分析期正常工作日或工作时

测算应税销售收入=（期初库存产品数量+分析期测算产品产量−期末库存产品数量）×分析期产品销售单价

问题值=（测算应税销售收入−企业实际申报应税销售收入）×适用税率（征收率）

该方法通过设备生产能力、生产耗用的时间测算产品的生产量，进而测算其销售额和应纳税额，并与申报信息进行对比分析，查找涉税疑点和线索。

对于物流企业，测算营业收入值=Σ各种（微型、轻型、中型、重型等）车型（总载质量×每吨每天营运收入×营运天数），对比测算的营业收入和实际申报的营业收入，找出问题值。

【注意问题】

（1）可从随机文件中得到设备生产能力。随机文件包括产品说明书、合格证、装箱单等。产品说明书对了解和掌握纳税人的设备生产能力较为重要。

（2）要注意正确区分设备的规格、型号、数量和生产能力。

（3）设备生产能力一般有幅度，要结合企业实际情况进行掌握。

（五）毛利率法

【案例】A企业成立于2015年7月，注册资本5千万元，2015年8月1日认定为增值税一般纳税人，行业为有色金属矿采掘业，主要产品是锌矿石和锌精粉，年设计采矿能力为50万吨，选矿能力为35万吨，年预计产值50 000万元。通过对同行业财务指标数据的分析比较，某局6户锌矿采选企业中，C企业销售毛利率明显高于其他企业，销售毛利率情况如下表1-4。

表1-4　2019年度A、B、C企业销售毛利率对比情况

企业项目	采选一体企业		单选企业		单选企业	
	A企业	同行业水平	B企业	同行业水平	C企业	同行业水平
产品销售毛利率	87	90	20.8	30	81.4	30

【解析】

通过以上销售毛利率的对比分析，A企业销售毛利率略低于同行业水平，B、C企业属同类型企业，产品及工艺流程相同，而B企业销售毛利率远远低于C企业。同时通过对同类企业财务指标的深入对比分析发现：一是C企业销售毛利率高的原因为锌矿石购进价格低于同行业平均水平；二是C企业的原材料全部来源于A企业；三是A企业锌矿石全部销售给B和C企业。由于以上三户企业存在购销关系且财务指标异常，评估人员采取合并对比的分析方法对这三户企业做进一步分析，判断A企业是否存在无正当理由低价销售情况。

【相关风险分析方法】

毛利率法，就是以企业的毛利率与行业（商品）毛利率相对比，筛选出差异幅度异常的企业，通过有关指标测算企业应税销售收入，并与企业申报信息进行对比分析的一种方法。

毛利差异率=（企业毛利率－行业或商品毛利率）÷行业或商品毛利率×100%

（1）在企业毛利率明显偏低的情况下，若企业应收账款、其他应收款、其他应付款等科目期末余额长期过大，则有销售挂账隐瞒收入的嫌疑。再对企业的资产结构和存货结构是否合理进行分析，商业企业库存商品占流动资金比例长期较大，且库存量逐期增大，则说明企业可能有虚增库存、多列进项的嫌疑。

（2）在企业毛利率明显偏低的情况下，若企业存在滞留票情况，即其取得的进项发票未入账抵扣，则企业有购进货物不入账、销售不开票，进行账外循环的可能。

（3）在企业毛利率明显偏低的情况下，可运用保本经营测算法等分析方法，结合有关指标，进一步测算企业的应税销售收入及应纳税额是否异常。同时，应分析企业是否存在取得返利未抵减进项税额的情况。重点审查企业的费用账目、应付账款、预付账款等科目，看其是否将返利冲减费用或抵顶应付账款或增加预付账款等。

【注意问题】

（1）季节性因素。企业生产经营受季节的影响变化，如果进入销售淡季，则会出现应税销售收入降低，同时，为销售旺季准备生产，购进货物大幅增加，也会造成购销失衡等。

（2）政策性因素。出口企业本期出口销售额占销售总额的比例突然增加，直接免抵税额增加，应纳税额减少。

（3）价格因素。受市场竞争影响，企业经营的货物价格本期大幅度下降，增值额减少，毛利率低。

（4）经营范围发生较大变化等特殊情况。

（六）以进控销法

【案例】某首饰有限公司为小规模纳税人，主营金银首饰、珠宝、钱币。2019年3月销售黄金首饰申报增值税收入180 000元、缴纳增值税5 400元，消费税9 000元。账载期初库存商品362.5克、本期购进商品280克、期末库存商品30克，当期黄金平均售价320元/克（不含税）。

【解析】

采用以进控销法对企业相关数据进行测算。

测算的本期商品销售数量=期初库存商品数量+本期购进商品数量−期末库存商品数量=362.5+280−30=612.5克

测算的本期商品销售收入=测算的本期商品销售数量×商品平均销售单价=612.5×320=196 000元

测算的本期应纳增值税税额=测算的本期销售收入×征收率=196 000×3%=5 880元

增值税税额问题值=5 880−5 400元=480元

测算的本期应纳消费税税额=测算的本期销售收入×适用税率=196 000×5%=9 800元

消费税税额问题值=9 800元−9 000元=800元

进一步核查发现，该公司黄金首饰有50克价值16 000元已减少库存，但未见开票，也未作不开票收入，应补增值税480元，应补消费税800元。另有钱币收入6 000元未申报增值税180元。以上合计应补税1 460元。

【相关风险分析方法】

以进控销法，就是根据企业分析期购进商品数量金额，结合库存信息，测算商品销售数量、金额的分析方法。

企业成本核算方式分为进价核算和售价核算。针对企业成本核算方式，建立不同的以进控销模型。

1. 以金额表现

（1）采用售价核算。

测算应税销售收入=期初库存商品金额＋分析期购进商品金额–期末库存商品金额

问题值=（测算应税销售收入–企业实际申报应税销售收入）×适用税率（征收率）

（2）采用进价核算。

测算应税销售收入=（期初库存商品金额＋本期购进商品金额–期末库存商品金额）÷（1–毛利率）

问题值=（测算应税销售收入–企业实际申报应税销售收入）×适用税率（征收率）

2. 以数量表现

测算应税销售收入=（期初库存商品数量+分析期购进商品数量–期末库存商品数量）×分析期商品销售单价

问题值=（测算应税销售收入–企业实际申报应税销售收入）×适用税率（征收率）

【注意问题】

（1）尽量按照单品数据进行测算分析，以求测算结果的相对准确。

（2）对测算异常的，应分析其是否存在销售货物未作收入处理或虽作处理但未申报，发生视同销售行为减少存货未计提销项税额，以货抵债未计销售收入，以物易物未计销售收入，发生非正常损失未作进项税额转出等情况。

（3）该方法在运用时可结合存货周转率和存货变动率联动分析。

（七）产品（行业）链分析法

【案例】G市税务局在税负调查分析工作中，选择某啤酒经销企业作为验证商业企业链式税负评估方法的突破口，采取向上游源头生产及批发企业收集销售信息，包括供货渠道、产品品种、客户分布、销售数量，以此为线索，按照货物流向，对下游购货企业进行纳税评估分析。

【解析】

1. 选定链式评估的主线商品品种，摸清营销脉络

G地区啤酒经销市场商家众多、竞争激烈，本着先易后难的原则，首先选取哈啤、雪花、燕京、青岛四大品牌啤酒作为税负调查分析的重点品种，一是这些品牌在G市均设有总代理商或生产基地（如哈啤在G市建立了啤酒生产厂），且经营正规，核算健全，容易取得完整的销售信息；二是这些总代理商或生产厂家向下游供货的渠道清晰、营销格局相对合理，整个营销体制比较稳定。

确定评估主线品种后，市局立即部署对这些总代理商及生产企业的啤酒销售情况展开了调查，要求其如实提供三方面情况：一是该品种在G地区的总体销售情况，如营销网络分布、营销策略、销售总规模等；二是下游经销商情况，包括企业名单、经营规模、结算方式等；三是近三年来的供货情况，要求其提供完整的、逐户的下游二级批发企业购货信息。

经过认真细致的调查核实，市局基本掌握了全地区这四大品牌啤酒的经销情况和二级批发企业情况。从二级经销企业的户数看，雪花啤酒37户、哈啤30户、青岛啤酒1户、燕京啤酒2户，其中有些企业兼营两种以上品牌，最后确定56户纳税人作为调查对象。通过掌握上游总代理商或生产企业的营销信息，为下一步开展对二级经

销企业的税负分析评估提供了宝贵线索。

2. 对二级经销企业开展实地调查

针对收集到的上述56户分销商的名单和地址，G市税务局进行了地域归口，部署各分局上门实地调查，在调取征管资料的同时，还要摸清相关经营情况：一是了解基本情况（诸如经营规模、店铺地段、营业面积、用工人数等）；二是货物购销及资金结算情况；三是财务状况，包括资金来源、毛利率、工资、租金等。通过取得这些纳税和经营资料，为下一步做好案头分析奠定了基础。

3. 进行上、下游企业购销数据比对，确定疑点问题

在掌握了上游总代理商或生产企业营销信息的基础上，该局又通过实地调查，取得了分销商的购货和销售数据。在进行案头分析时，评估人员将上游企业的供货信息与下游企业的购货数据和销售数据进行了对比，以发现分销商是否存在隐瞒销售偷逃税款的问题。从比对分析结果看，取得了非常好的效果。

如从某啤酒生产厂取得的供货信息显示，某啤酒二级批发商年销量最高为4万～5万箱，最低为2万～3万箱。平均每箱销售价格80元左右。然而这些分销商（绝大部分是小规模纳税人）大部分均享受小微企业免征增值税优惠政策，纳税额与从上游供货企业获得的实际销售数据相比差距较大。按此方法，评估人员顺藤摸瓜，用行业链分析方法，对全市56户啤酒分销商的上、下游购销数据逐一加以比对、评估，发现其中48户分销商存在隐瞒销售少缴税款嫌疑，占全部评估分销商的81.36%。

【相关风险分析方法】

产品（行业）链分析法，就是通过企业产品或其所属行业与其上下游相关的产品或行业形成的链条式关系，对企业申报信息进行分析对比的一种方法。

将企业购进信息、进项税额信息与上游企业的发票开具信息、销项税额信息进行对比，如不相一致，则企业有购进货物不入账、收入不开票、进行账外循环的可能，或上游产品、行业有隐瞒收入的可能。

【注意问题】

实施产品（行业）链分析，一般是对控制进销项起关键性作用的产品或行业。如纺织行业，要以棉花收购、加工、纺纱、织布环节作为链条式管理对象。

第二章

增值税税务风险管理

增值税作为我国第一大税种，自2012年第一次"营改增"以来，改革不断推进，政策不断更新，由此也给企业带来了各种潜在的税务风险。因此，如何通过内部控制来强化增值税税务风险管理、降低税务风险是大多数企业现阶段亟待解决的难题。

风险分析是企业税务风险管理的前提。因此，本章将围绕强化风险管理、减少税务风险的目标，全面解析增值税税务风险分析的相关指标。同时，通过案例解析的形式指导企业财务人员学会识别风险特征、分析风险原因、预估风险后果、防范风险发生。

第一节　增值税税务风险分析指标

一、单项指标分析

（一）增值税一般纳税人税负变动率异常

【案例】甲企业为批发零售业一般纳税人。2019年实现销售额1 000万元，应交增值税44万元，期初无留抵税额。2020年实现销售额1 200万元，应交增值税29.9万元。

【解析】

2019年增值税税负率=44÷1 000×100%=4.4%

2020年增值税税负率=29.9÷1 200×100%=2.49%

税负变动率=（本期税负率–基期税负率）÷基期税负率×100%=（2.49%–4.4%）÷4.4%=–43.41%

分析疑点：该企业增值税税负变动率为–43.41%，小于预警值下限–30%，存在异常，可能存在少计收入或虚抵进项、应转出未转出进项税额等问题。

【相关风险分析指标】

增值税一般纳税人税负变动率异常。

1. 指标值

税负率=（本期应纳税额÷本期应税收入）×100%

税负变动率=（本期税负率–基期税负率）÷基期税负率×100%

2. 指标预警值

正常区间：–30%～30%。

3. 问题指向

企业税负变化过大，税务检查人员可能会认为企业存在账外经营、已实现纳税义务而未结转收入、取得进项税额不符合规定、购进货物用于免税、集体福利等不得抵扣项目未作进项转出或虚开发票等问题。

税务检查人员会详细检查销售业务，从原始凭证到记账凭证、销售、应收账款、货币资金、存货等。将本期与其他各时期进行比较分析，对异常变动情况进一步查明原因，以核实是否存在漏记、隐瞒或虚记收入的行为，有无将外购的存货用于职工福利、个人消费、对外投资、捐赠等情况。

（二）海关完税凭证抵扣进项占比异常

【案例】2016年11月，主管税务机关发现青岛JY国际贸易有限公司（以下简称"JY公司"）凭借所取得的一份海关完税凭证，抵扣进项税款664万元。由于单笔抵扣进项税额金额过大，检查人员立即通过征管系统查询了JY公司的相关情况，发现JY公司虽然存续期间较长，但在不到一年的时间内年销售额猛增到近40亿元，是其以前年度销售额的30倍。其间，该公司的进项税额抵扣凭证基本上由海关完税凭证构成，这些凭证存在比对不符、缺联票、重号票较多的情况。检查人员作出初步判断：JY公司存在重大虚开发票的嫌疑。

根据调查取证资料，JY公司实际控制人赵某庆因经营钢材亏损，经武某介绍，向林某雄拆借资金数百万元。后因赵某庆无力还款，经由武某调解，赵某庆将JY公司交由林某雄操控，用于虚开增值税专用发票，这样赵某庆所欠资金就不必归还了。2016年3月，赵某庆等三人商议后分工合作，林某雄从郭某雄等人手中以票面金额的一定比例，购买套用广西某公司真实信息的虚假海关完税凭证，伪造配套的销售三方协议，加价后转卖给JY公司，作为其申报抵扣增值税进项税额的凭据。林某雄控制JY公司、广东MY公司的银行账户，伪造有关销售业务的资金流。JY公司在接受虚开完税凭证抵扣进项税款的同时，还大肆对外虚开增值税专用发票。该公司开出的发票一部分加价后卖给由林某雄直接控制的在揭阳、梅州等地的9户企业，一部分卖给林某雄通过林某江等人联系的买票企业，其余部分由赵某庆和武某自行处理。

【相关风险分析指标】

海关完税凭证抵扣进项占比异常。

1. 指标值

指标值=本期海关完税凭证抵扣进项税额÷本期进项税总额×100%

2. 指标预警值

对纳税人本期取得海关完税凭证抵扣进项税额占本期进项税总额比例过高或月单笔抵扣进项税额超过20万元（含）的情况，税务机关可能会进行监控。

3. 问题指向

海关完税凭证抵扣进项税额占比过大，税务机关会认为企业可能存在取得虚开、虚假或者不合规定的海关完税凭证抵扣进项税额及虚列费用的风险。

（三）进项税额控制额异常

【案例】甲企业为日用品批发企业，2020年9月期初存货金额1 000万元，期末存货1 300万元，主营业务成本450万元，运费不含税支出60万元。申报抵扣进项税金180万元。

【解析】

进项税额控制额＝（本期期末存货金额－本期期初存货金额＋本期主营业务成本）×本期外购货物税率＋本期运费进项税额＝（1 300－1 000＋450）×13%＋（60×9%）＝102.9万元。

指标值＝（本期进项税额÷进项税额控制额－1）×100%＝（180÷102.9－1）×100%＝74.93%＞10%，可能存在虚抵进项税额的问题。

通过进一步核查发现，企业有80万的库存商品由于管理不善被盗，未作进项税额转出处理。

【相关风险分析指标】

进项税额控制额异常。

1. 指标值

指标值＝（本期进项税额÷进项税额控制额－1）×100%

进项税额控制额＝[（本期期末存货－本期期初存货）＋本期主

营业务成本]×主要外购货物的增值税税率+本期固定资产进项税额+本期不动产进项税额+本期购进服务进项税额

2. 指标预警值

指标值>10%，视为异常。

3. 问题指向

具体分析时，先计算本期进项税额控制额，以进项税额控制额与增值税申报表中的本期进项税额核对，若前者明显小于后者，则可能存在虚抵进项税额问题。

（四）农产品收购凭证抵扣进项占比异常

【案例】A纺织有限公司于2011年1月份开业，同年3月份认定为一般纳税人，从业人员4人，从事棉纱、绦纱、布匹制造及销售，注册资金50万元。该企业2020年全年销售收入（无免税和出口销售）为3 164.34万元，同比增加317.28%；应纳税额为37.71万元，同比增加236.88%；税负为1.19%，同比降低19.27%；农产品抵扣税额为470.01万元，同比增加468.11%；农产品抵扣税额占全部进项比例为94.88%，同比增加35.44%；电费支出17.15万元，同比降低45.63%；存货减少467.53万元。

【解析】

疑点一：农产品抵扣税额占全部进项比例的94.88%，同比增加35.44%，农产品抵扣进项占比过高，有虚抵进项税额的可能。

疑点二：电费支出17.15万元，同比降低45.63%，一般情况下说明企业生产机器运转时间减少45.63%左右，产量应该同比例下降。但是该企业全年销售收入却增长317.28%，增加2 406.01万元，有虚开发票的可能。

【相关风险分析指标】

农产品收购凭证抵扣进项占比异常。

1. 指标值

指标值=本期农产品收购凭证抵扣进项税额÷本期进项税总额×100%

2. 指标预警值

对纳税人取得农产品收购凭证抵扣进项占当期进项税额比例过高或月单笔抵扣进项超过20万元（含）的情况，税务机关可能会监控。

3. 问题指向

如果企业存在上述情况，税务机关可能会认为纳税人存在取得虚开、虚假或不合规定的农产品收购凭证抵扣进项税额及虚列费用的风险。会实地核查企业生产能力、库存商品的情况，确定收购业务及款项支付的真实性。

（五）运费发票抵扣进项占比异常

【案例】2019年3月，某县税务局稽查局对全县运费抵扣进项税额较大且环比变动异常的企业进行筛选排查。发现某化工制品有限公司近几年营业费用中运费所占份额较大，抵扣增值税金额逐年上升，数据异常，于是对该公司2016年～2018年的纳税情况进行了税务检查。

经检查发现，该公司接受的大额运输发票较多，单份运费发票金额绝大多数超过5万元，有的单份金额甚至高达40万元。经过仔细核对运费发票，发现承运车辆都为本地牌号，发票却是江苏东台、盐城等外地运费发票。

检查人员于是对该公司2016年～2018年取得的所有运费发票进行逐份核对，找出运费发票对应的销售发票和进货发票，核对被查货运发票对应的货物流。经核对，发现该公司采购原料过程中发生的运费与货物购进情况基本一致，但产品销售过程中发生的运费与货物发出的方向、数量大多不一致。为查清事实，检查人员根据运费发票所反映的运输车辆牌号，到公安车管所调取运输车辆的资料，向车主了解运输情况。据发票上注明的本地牌号的车主反映：他们没有帮助该化工制品有限公司运送过货物。至此，该公司接受虚开运费发票抵扣增值税的行为初露端倪。

鉴于案情重大，县税务局决定提请公安机关介入，由检查人员与公安人员一起到东台、盐城等地进行异地情报交换、外调协查。经协查了解，东台、盐城等地的相关运输公司反映：这些发票是某化工制品有限公司的几个业务员向他们缴了一定费用后要他们开的。为了锁定证据，检查人员决定"兵分两路"：一路检查人员对该公司销售科业务员进行询问，另一路检查人员对该公司会计资料进行检查，对运费的结算情况进行核实。

在大量的证据面前，该公司业务员终于说出了事情的真相。原来，该公司为了鼓励业务员多创效益，对推销产品价格高出该公司出厂价的部分按80%提取结算销售费用，在公司报支的销售费用一律凭有效票据报支。没有有效票据报支的部分，一律按国家有关规定代扣个人所得税。业务员为逃避缴纳个人所得税，虚开运费发票用以冲抵业务费。同时，检查人员在销售科找出了该公司制定的销售费用考核细则，该细则规定的业务费结算办法与销售科业务员的陈述完全一致。

经对该公司会计资料检查后发现，所附原始凭证是业务员提供的运费发票，现金的领取人是该公司的业务员。该公司通过"其他应付款——其他应付往来款"核算并抵扣税金，业务员为逃避缴纳个人所得税，虚开运费发票用以冲抵业务费，而该公司又用这些虚开的运费发票申报抵扣了增值税。

【相关风险分析指标】

运费发票抵扣进项占比异常。

1. 指标值

指标值=本期运费发票抵扣进项÷本期进项税额×100%

2. 指标预警值

对纳税人取得运费发票抵扣进项占当期进项税额比例超过10%或月单笔抵扣进项超过20万元（含）的情况，税务机关可能会监控。

3. 问题指向

如果企业存在上述情况，税务机关可能会认为纳税人存在取得虚开、虚假或不合规定的运费发票抵扣进项税额及虚列费用的风险。

（六）成品油抵扣进项税额异常

【案例】某商贸有限责任公司经营范围如下：煤炭及煤炭制品的零售、水暖器材等。2019年销售收入36 103 687.00元，进项税额：5 762 507.03元，成品油购进金额：12 069 518.23元，成品油进项税：1 569 037.37元。经核查，该企业无大型运输车辆，仅有办公用轿车3辆，且无储油设备。

【解析】

成品油进项占比=本期购进成品油抵扣进项税额÷本期进项税额总额×100%=1 569 037.37÷5 762 507.03×100%=27.22%。

该企业经营范围无成品油经销业务，且无大型运输车辆、也无储油设备，但是成品油进项占比超过了10%，存在取得虚开增值税专用发票，虚抵进项税额的可能。

【相关风险分析指标】

成品油抵扣进项税额异常。

1. 指标值

指标值=本期购进成品油抵扣进项税额÷本期进项税额总额×100%

2. 指标预警值

指标值>10%，视为异常。

3. 问题指向

成品油作为一种运输燃料，除专业运输企业以外，其他企业耗用一般较小，如果成品油抵扣进项税额超过总进项税额的10%，会被税务机关视为异常，可能存在成品油经销企业将个人消费者不要发票的收入虚开给企业，虚抵进项税额的情况。

税务机关会核查成品油的具体用途，是运输油耗还是生产油耗，实际生产经营中是否需要大量的成品油。会核查购进大金额成品油的企业有无储油设备。

（七）商贸企业进销税率不一致

【案例】甲企业为医药经销企业，2019年度进项税额总额为67.85万元，其中：农产品抵扣进项税额42.56万元。销项税额69.96万元，其中：13%税率销项税额40.68万元。全年应纳增值税额2.11万元。

【解析】

9%税率进项税额占比=本期9%税率进项税额÷本期进项税额总额×100%=42.56÷67.85×100%=62.73%

13%税率销项税额占比=本期13%税率销项税额÷本期销项税额总额×100%=40.68÷69.96×100%=58.15%

9%税率进项税额占比>50%且13%税率销项税额占比>50%，数据异常。税务机关对该企业进行了核查，发现该企业存在账实不符的情况，实际购进中药材等低税率农产品仅占全部购进货物的10%左右，为了达到少交税款的目的，该公司通过虚开收购凭证等行为虚抵进项税额。

【相关风险分析指标】

商贸企业进销税率不一致。

1. 指标值

（1）9%税率进项税额占比=本期9%税率进项税额÷本期进项税额总额×100%

（2）13%税率销项税额占比=本期13%税率销项税额÷本期销项税额总额×100%

2. 指标预警值

9%税率进项税额占比>50%且13%税率销项税额占比>50%，视为异常。

3. 问题指向

如果商贸企业一般纳税人购进货物中9%税率占比达到50%以上，说明购进货物以低税率为主，但企业销售13%税率的货物占到50%以上，这说明该企业销售货物以高税率货物为主，这样企业购销存在明显的不匹配的现象，可能存在利用农产品发票虚抵进项税额的问题。

税务机关会核实企业库存，确认库存商品的真实性，以及是否存在真实的购进相关货物的行为。同时，可能会核查企业是否存在真实的委托加工业务。

二、指标配比分析

（一）一般纳税人增值税税负变动率与销售额变动率配比分析

【案例】甲企业为批发零售业一般纳税人。2019年实现销售额1 000万元，增值税销项税额164万元，购进货物、服务、劳务等共计800万元，进项税额120万元，期初无留抵税额。2020年实现一般计税项目销售额1 200万元，增值税销项税额135万元；出租营改增前取得的不动产采用简易计税，取得不含税出租收入200万元；购进货物、服务、劳务等共计1 000万元，进项税额105万元。

【解析】

销售额变动率=（1 400–1 000）÷1 000×100%=40%

2019年应纳增值税=164–120=44万元

2019年税负率=44÷1 000×100%=4.4%

2020年应纳增值税=（135–105）+200×5%=40万元

2020年税负率=40÷1 400×100%=2.85%

税负变动率=（本期税负率–上期税负率）÷上期税负率
×100%=（2.85%–4.4%）÷4.4%=–35.22%

疑点一：企业2020年销售额与上年相比增加了40%，但是增值税税负却下降了35.22%。增值税税负变动与销售额变动方向相反且不配比。

疑点二：该企业增值税税负变动率为–35.22%，小于预警值–30%，存在异常。

进一步自查发现导致异常的原因有两个：一是出租不动产采用简易计税，征收率为5%，税率较低；二是简易计税项目对应的进项税金不得抵扣，未做进项税金转出处理。

【相关风险分析指标】

一般纳税人增值税税负变动率与销售额变动率配比分析。

1. 指标值

税负率=（本期应纳税额÷本期应税收入）×100%

税负变动率=（本期税负率–基期税负率）÷基期税负率×100%

销售额变动率=（本期销售额–基期销售额）÷基期销售额
×100%

2. 指标预警值

计算分析企业税负变动率，与销售额变动率等指标配比分析，以下三种情况均可能会被视为存在异常：

（1）销售额变动率高于正常峰值或销售额变动率正常，税负变动率低于正常峰值；

（2）销售额变动率与税负变动率均低于正常峰值；

（3）销售额变动率及税负变动率均高于正常峰值。

3．问题指向

（1）销售额变动率高于正常峰值及税负率低于正常峰值或销售额变动率正常，而税负率低于正常峰值的，税务机关会以进项税额为核查重点，查证有无扩大进项税抵扣范围、虚抵进项税额、不按规定申报抵扣等问题。

（2）销售额变动率与税负变动率均低于正常峰值的，税务机关会核实销项税额计算的正确性。对销项税额的核查，会侧重查证有无账外经营、瞒报、迟报计税销售额、错用税率等问题。

（3）销售额变动率及税负变动率均高于正常峰值的，税务机关会重点核实企业是否存在虚开发票问题。

（二）进项税额变动率与销项税额变动率配比分析

【案例】某企业本期销项税额5 606 585元，上期销项税额12 450 037元；本期进项税额2 014 056元，上期进项税额3 222 085元。

【解析】

进项税额变动率＝（本期进项税额－上期进项税额）÷上期进项税额×100%＝（2 014 056－3 222 085）÷3 222 085×100%＝－37.49%

销项税额变动率＝（本期销项税额－上期销项税额）÷上期销项税额×100%＝（5 606 585－12 450 037）÷12 450 037×100%＝－54.97%

指标值=（进项税额变动率－销项税额变动率）÷销项税额变动率=［－37.49%－（－54.97%）］÷（－54.97%）=－31.80%

疑点：指标值小于－10%，本期销项税额减少了54.97%，但是进项税额却只减少了37.49%，二者变动幅度相差过大，可能存在少计收入或者虚抵进项的问题。

经进一步核查发现，企业有300万的未开票收入未按规定申报纳税。

【相关风险分析指标】

进项税额变动率与销项税额变动率配比分析。

1. 指标值

进项税额变动率=（本期进项税额－基期进项税额）÷基期进项税额×100%

销项税额变动率=（本期销项税额－基期销项税额）÷基期销项税额×100%

指标值=（进项税额变动率－销项税额变动率）÷销项税额变动率×100%

2. 指标预警值

正常区间：－10%～10%。

3. 问题指向

理想状态下，二者变动方向和幅度基本一致。企业进项税额变动率高于销项税额变动率，可能会被税务机关怀疑存在少计收入或虚抵进项税额问题。税务机关会从以下几个方面进行核查：

（1）查证企业是否由于新增在建工程或购入新固定资产而增加了进项税额，如有，属于正常。

（2）如果企业本期费用类进项税额偏大，会核实费用的真实性。

（3）核实有无用于不得抵扣项目的购进货物等未做进项税额转出，如免税项目、简易计税项目、集体福利等，有无非正常损失类产品的进项税额没有及时转出等问题。

（4）有无视同销售行为没有申报问题。

（5）同时会核实销项税额计算的正确性，侧重查证有无漏报、迟报计税销售额、错用税率等问题。

（三）销售毛利率变动率与税负率变动率配比分析

【案例】某区税务局对某公司相关信息进行了采集，该公司2020年累计实现销售收入为1 431.5万元，销售成本为1 386.9万元，销项税额186.49万元，进项税额184.86万元，实现增值税1.63万元，税负率为0.11%。该公司2019年累计实现销售收入为1 256.5万元，销售成本为1 202万元，销项税额163.35万元，进项税额154.72万元，实现增值税8.63万元，税负率为0.69%。

【解析】

指标值=毛利率变动率÷税负变动率。

（1）2019年毛利率=（主营业务收入−主营业务成本）÷主营业务收入×100%=（1 256.5−1202）÷1 256.5×100%=4.34%

2020年毛利率=（主营业务收入−主营业务成本）÷主营业务收入×100%=（1 431.5−1 386.9）÷1 431.5×100%=3.12%

毛利率变动率=（本期毛利率−基期毛利率）÷基期毛利率×100%=（3.12%−4.34%）÷4.34%×100%=−28.11%。

（2）2019年税负率=0.69%，2020年税负率=0.11%

税负变动率=（本期税负率−基期税负率）÷基期税负率×100%=（0.11%−0.69%）÷0.69%×100%=−84.05%

（3）指标值=毛利率变动率÷税负变动率=（−28.11%）÷（−84.05%）=0.33

当指标值<1且二者都为负数，可能存在企业将自产产品或外购货物用于免税项目、简易计税项目、无偿捐赠、集体福利等，不计收入或未做进项税额转出等问题。

【相关风险分析指标】

销售毛利率变动率与税负率变动率配比分析。

1. 指标值

指标值＝毛利率变动率÷税负变动率×100%

毛利率＝（主营业务收入－主营业务成本）÷主营业务收入×100%

毛利率变动率＝（本期毛利率－基期毛利率）÷基期毛利率×100%

税负率＝（本期应纳税额÷本期应税收入）×100%

税负变动率＝（本期税负率－基期税负率）÷基期税负率×100%

2. 指标预警值

正常情况下两者应基本同步增长，指标值应接近1。

3. 问题指向

税务机关主要通过上述配比分析判断企业是否存在实现销售收入而不计提销项税额或扩大抵扣范围而多抵进项税额的问题。如果分析过程中出现以下几种情况可能会被视为异常：

（1）若指标值>1且二者都为正数，可能存在企业将自产产品或外购货物用于免税项目、简易计税项目、无偿捐赠、集体福利等，不计收入或未做进项税额转出等问题；

（2）当指标值<1且二者都为负数，可能存在上述问题；

（3）当指标值<1，前者为正后者为负时，可能存在上述问题。

出现上述情况，税务检查人员会了解企业收入变化情况。针对收入疑点，会实地核实原材料、半成品、包装物等购进、验收、入库、领用、周转等收发货登记相关记录；检查企业各开户银行的对账单，了解资金流向，结合购销合同，分析材料购进及货物销售数量及价格；审核收款记录，将收款情况与开票情况进行核对，检查是否存在货物发出并已取得货款但未开发票未计提销项税的情况；针对多抵进项的疑点，会检查企业存货分配情况及"生产成本""制造费用"等借方发生额；检查"营业费用""管理费用"等发生的业务，是否存在将外购存货用于职工福利、个人消费等情况；检查农产品入库记录、款项支付等情况，结合历史或同行业单位定耗量，判断是否存在虚开问题。

（四）纳税人销售额变动率与应纳税额变动率配比分析

【案例】甲公司2019年累计实现销售收入为2 300万元，销项税额308万元，进项税额245万元。2018年累计实现销售收入为1 800万元，销项税额294万元，进项税额203万元，期初无留抵税额。

【解析】

指标值＝销售额变动率÷应纳税额变动率

（1）销售额变动率＝（本期销售额－基期销售额）÷基期销售额×100%＝（2 300－1 800）÷1 800×100%＝27.78%

（2）2018年应纳税额＝294－203＝91万元

2019年应纳税额＝308－245＝63万元

应纳税额变动率＝（本期应纳税额－基期应纳税额）÷基期应纳税额×100%＝（63－91）÷91＝－30.77%

（3）指标值＝销售额变动率÷应纳税额变动率＝27.78%÷（－30.77%）＝－0.9

当比值为负数，前者为正后者为负时，可能存在企业将自产产品或外购货物用于免税项目、简易计税项目、无偿捐赠、集体福利等，不计收入或未做进项税额转出等问题。

【相关风险分析指标】

纳税人销售额变动率与应纳税额变动率配比分析。

1. 指标值

指标值=销售额变动率÷应纳税额变动率

销售额变动率=（本期销售额−基期销售额）÷基期销售额×100%

应纳税额变动率=（本期应纳税额−基期应纳税额）÷基期应纳税额×100%

2. 指标预警值

正常情况下两者应基本同步增长，指标值应接近1。

3. 问题指向

判断企业是否存在实现销售收入而不计提销项税额或扩大抵扣范围而多抵进项税额的问题。

（1）比值>1且二者都为正数时，可能存在企业将自产产品或外购货物用于免税项目、简易计税项目、无偿捐赠、对外投资、集体福利等，不计收入或未做进项税额转出等问题。

（2）比值<1且二者都为负数时，可能存在上述问题。

（3）比值为负数，前者为正后者为负时，可能存在上述问题。

出现上述情况，税务检查人员可能会检查企业的主要经营范围，查看营业执照、税务登记、经营方式以及征管范围界定情况，以及是否兼营不同税率的应税货物；查阅仓库货物收发登记簿，了解材料购进、货物入库、发出数量及库存数量，并与申报情况进行比对；审核企业明细分类账簿，会重点核实"应收账款""应付账款""预付账款"等明细账，并与主营业务收入、应交税费明细核对，审核有无将收入长期挂往来账、少计销项税额以及多抵进项税额等问题；审核进项税额抵扣凭证、检查有无将购进货物用于免税项目、简易计税项目、集体福利等情况。

（五）存货与预收账款配比分析

【案例】某税务机关对甲企业2018年度增值税纳税情况进行监控时发现，该企业预收账款科目年初、年末均为贷方余额50万元，全年未发生变动，而存货科目年初余额130万元、年末余额为70万元。

【解析】

该企业可能存在预收账款结算方式下货物已发出未计销售的问题，于是税务机关对该企业进行了纳税提醒，要求该企业进行排查，甲企业收到税务机关提醒通知后进行了核查。

经核查，甲企业预收账款余额50万元，为收取乙公司的货款，甲企业于2017年与乙公司签订供货合同，2年内按乙公司需求供货，收取乙公司预付货款50万元，2年结束后按实际结算。从仓库的出库单来看，确有向乙公司发出货物，由于仓库保管员工作疏忽，未将相关单据传递到会计部门，导致2018年实际销售乙公司货物60万元漏记销售，甲企业依法补计收入60万元，并补缴了税款和滞纳金。

【相关风险分析指标】

存货与预收账款配比分析。

1. 指标值

存货与预收账款是性质相反的两个账户，一般情况下，余额的变化方向应相反。

2. 指标预警值

（1）如果存货期末余额比较大，说明产品滞销。

（2）如果预收账款期末余额比较大，说明产品畅销。

3. 问题指向

存货与预收账款是性质相反的两个账户，如果二者余额同时比较大，则说明预收账款的真实性存在问题，可能是销售收入已实现，由于对方不要发票或者延迟要发票，企业未及时确认收入。或者是货物已经发出，未及时确认收入、结转成本。

（六）企业期末预收账款变动率与销售收入变动率配比分析

【案例】甲公司2019年期末预收账款300万元，2020年期末预收账款500万元；2019年销售额为1 800万元，2020年销售额为1 600万元。

【解析】

期末预收账款变动率=（本期预收账款期末值－上期预收账款期末值）÷上期预收账款期末值100%=（500－300）÷300×100%=66.67%

销售收入变动率=（本期销售额－上期销售额）÷上期销售额×100%=（1 600－1 800）÷1 800×100%=－11.11%

指标值=期末预收账款变动率÷销售收入变动率=66.67%÷（－11.11%）=－6

当指标值为负数，前者为正后者为负时，可能存在实现销售收入而不计提销项税额或扩大抵扣范围多抵进项税额的问题。

【相关风险分析指标】

企业期末预收账款变动率与销售收入变动率配比分析。

1. 指标值

期末预收账款变动率=（本期预收账款期末值－上期预收账款期末值）÷上期预收账款期末值×100%

销售收入变动率=（本期销售额－上期销售额）÷上期销售额×100%

指标值=期末预收账款变动率÷销售收入变动率

2. 指标预警值

正常情况下两者应同步增长，指标值应接近1。

3. 问题指向

（1）当指标值大于1，两者都为正时，可能存在实现销售收入而不计提销项税额或扩大抵扣范围多抵进项税额的问题。

（2）当指标值小于1，二者都为负时，可能存在上述问题。

（3）当指标值为负数，前者为正后者为负时，可能存在上述问题。

出现上述情况，税务检查人员会重点核查以下方面：一是通过预收账款核算的前提是否存在，如购货方有无必要预付货款，有无订立预付账款购销合同；二是通过检查有关销货合同、仓库发货单、货运单据、收款凭证、记账凭证等，分析已实现销售的商品是否及时转销预收账款，以确定预收账款和销售收入核算的正确性和合理性；三是对税法规定必须纳税的预收账款，是否已及时、足额纳税。

（七）新办一般纳税人购销情况风险分析

【案例】某市税务局以销售额高且固定资产小的新办一般纳税人为筛选对象，利用智能分析筛选风险企业：销售超千万且固定资产小于1万元的企业（销售高投资少）；2018年4月1日后登记的企业（开业不满一年）；使用增值税专用发票的企业（可能存在虚开）。针对智能分析筛出的22户风险企业，对其中销售额排名靠前的4户企业进行重点分析。

【解析】

（1）销项分析：利用金三系统对其中下游交易对象查询，发现了4户企业新办不久，主营业务内容相似，近半年的合计销售额达8 000万元以上，产品主要销往广东和江西等地。具体情况见表

2-1。

表2-1　4户企业销售情况统计表

纳税人名称	开业时间	2018年销售额（万元）	主要销售地
甲城A皮革有限公司	2018年7月	2 064.96	广东、江西
甲城C皮革有限公司	2018年5月	2 308.12	广东、江西
甲城B棉业有限公司	2018年8月	1 773.37	广东、江西
甲城D皮革有限公司	2018年4月	1 967.01	广东、江西

疑点一：开业后收入陡增，存在虚开发票风险。

（2）进项分析：利用金三系统对上下游交易对象查询，统计出该4户企业的进项抵扣情况，发现收购凭证抵扣占比均超过97%。具体情况见表2-2。

表2-2　4户企业购进情况统计表

纳税人名称	进项税总额（万元）	其中：收购凭证抵扣进项税额（万元）	收购凭证抵扣税额占比
甲城D皮革有限公司	312.72	307.79	97.8%
甲城B棉业有限公司	279.13	278.85	99.9%
甲城C皮革有限公司	338.70	333.62	98.5%
甲城A皮革有限公司	321.89	314.49	97.7%

疑点二：农产品抵扣进项占比过高，存在虚抵进项税额风险。

（3）电费分析：经分析2018年某省甲供电公司开出的电费增值税专用发票情况，发现其下游交易对象无A、B、C、D公司，得出结论这4户公司均无电费发生。

疑点三：生产加工企业固定资产小于1万元，且无电费支出，即存在虚假经营风险。

（4）企业股东关系分析：通过血缘关系查询，发现该4户企业法定代表人和主要股东均为某省某市人。而且该4户企业财务负责人有关联。A公司财务负责人为B公司法定代表人，其余3家公司财务负责人均为同一人，显示该4户企业为关联企业。

疑点四：4户企业为关联企业，开业时间相近，存在风险问题相同，可能为虚开增值税发票团伙。

【相关风险分析指标】

新办一般纳税人购销情况风险分析。

1. 指标值

销售额高且固定资产小的新办一般纳税人。

2. 指标预警值

（1）销售额高且固定资产小。

（2）开业不满一年。

（3）使用增值税专用发票。

3. 问题指向

销售高却投资少，开业后短时间内收入陡增，使用增值税专用发票的企业，可能存在虚抵虚开情况。

三、发票异常分析指标

（一）增值税专用发票用量变动异常

【案例】某市税务局税务人员在分析企业数据时发现：该市R公司、W公司、T公司等9户煤炭贸易企业发票领购情况异常。9户企业相继办理税务登记并申请为增值税一般纳税人后，随即开始频繁申请临时增票，成立3个月时间内，平均每户每月申领近百份发票。

　　从金税三期系统和电子底账系统中调取9户企业信息实施案头分析：9户煤炭贸易企业经营"两头在外"；9户企业存在关联关系；企业主要人员存在交叉任职现象；法定代表人电话均无法接通。

　　经查，R公司、W公司等9户煤炭贸易企业从北京、大连等9个地市的34户企业非法取得发票882份，价税合计1.02亿元，涉及税额1 500万元。在虚抵进项后，向河北、河南等10个省市的22户企业虚开增值税专用发票927份，价税合计1.06亿元，涉及税额1 500万元。由于涉案企业和相关人员已走逃，某市税务局稽查局将案件移交公安机关进一步查处。

　　【相关风险分析指标】

　　增值税专用发票用量变动异常。

　　1. 指标值

　　（1）指标值＝（增税专用发票本月使用量−增值税专用发票上月使用量）÷增值税专用发票上月使用量×100%

　　（2）本月发票增量次数及增票总数。

　　2. 指标预警值

　　（1）纳税人开具增值税专用发票超过上月30%（含），商业120%（含）以上并超过上月10份以上，视为异常。

　　（2）一个月内出现三次增票且增票总数超过240份（平均每次超过80份），视为异常。

　　3. 问题指向

　　增值税专用发票用量骤增，除正常业务变化外，可能有虚开现象。

　　一般情况下，企业出现销售波动时要求增票也是合理的，但企业在一个月内出现三次增票且增票总数超过240份（平均每次超过80份），会被认为企业经营波动太大，不符合经营常理。

当出现上述异常指标，税务检查人员会对企业进行检查，防止虚开发票后突然注销以及走逃。一般会检查纳税人的购销合同是否真实，检查纳税人的生产经营情况是否与签订的合同情况相符并实地检查存货等。主要检查存货类"原材料""产成品"以及货币资金"银行存款""现金"以及"应收账款""预收账款"等科目。对于临时增量购买专用发票的还将重点审查其合同履行情况。

【注意】对于专用发票领用量变动是否异常的判断，税务机关会结合企业设立时间与一般纳税人身份取得时间进行分析。虚开企业通常会在刚开始经营的前三个月业务增长很快，月收入在千万元左右，年总销售额至少接近亿元以上，发票领用、开具数量激增。根据这些特征，主管税务机关会在新办企业中筛选出一部分企业进行重点监控。

（二）销项发票客户离散度异常

【案例】一张普通发票，货物名称是混凝土，票面各种问题都没有，填写非常规范。购买方是河南省某商贸公司，销售方是广西壮族自治区某建筑材料公司。河南公司说，买混凝土是用于建设规划为五层的办公楼。检查人员问货物是广西的企业在本地有临时生产场所还是从广西直接送到河南的呢？对方回答：从广西购买，直接送来的。

检查人员当时就断定，这笔业务是虚假的。为什么呢？

混凝土的特性是什么？从生产到使用，时间最多不能超过三个小时，否则它就会凝结，无法使用。因此怎么可能从广西购买的混凝土到河南还可以用呢？后来企业承认，确实购买了混凝土，不过是从本地购买后取得了这张发票。

【相关风险分析指标】

销项发票客户离散度异常。

1. 指标值

远距离销售货物收入占总销售收入比例较大且一次性交易占比高。

2. 指标预警值

与距离大于500千米的购货方的交易额占收入总额50%以上，且一次性交易比例大于50%，视为异常。

3. 问题指向

该指标主要是通过纳税人远距离销售货物收入占总销售收入比例较大且一次性交易占比高的情况分析，监控企业虚假交易和虚开情况。

因为每个企业的实力都是有限的，过散过多的客户往往意味着企业销售能力范围较大，但实际上一个企业受地域成本限制，其较远的交易很多情况下是不现实的。如果存在客户离散度大且物流方向或加工不合理，税务检查人员则会进一步对主要客户进行核查，以确定是否存在真实交易。客户过多过散，可能存在虚假交易和虚开情况。

（三）发票作废率偏高

【案例】2015年5月4日，某市国税局政策法规部门的税务人员在专项风险排查中发现，某建材公司每个月领用的增值税普通发票由25份逐渐增加至400份，但是，发票领用数增加后，该公司申报销售收入与之前相差不大。这一异常情况立即引起了税务人员的警觉，经过进一步查证发现，该公司2014年7月才注册成立。该公司自成立以来，几乎每个月月初都有领用发票的记录，但奇怪的是，一到月底，该公司就会通过开票系统将开出的增值税普通发票大量作废，此举显然不符合经营交易常规。

为何开了发票又作废，而且数量金额突然剧增？带着疑问，市国税局随即对全市企业开票情况展开全面排查。另一家建材公司就此进入了税务人员的视线。同样于2014年7月注册成立的某贸易公司，大量作废发票的做法与某建材公司如出一辙。税务人员向票面上的部分受票企业询问核实，证实了他们收到的确为已通过开票系统作废的发票。

税务人员进一步核查发现，截至2015年5月5日，某建材公司及某贸易公司2户企业从成立开始合计已作废发票5 398份，作废金额高达5.71亿元。这2户疯狂作废发票的企业背后到底有何牵连？凭借丰富的工作经验，税务人员初步判断，这些被作废的发票可能涉嫌虚开，一起以"建材贩子"为中间人的虚开增值税普通发票案件开始浮出水面。

根据案件情况，市国税局立即启动应急方案，将案件移交至稽查局。检查人员进一步分析这2户企业的相关数据发现，从2014年7月到2015年4月，这2户企业存在将开具的增值税普通发票的发票联给受票企业后，又将该发票的电子信息作废的行为。企业向税务机关申报销售仅有9.8万元，且没有进项税额申报抵扣，存在未购进货物的可能。上述行为已涉嫌虚开增值税普通发票。从作案手段和登记信息来看，这2户企业很有可能是由同一团伙操控。

该局及时将涉案线索移送至市公安局经侦大队。税警双方成立了专案组。2015年6月下旬，税警双方做了大量内查外调工作，案情渐渐明朗。从已掌握的证据看，某建材公司及某贸易公司在无真实业务的情况下，采取月初开票、月底作废的手段，虚开发票共计6 000余份，票面涉案金额高达6.5亿元，受票企业遍布全国各地，受票金额在百万元以上的企业就有近200家。

【相关风险分析指标】

发票作废率偏高。

1. 指标值

增值税发票作废率=本月增值税发票作废份数÷（本月正常开具增值税发票份数+本月作废增值税发票份数）×100%

2．指标预警值

（1）增值税发票作废率>10%，视为异常。

（2）同一笔销售发票当月作废，次月重开，且在起征点范围左右直接纳入风险扫描重点，并由系统自动提醒。

3．问题指向

（1）恶意隐瞒收入：这是一种较为常见的情况，纳税人通过将已开具发票作废，下月重开，将当月发票开具金额降入起征点以下，从而达到不交税的目的。

（2）恶意串通，销售方违规作废，接票方虚列成本：即销售方与受票方在没有真实业务的前提下恶意串通，销售方违规作废开具的部分发票（未收回发票联），接票方虚列成本，从而达到偷税目的。

（3）涉嫌虚开发票：部分企业涉嫌虚开发票，但为了避免被税务机关发现，将部分发票进行作废，以平销、微利达到虚开发票的目的。

（四）专用发票长期顶额开具异常

【案例】2018年5月，某市税务局稽查局发现，当地A区甲建筑材料有限公司等多家新注册的公司，在日常经营中开具的增值税发票存在重大异常：这些企业发票开具数量异常，税负非常低，半年来销售收入呈井喷式增长，短期内集中顶额开具发票，初次领取发票就申请增量，但申报缴纳金额却很低，进项发票没有人工费、水电费等经营性的支出。不仅如此，随着对这些企业的资金流、货物流以及发票流展开调查，税务人员还发现，这些企业都出现资金回流的可疑现象。

鉴于涉案金额巨大，且牵涉企业众多，2018年7月27日，税务部门根据相关法律规定，将案件移交公安部门侦查。而同一时间，市公安局也接到乙建筑材料有限公司涉嫌虚开大量增值税专用发票的线索，发现其中18家企业共接受了488份虚开增值税专用发票，涉及金额4 971万元。销售发票的资金，流向一何姓男子的银行账户后，又分多笔流向鹰潭、福建、景德镇等地的多个账户。但经调取、比对当地银行的数据和视频证据，警方发现，这些账户的持卡人都是虚假身份，企业门牌号码等注册信息也是造假，办公室人去楼空。他们通过中间人大量购买居民身份证，经代办公司将购买的居民身份证用于办理工商注册和涉税事项，陆续在A区注册了某建材有限公司等65家空壳企业。这些企业之间存在着复杂的资金回流链。最后，经侦人员先后奔赴福建等地实地核查，掌握了福建地区40多个涉案企业支付"开票费"，通过中间人向何某某团伙购买发票的确凿证据。

【相关风险分析指标】

专用发票长期顶额开具异常。

1. 指标值

增值税发票顶额开具率＝本月增值税发票顶额开具份数÷本月开具增值税发票份数×100%

2. 指标预警值

增值税发票顶额开具率>90%，视为异常。

3. 问题指向

大部分发票顶额开具，发票开具金额满额度高于90%，可能存在虚开发票的现象。

第二节　增值税税务风险点

一、纳税人身份确定风险

增值税纳税人分为一般纳税人和小规模纳税人，通常情况下，一般纳税人采用一般计税方法（特殊应税事项也可采用简易计税方法），小规模纳税人只能采用简易计税方法。根据身份确定计税方法，而计税方法的选用将直接影响到企业税负的高低。因此，身份的确定需要符合相关规定，也应结合企业的实际情况综合考量。

【案例】甲超市为增值税小规模纳税人，按月申报纳税。由于年应税销售额达到一般纳税人登记标准后未及时办理登记手续，于2019年6月20日收到了税务机关送达的《税务事项通知书》，但该公司逾期仍未办理相关手续。该超市2019年7月销售货物30万元，购进货物20万元（取得增值税专用发票）。当月增值税应纳税额为多少？

【解析】

甲超市应按销售额依照增值税税率计算应纳税额=30×13%=3.9万元，不得抵扣进项税额，也不得使用增值税专用发票，直至其办理相关手续为止。

【相关风险】

已达标未登记风险。

1. 登记一般纳税人的相关规定

《增值税一般纳税人登记管理办法》第二条规定，增值税纳税人年应税销售额超过财政部、国家税务总局规定的小规模纳税人标准的，除本办法第四条规定外，应当向主管税务机关办理一般纳税人登记。

本办法所称年应税销售额，是指纳税人在连续不超过12个月或4个季度的经营期内累计应征增值税销售额，包括纳税申报销售额、稽查查补销售额、纳税评估调整销售额。

销售服务、无形资产或者不动产有扣除项目的纳税人，其应税行为年应税销售额按未扣除之前的销售额计算。纳税人偶然发生的销售无形资产、转让不动产的销售额，不计入应税行为年应税销售额。

2. 风险表现

　　纳税人在年应税销售额超过规定标准的月份（或季度）所属申报期结束后15日内，应按照《增值税一般纳税人登记管理办法》第六条或者第七条的规定办理相关手续；未按规定时限办理的，主管税务机关应当在规定时限结束后5日内制作《税务事项通知书》，告知纳税人应当在5日内向主管税务机关办理相关手续；逾期仍不办理的，次月起按销售额依照增值税税率计算应纳税额，不得抵扣进项税额，直至纳税人办理相关手续为止。

二、销项税额相关风险

　　销项税额，是指纳税人发生应税行为按照销售额和增值税税率计算并收取的增值税额。销项税额计算公式如下：

　　销项税额＝销售额×税率

　　一般计税方法的销售额不包括销项税额，纳税人采用销售额和销项税额合并定价方法的，按照下列公式计算销售额：

　　销售额＝含税销售额÷（1+税率）

　　（一）纳税义务发生时间确认错误风险

　　【案例】A公司出租房屋，以下三种方式的纳税义务发生时间是否相同？

　　（1）2019年6月1日，与甲公司签订房屋租赁合同，租期一年（2019年6月1日～2020年5月31日），年租金100万元，分季度支付。合同约定，A公司于2019年6月15日将一年100万元租金发票开给甲公司。

　　（2）2019年5月25日与乙公司签订房屋租赁合同，租期一年（2019年6月1日～2020年5月31日），年租金100万元。A公司于2019年5月30日一次性收取一年100万元租金。

　　（3）2019年6月1日与丙公司签订房屋租赁合同，租期一年

（2019年6月1日～2020年5月31日），年租金100万元，分季度支付。合同约定，A公司于2019年6月10日收取第一季度租金25万元，由于丙公司出现债务危机，租金尚未支付。

【解析】

（1）与甲公司的合同约定是分季度支付租赁款，但是A公司已于2019年6月15日将一年100万元租金发票开给甲公司，按照纳税义务发生时间"先开具发票的，为开具发票的当天"的规定，纳税义务发生时间为开具发票的当天，即2019年6月15日，按100万元计提销项税额。

（2）纳税人销售（有形动产和不动产）租赁服务采取预收款方式的，纳税义务发生时间为收到预收款的当天，即2019年5月30日，收取乙公司租金，按100万元计提销项税额。

（3）纳税人销售服务、无形资产或者不动产，签订了书面合同并确定了付款日期的，为书面合同确定的付款日期的当天。与丙公司的合同约定，A公司应于2019年6月10日收取第一季度租金25万元，由于丙公司出现债务危机，租金虽然尚未支付，但仍然按照2019年6月10日确认纳税义务，按25万元计提销项税额。

【相关风险】

纳税义务发生时间确认错误风险。

1. 增值税纳税义务发生时间规定

对于增值税纳税义务发生时间的界定，总的来讲是"发生应税销售行为的，为收讫销售款项或者取得索取销售款项凭据的当天；先开具发票的，为开具发票的当天。进口货物，为报关进口的当天"。就发生应税销售行为而言，确定其增值税纳税义务发生时间的总原则就是，以"收讫销售款项、取得索取销售款项凭据或者发票开具时间"三者孰先（谁在前）的原则确定。

具体来讲，增值税的纳税义务发生时间包括但不限于以下时点：

（1）纳税人发生销售货物或者加工、修理修配劳务，销售服务、无形资产、不动产的应税销售行为，先开具增值税发票的，为开具发票的当天。（纳税人收取款项但未发生销售货物、应税劳务、服务、无形资产或不动产的行为，按照国家税务总局的规定使用"未发生销售行为的不征税项目"编码开具不征税发票的情形除外）

（2）纳税人采取直接收款方式销售货物，不论货物是否发出，均为收到销售款或者取得索取销售款凭据的当天。

（3）纳税人采取赊销方式销售货物，签订了书面合同的，为书面合同约定的收款日期的当天。无书面合同的或者书面合同没有约定收款日期的，为货物发出的当天。

（4）纳税人采取分期收款方式销售货物，签订了书面合同的，为书面合同约定的收款日期的当天。无书面合同的或者书面合同没有约定收款日期的，为货物发出的当天。

（5）纳税人采取预收货款方式销售货物（特定货物除外），为货物发出的当天。如果生产销售生产工期超过12个月的大型机械设备、船舶、飞机等特定货物，为收到预收款或者书面合同约定的收款日期的当天。

（6）纳税人委托其他纳税人代销货物，为收到代销单位的代销清单或者收到全部或者部分货款的当天。未收到代销清单及货款的，为发出代销货物满180天的当天。

（7）纳税人销售加工、修理修配劳务，为提供劳务同时收讫销售款或者取得索取销售款的凭据的当天。

（8）纳税人进口货物，为报关进口的当天。

（9）纳税人发生销售服务、无形资产或者不动产，为其应税行为发生过程中或者完成后收到销售款项的当天。签订了书面合同并确定了付款日期的，为书面合同确定的付款日期的当天。签订了书面合同但未确定付款日期的，为服务、无形资产转让完成的当天或者不动产权属变更的当天。未签订书面合同的，为服务、无形资产转让完成的当天或者不动产权属变更的当天。

（10）纳税人销售（有形动产和不动产）租赁服务采取预收款方式的，为收到预收款的当天。

（11）纳税人销售建筑服务，被工程发包方从应支付的工程款中扣押的质押金、保证金，未开具发票的，为纳税人实际收到质押金、保证金的当天。

（12）纳税人从事金融商品转让的，为金融商品所有权转移的当天。金融企业发放贷款后，自结息日起90天内发生的应收未收利息按现行规定缴纳增值税，自结息日起90天后发生的应收未收利息暂不缴纳增值税，待实际收到利息时按规定缴纳增值税。

上述所称金融企业，是指银行（包括国有、集体、股份制、合资、外资银行以及其他所有制形式的银行）、城市信用社、农村信用社、信托投资公司、财务公司、证券公司、保险公司、金融租赁公司、证券基金管理公司、证券投资基金以及其他经人民银行、银监会、证监会、保监会批准成立且经营金融保险业务的机构。

（13）银行提供贷款服务按期计收利息（纳税人提供贷款服务，一般按月或按季结息）的，结息日当日计收的全部利息收入，均应计入结息日所属期（增值税纳税义务发生时间）的销售额，按照现行规定计算缴纳增值税。

（14）纳税人发生下列视同销售货物行为，为货物移送的当天：

①将自产、委托加工的货物用于集体福利或者个人消费；

②将自产、委托加工或者购进的货物作为投资，提供给其他单

位或者个体工商户；

③将自产、委托加工或者购进的货物分配给股东或者投资者；

④将自产、委托加工或者购进的货物无偿赠送其他单位或者个人。

（15）纳税人发生以下视同销售的情形，为服务、无形资产转让完成的当天或者不动产权属变更的当天：

①单位或者个体工商户向其他单位或者个人无偿提供服务，但用于公益事业或者以社会公众为对象的除外；

②单位或者个人向其他单位或者个人无偿转让无形资产或者不动产，但用于公益事业或者以社会公众为对象的除外；

③财政部和国家税务总局规定的其他情形。

（16）增值税扣缴义务发生时间为被代扣税款的纳税人增值税纳税义务发生的当天。

2．风险表现

未按规定时间确认纳税义务，导致未能及时缴纳税款，被税务机关按照《中华人民共和国税收征收管理法》第三十二条"纳税人未按照规定期限缴纳税款的，扣缴义务人未按照规定期限解缴税款的，税务机关除责令限期缴纳外，从滞纳税款之日起，按日加收滞纳税款万分之五的滞纳金"之规定责令缴纳，并加收滞纳金。

（二）预收账款未及时确认纳税义务风险

【案例】甲公司主要从事商铺租赁与管理服务，市税务局在税务检查过程中发现该公司2019年9月预收账款增幅异常。经核实，预收款为预收的1年房租款（2019年10月1日～2020年9月30日），共计261.6万元。进一步核查纳税申报表发现，该公司此项业务2019年未计提销项税额，未缴纳增值税，企业账务处理如下：

借：银行存款　　　　　　　2 616 000

　　贷：预收账款　　　　　　　　2 616 000

　　会计人员认为客户尚未索取租金发票，因此纳税义务时间尚未发生。税务人员立刻纠正了会计人员的误解，明确告诉公司财务人员，纳税人提供租赁服务采取预收款方式的，其纳税义务发生时间为收到预收款的当天。税务人员及时要求公司会计补缴了21.6万元增值税，并依法按日加收万分之五的滞纳金。

【解析】

公司的正确处理方法应该是：

第一步，预收1年房租。

借：银行存款　　　　　　　　　　　　　2 616 000

　　贷：预收账款　　　　　　　　　　　　2 400 000

　　　　应交税费——应交增值税（销项税额）　216 000

第二步，每月底确认租金收入。

借：预收账款　　　　　　　200 000

　　贷：主营业务收入　　　　200 000

【相关风险】

预收账款未及时确认纳税义务风险。

1. 采取预收款方式销售货物、提供租赁服务纳税义务发生时间的规定

（1）《中华人民共和国增值税暂行条例实施细则》（财政部、国家税务总局第50号令）第三十八条规定：（四）纳税人采取预收货款方式销售货物（特定货物除外），为货物发出的当天。如果生产销售生产工期超过12个月的大型机械设备、船舶、飞机等特定货物，为收到预收款或者书面合同约定的收款日期的当天。

（2）《营业税改征增值税试点实施办法》第四十五条规定，增值税纳税义务、扣缴义务发生时间为：（二）纳税人提供

租赁服务采取预收款方式的，其纳税义务发生时间为收到预收款的当天。

2. 风险表现

（1）纳税人采取预收款方式销售货物，货物已发出，不按规定确认纳税义务。

（2）纳税人提供租赁服务采取预收款方式的，未在收到预收款时确认增值税纳税义务，而是分期确认或延后确认。

（三）视同销售行为未按规定确认收入申报纳税风险

增值税视同销售是指在会计上不作为销售核算，而在增值税上需作为销售，确认收入计缴税金的商品、服务或劳务的转移行为。

【案例】购进货物无偿赠送他人未视同销售缴纳增值税。

A公司是一家生产汽车配件的企业，全国各地的很多汽车维修站均在使用、销售该公司配件。2019年8月，A公司将5月购进的1批配件无偿赠送给北京、沈阳、哈尔滨等地的各个维修站，配件购进时含税金额为1 469 000元。赠送时不含税产品价值1 400 000元。该公司对该项业务做出了如下账务处理：

借：销售费用——维修服务　　　　　　　1 300 000

　　应交税费——应交增值税（进项税额）　169 000

　　贷：应付账款——备品　　　　　　　　1 469 000

【解析】

《增值税暂行条例实施细则》第四条规定，将自产，委托加工或购买的货物无偿赠送他人需视同销售缴纳增值税。

该公司正确的做法应当是在购进配件时：

借：库存商品　　　　　　　　　　　　　1 300 000

　　应交税费——应交增值税（进项税额）　169 000

　　贷：应付账款　　　　　　　　　　　　1 469 000

在将配件对外赠送时应当计提增值税销项税额

借：销售费用   1 482 000

  贷：库存商品   1 300 000

    应交税费——应交增值税（销项税额） 182 000

【相关风险】视同销售行为未按规定确认收入申报纳税风险

1. 增值税视同销售相关规定

（1）《增值税暂行条例实施细则》第四条规定，单位或个体经营者的下列行为，视同销售货物：

①将货物交付他人代销；

②销售代销货物；

③设有两个以上机构并实行统一核算的纳税人，将货物从一个机构移送其他机构用于销售，但相关机构设在同一县（市）的除外；

④将自产、委托加工或购买的货物作为投资，提供给其他单位或个体经营者；

⑤将自产、委托加工或购买的货物分配给股东或投资者；

⑥将自产、委托加工的货物用于集体福利或个人消费；

⑦将自产、委托加工或购买的货物无偿赠送他人。

（2）《营业税改征增值税试点实施办法》第十四条规定，下列情形视同销售服务、无形资产或者不动产：

①单位或者个体工商户向其他单位或者个人无偿提供服务，但用于公益事业或者以社会公众为对象的除外；

②单位或者个人向其他单位或者个人无偿转让无形资产或者不动产，但用于公益事业或者以社会公众为对象的除外；

③财政部和国家税务总局规定的其他情形。

2. 风险表现

发生增值税视同销售行为，未按规定计提销项税或计算应交税款。

（四）价外费用未按规定申报纳税风险

【案例】甲公司与乙公司于2019年7月签订了货物销售合同，合同约定，甲公司应在2019年10月前全部发货，合同价款为600万元。乙公司应于合同签订之日起5日内预付30%的预付款，于收到货物之日起10日内付清全款。如一方违约，须向对方支付5万元违约金。

【解析】

情形1：合同正常履行，乙方违约，甲方收取了5万元的违约金，销售方价外向购买方收取的违约金，属于价外费用，应视为含税收入，在征税时换算成不含税收入并入销售额计征增值税。

情形2：合同正常履行，甲方违约，乙方收取了5万元的违约金，不属于价外费用不需要并入销售额计征增值税。

情形3：合同未履行，业务未发生，甲方向乙方收取了5万元的违约金，不属于价外费用不需要并入销售额计征增值税。

情形4：合同未履行，业务未发生，乙方向甲方收取了5万元的违约金，不属于价外费用不需要并入销售额计征增值税。

【相关风险】

价外费用未按规定申报纳税风险。

1. 价外费用的相关规定

（1）《增值税暂行条例实施细则》第十二条规定，条例第六条第一款所称价外费用，包括价外向购买方收取的手续费、补贴、基金、集资费、返还利润、奖励费、违约金、滞纳金、延期付款利息、赔偿金、代收款项、代垫款项、包装费、包装物租金、储备费、优质费、运输装卸费以及其他各种性质的价外收费。

下列项目不包括在价外费用内。

①受托加工应征消费税的消费品所代收代缴的消费税。

②同时符合以下条件的代垫运输费用：

A. 承运部门的运输费用发票开具给购买方的；

B. 纳税人将该项发票转交给购买方的。

③同时符合以下条件代为收取的政府性基金或者行政事业性收费：

A. 由国务院或者财政部批准设立的政府性基金，由国务院或者省级人民政府及其财政、价格主管部门批准设立的行政事业性收费；

B. 收取时开具省级以上财政部门印制的财政票据；

C. 所收款项全额上缴财政。

④销售货物的同时代办保险等而向购买方收取的保险费，以及向购买方收取的代购买方缴纳的车辆购置税、车辆牌照费。

（2）《营业税改征增值税试点实施办法》第三十七条规定，价外费用，是指价外收取的各种性质的收费，但不包括以下项目：

①代为收取并符合本办法第十条规定的政府性基金或者行政事业性收费。

②以委托方名义开具发票代委托方收取的款项。

（3）《国家税务总局关于增值税若干征管问题的通知》（国税发〔1996〕155号）第一条规定，对增值税一般纳税人（包括纳税人自己或代其他部门）向购买方收取的价外费用，应视为含税收入，在征税时换算成不含税收入并入销售额计征增值税。

2. 风险表现

应并入销售额的价外费用未按规定并入销售额计征增值税。

（五）未在同一张发票上分别注明价款和折扣额风险

【案例】A公司销售新商品，每件定价300元，为了促进商品销售，与客户达成购销协议。约定如果客户累计购买达到8 000件时，商品可以享受2%的价格折扣，A公司是增值税一般纳税人，增值税率为13%，商品成本每件126元。B客户每次购买量3 000件，第三次购买时，根据约定可以享受折扣48 000元（300×2%×8 000），A公司按照全额开具发票后，另外又在备注栏中注明价款折扣48 000元，增值税款折扣6 240元。

【解析】

A公司折扣销售时，未在同一张发票上分别注明价款和折扣额，只在备注栏中注明价款折扣48 000元，增值税款折扣6 240元。

第三次销售时，增值税应税收入中不得减除折扣额，以300×3 000=900 000元计提增值税销项税额。

【相关风险】

未在同一张发票上分别注明价款和折扣额风险。

1. 销售折扣的相关规定

《营业税改征增值税试点实施办法》第四十三条规定，纳税人发生应税行为，将价款和折扣额在同一张发票上分别注明的，以折扣后的价款为销售额；未在同一张发票上分别注明的，以价款为销售额，不得扣减折扣额。

2. 风险表现

折扣销售时，未在同一张发票上分别注明价款和折扣额，只能以价款为销售额，不得扣减折扣额。

（六）存在兼营行为未分别核算风险

【案例】甲公司是一家商贸公司，一般纳税人。主营设备销售，同时兼营安装业务以及保养服务。2019年8月，该公司将外购的设备对外销售，不含税金额1 000万元，同时给客户提供安装服务，不含税收入200万元，同时也对安装运行后的机器设备提供维护保养服务，收取维保费不含税收入100万元。

【解析】

情形1：会计人员对以上三项收入未分别核算，应从高适用税率。

则应计提销项税额=（1 000+200+100）×13%=169万元

情形2：会计人员对以上三项收入进行了分别核算，则分别适用不同的税率计。

销售设备的增值税=1 000×13%=130万元

安装服务一般计税的增值税=200×9%=18万元

维护保养服务的增值税=100×6%=6万元

合计：154万元

比第一种情形少计销项税=169–154=15万元

情形3：会计人员对以上三项收入进行了分别核算，且对安装服务采用简易征收，则分别适用不同的税率或者征收率计税。

销售设备的增值税=1 000×13%=130万元

安装服务简易计税的增值税=200×3%=6万元

维护保养服务的增值税=100×6%=6万元

合计：142万元

比第一种情形少计销项税=169–142=27万元

【相关风险】

存在兼营行为未分别核算风险。

1. 兼营的相关规定

（1）《营业税改征增值税试点实施办法》第三十九条规定：纳税人兼营销售货物、劳务、服务、无形资产或者不动产，适用不同税率或者征收率的，应当分别核算适用不同税率或者征收率的销售额；未分别核算的，从高适用税率。

把握兼营非应税劳务时注意三个"两"：

①指纳税人的经营范围包含不同业务，包括销售货物、劳务、服务、无形资产或不动产等。

②销售货物、劳务和提供服务等不是同时发生在同一购买者身上，不是发生在同一销售行为中，即价款向两个以上消费者收取。

③各种应税行为如分别核算，分别适用各自税率和征收率；对兼营的行为不分别核算或不准确核算的，从高适用税率。

（2）《国家税务总局关于进一步明确营改增有关征管问题的公告》（国家税务总局公告2017年第11号）第一条规定，纳税人销售活动板房、机器设备、钢结构件等自产货物的同时提供建筑、安装服务，不属于《营业税改征增值税试点实施办法》（财税〔2016〕36号文件印发）第四十条规定的混合销售，应分别核算货物和建筑服务的销售额，分别适用不同的税率或者征收率。

（3）《国家税务总局关于明确中外合作办学等若干增值税征管问题的公告》（国家税务总局公告2018年第42号）第六条规定如下：

①一般纳税人销售自产机器设备的同时提供安装服务，应分别核算机器设备和安装服务的销售额，安装服务可以按照甲供工程选择适用简易计税方法计税。

②一般纳税人销售外购机器设备的同时提供安装服务，如果已经按照兼营的有关规定，分别核算机器设备和安装服务的销售额，安装服务可以按照甲供工程选择适用简易计税方法计税。

（4）注意，一项销售行为既涉及销售货物又涉及销售服务的作为兼营行为处理而不作为混合销售的一共有以下3种：

①一般纳税人销售自产机器设备的同时提供安装服务，应分别核算机器设备和安装服务的销售额；

②纳税人销售活动板房、机器设备、钢结构件等自产货物的同时提供建筑、安装服务，应分别核算货物和建筑服务的销售额；

③一般纳税人销售外购机器设备的同时提供安装服务，应分别核算机器设备和安装服务的销售额。

除这3种以外的销售行为，既涉及服务又涉及货物，则为混合销售。

2. 风险表现

存在兼营销售货物、劳务、服务、无形资产或者不动产，未分别核算适用不同税率或者征收率的销售额，导致从高适用税率。

（七）混合销售行为适用税率错误风险

【案例】A汽车美容店（一般纳税人）主要从事汽车打蜡业务，在向车主提供打蜡服务的同时销售车蜡，2019年9月取得打蜡服务及销售车蜡不含税收入共计20万元，上述行为属于混合销售还是兼营行为？如何计税？

【解析】

打蜡服务适用生活服务6%的税率，车蜡销售适用13%的税率，但向车主提供打蜡服务的同时销售车蜡，属于同一项销售行为，该汽车美容店主体不属于生产批发零售企业，其提供打蜡服务同时销售车蜡的行为，应按照销售服务缴纳增值税，按生活服务6%的税率计算，销项税额=20×6%=1.2万元。

【相关风险】

存在兼营行为未分别核算风险。

1. 混合销售的相关规定

《营业税改征增值税试点实施办法》第四十条规定：一项销售行为如果既涉及服务又涉及货物，为混合销售。从事货物的生产、批发或者零售的单位和个体工商户的混合销售行为，按照销售货物缴纳增值税；其他单位和个体工商户的混合销售行为，按照销售服务缴纳增值税。

本条所称从事货物的生产、批发或者零售的单位和个体工商户，包括以从事货物的生产、批发或者零售为主，并兼营销售服务的单位和个体工商户在内。

在把握混合销售行为时应注意以下三个"一"：

①同一项销售行为中既包括销售货物又包括提供服务，强调同一项销售行为。

②销售货物和提供服务的价款是同时从一个购买方取得的。

③混合销售只适用一个税率。

2. 风险表现

存在混合销售行为错误按照兼营行为处理，或者混合销售税率适用错误。

（八）无正当理由低价销售商品或服务风险

【案例】某省A县税务局检查发现，甲置业有限公司2016年3月销售14间商铺，申报计税价格明显低于同期同类商铺的平均售价，且无正当理由。另外，对1 000多平方米的回迁面积未按规定申报纳税。依据相关规定，A县税务局2019年1月要求甲公司补缴税款、滞纳金等共计298.9万元。

甲公司向市税务局申请复议，结果未变。2019年6月该公司向法院提起诉讼，败诉；再上诉，仍未得到支持。二审法院认为，A县税务局提供的资料表明，甲公司存在部分商铺销售价格折半、明显偏低的事实。但不能提供证据说明其同类商铺大幅降价的合理理由，认定A县税务局作出的有关处理决定认定事实清楚，证据充分，适用法律正确。

【相关风险】

无正当理由低价销售商品或服务风险。

1. 价格明显偏低并无正当理由的，由主管税务机关核定其销售额的相关规定如下

（1）《中华人民共和国增值税暂行条例》第七条规定，纳税人发生应税销售行为的价格明显偏低并无正当理由的，由主管税务机关核定其销售额。

（2）《中华人民共和国增值税暂行条例实施细则》第十六条规定，纳税人有条例第七条所称价格明显偏低并无正当理由或者有本细则第四条所列视同销售货物行为而无销售额者，按下列顺序确定销售额：

①按纳税人最近时期同类货物的平均销售价格确定；

②按其他纳税人最近时期同类货物的平均销售价格确定；

③按组成计税价格确定。

组成计税价格的公式为：组成计税价格=成本×（1+成本利润率）

属于应征消费税的货物，其组成计税价格中应加计消费税额。

公式中的成本是指：销售自产货物的为实际生产成本，销售外购货物的为实际采购成本。公式中的成本利润率由国家税务总局确定。

（3）《营业税改征增值税试点实施办法》第四十四条规定，纳税人发生应税行为价格明显偏低或者偏高且不具有合理商业目的的，或者发生本办法第十四条所列行为而无销售额的，主管税务机关有权按照下列顺序确定销售额。

①按照纳税人最近时期销售同类服务、无形资产或者不动产的平均价格确定；

②按照其他纳税人最近时期销售同类服务、无形资产或者不动产的平均价格确定；

③按照组成计税价格确定。

组成计税价格的公式为：组成计税价格=成本×（1+成本利润率）

成本利润率由国家税务总局确定。

不具有合理商业目的，是指以谋取税收利益为主要目的，通过人为安排，减少、免除、推迟缴纳增值税税款，或者增加退还增值税税款。

（4）注意："无正当理由"一般应满足三个条件。一是必须存在人为规划的一个或一系列行动或交易安排；二是企业必须从该安排中获取减少应纳税额的税收利益；三是企业将获取税收利益作为其从事某种安排的唯一或者主要目的。如果纳税人的行为满足了这三个条件，则可断定其行为已经构成"无正当理由"。

2. 风险表现

关联方的应税销售行为价格明显偏低或者偏高，并且没有正当理由，税务机关会怀疑企业通过此种方式转移利润以达到少缴税款的目的。

（九）处置自己使用过的固定资产，未计算缴纳增值税风险

【案例1】乙公司2019年3月登记为一般纳税人。于2019年6月将2018年12月（小规模纳税人期间）购进的电脑等固定资产进行了处置，自行开具增值税普通发票，金额103 000元。该公司2019年6月主表第19栏"应纳税额"与第21栏"简易计税办法计算的应纳税额"之和为10 000元（一般计税应纳税额7 000元，简易计税应纳税额3 000元）。

【解析】

纳税人购进或者自制固定资产时为小规模纳税人，登记为一般纳税人后销售该固定资产，按照简易办法，依照3%征收率减按2%征收增值税。

销售自己使用过固定资产的不含税收入=103 000÷（1+3%）=100 000元

按照3%征收率计算本期应纳税额=100 000×3%=3 000元

应纳税额减征额=100 000×（3%-2%）=1 000元

【案例2】丁公司为一般纳税人，2019年6月销售2017年4月购进的建筑设备一批，销售价款113 000元（价税合计），并开具增值税普通发票。

【解析】

销售自己使用过的2009年1月1日以后购进或者自制的固定资产，按照适用税率征收增值税。

销售自己使用过固定资产的不含税收入＝113 000÷（1＋13%）＝100 000元

按照适用税率13%计算销项税额＝100 000×13%＝13 000元

【相关风险】

处置自己使用过的固定资产，未计算缴纳增值税风险。

1. 处置使用过的固定资产计征增值税相关规定如下

（1）其他个人销售自己使用过的物品免征增值税。

《中华人民共和国增值税暂行条例》（中华人民共和国国务院第538号令）第十五条规定，下列项目免征增值税：（七）销售自己使用过的物品。

《中华人民共和国增值税暂行条例实施细则》（财政部、国家税务总局令第50号）第三十五条规定，条例第十五条规定的部分免税项目的范围限定如下：（三）第一款第（七）项所称自己使用过的物品，是指其他个人自己使用过的物品。

（2）小规模纳税人（除其他个人外，下同）销售自己使用过的固定资产，减按2%征收率征收增值税。

《关于部分货物适用增值税低税率和简易办法征收增值税政策的通知》（财税〔2009〕9号）第二条规定，下列按简易办法征收增值税的优惠政策继续执行，不得抵扣进项税额：（一）纳税人销售自己使用过的物品，按下列政策执行：小规模纳税人销售自己使用过的固定资产，减按2%征收率征收增值税。小规模纳税人销售自己使用过的除固定资产以外的物品，应按3%的征收率征收增值税。

（3）一般纳税人销售自己使用过的固定资产。

①购进固定资产时为小规模纳税人，处置资产时为一般纳税人。

《国家税务总局关于一般纳税人销售自己使用过的固定资产增值税有关问题的公告》（国家税务总局公告2012年第1号）第一条规定，增值税一般纳税人销售自己使用过的固定资产，属于以下两种情形的，可按简易办法依4%征收率减半征收增值税，同时不得开具增值税专用发票：一、纳税人购进或者自制固定资产时为小规模纳税人，认定为一般纳税人后销售该固定资产。

《财政部、国家税务总局关于简并增值税征收率政策的通知》（财税〔2014〕57号）第一条规定：一、《财政部国家税务总局关于部分货物适用增值税低税率和简易办法征收增值税政策的通知》（财税〔2009〕9号）第二条第（一）项和第（二）项中"按照简易办法依照4%征收率减半征收增值税"调整为"按照简易办法依照3%征收率减按2%征收增值税"。

②增值税一般纳税人发生按简易办法征收增值税应税行为，销售其按照规定不得抵扣且未抵扣进项税额的固定资产。

《国家税务总局关于一般纳税人销售自己使用过的固定资产增值税有关问题的公告》（国家税务总局公告2012年第1号）第二条规定，增值税一般纳税人销售自己使用过的固定资产，属于以下两种情形的，可按照简易办法依照3%征收率减按2%征收增值税，同时不得开具增值税专用发票：二、增值税一般纳税人发生按简易办法征收增值税应税行为，销售其按照规定不得抵扣且未抵扣进项税额的固定资产。

③一般纳税人销售自己使用过的按规定不得抵扣且未抵扣进项

税额的固定资产，按简易办法依3%减按2%征收增值税。

《财政部、国家税务总局关于部分货物适用增值税低税率和简易办法征收增值税政策的通知》（财税〔2009〕9号）第二条规定，下列按简易办法征收增值税的优惠政策继续执行，不得抵扣进项税额：（一）纳税人销售自己使用过的物品，按下列政策执行：1. 一般纳税人销售自己使用过的属于条例第十条规定不得抵扣且未抵扣进项税额的固定资产，按简易办法依4%征收率减半征收增值税。

《关于一般纳税人销售自己使用过的固定资产增值税有关问题的公告》（国家税务总局公告2012年第1号）第二条规定，增值税一般纳税人销售自己使用过的固定资产，属于以下两种情形的，可按简易办法依4%征收率减半征收增值税，同时不得开具增值税专用发票：二、增值税一般纳税人发生按简易办法征收增值税应税行为，销售其按照规定不得抵扣且未抵扣进项税额的固定资产。

《财政部、国家税务总局关于简并增值税征收率政策的通知》（财税〔2014〕57号）第一条规定：《财政部、国家税务总局关于部分货物适用增值税低税率和简易办法征收增值税政策的通知》（财税〔2009〕9号）第二条第（一）项和第（二）项中"按照简易办法依照4%征收率减半征收增值税"调整为"按照简易办法依照3%征收率减按2%征收增值税"。

《国家税务总局关于简并增值税征收率有关问题的公告》（国家税务总局2014年第36号公告）第六条规定，纳税人适用按照简易办法依3%征收率减按2%征收增值税政策的，按下列公式确定销售额和应纳税额：销售额=含税销售额÷（1+3%），应纳税额=销售额×2%。

④销售自己使用过的2009年1月1日以后购进或者自制的固定资产，按照适用税率征收增值税。

《财政部、国家税务总局关于全国实施增值税转型改革若干问题的通知》（财税〔2008〕170号）第四条规定，自2009年1月1日起，纳税人销售自己使用过的固定资产，应区分不同情形征收增值税：（一）销售自己使用过的2009年1月1日以后购进或者自制的固定资产，按照适用税率征收增值税。

2. 风险表现

（1）处置使用过的固定资产未按规定确认收入。

（2）不符合按照简易办法依3%征收率减按2%征收增值税政策条件的，按照简易计税办法计税。

（十）出售废品、废料未按规定计税风险

【案例】2019年3月，税务机关利用税源监控平台，发现某机械设备有限公司2018年度销售额变动率、税负率均低于行业平均水平，可能存在少申报增值税税款的问题，于是对该公司进行了风险提醒，该公司收到风险提醒后，及时组织会计人员进行排查，通过核查收入类账户反映的收入金额与应交税费账户反映的销项税额之间的勾稽关系，发现销项税额小于按收入金额和相应税率计算的税额。采用抽查法抽查"主营业务收入""其他业务收入"等账户以及相关的记账凭证、附件资料，进一步发现在2018年3月23日第23号凭证上有这样一笔分录：

借：银行存款 180 000

贷：其他业务收入 180 000

记账凭证后附磅码单一份，上面注明货物为废铁和铁屑，查实了该公司实现销售漏计提销项税额。通过全面排查，发现此问题导致2018年全年少提销项税额3.06万元。

【相关风险】

出售废品、废料未按规定计税风险。

1. 出售废品、废料计税的相关规定

《财政部、国家税务总局关于部分货物适用增值税低税率和简易办法征收增值税政策的通知》（财税〔2009〕9号）第二条第一款第1项规定，一般纳税人销售自己使用过的除固定资产以外的物品，应当按照适用税率征收增值税。

2. 风险表现

（1）出售废品、废料未按适用税率计算增值税。

（2）错用简易计税方式或错用低税率。

三、进项税额相关风险

进项税额是指纳税人购进货物、劳务、服务、无形资产、不动产支付或者负担的增值税额。

《增值税暂行条例》第八条规定，下列进项税额准予从销项税额中抵扣：

（一）从销售方取得的增值税专用发票上注明的增值税额。

（二）从海关取得的海关进口增值税专用缴款书上注明的增值税额。

（三）购进农产品，除取得增值税专用发票或者海关进口增值税专用缴款书外，按照农产品收购发票或者销售发票上注明的农产品买价和11%的扣除率计算的进项税额，国务院另有规定的除外。

注1：《财政部、税务总局关于调整增值税税率的通知》（财税〔2018〕32号）第二条规定，纳税人购进农产品，原适用11%扣除率的，扣除率调整为10%。

注2：《财政部、国家税务总局、海关总署关于深化增值税改革有关政策的公告》（财政部、国家税务总局、海关总署公告2019年第39号）第二条规定：纳税人购进农产品，原适用10%扣除率的，扣除率调整为9%。纳税人购进用于生产或者委托加工13%税率货物

的农产品，按照10%的扣除率计算进项税额。

进项税额计算公式：进项税额＝买价×扣除率

买价，是指纳税人购进农产品在农产品收购发票或者销售发票上注明的价款和按照规定缴纳的营业税。

购进农产品，按照《农产品增值税进项税额核定扣除试点实施办法》抵扣进项税额的除外。

（四）自境外单位或者个人购进劳务、服务、无形资产或者境内的不动产，从税务机关或者扣缴义务人取得的代扣代缴税款的完税凭证上注明的增值税额。

准予抵扣的项目和扣除率的调整，由国务院决定。

（一）取得不符合规定的增值税扣税凭证风险

【案例】A公司向外地企业购进一批建筑材料，与供货商签订供货合同后，通过银行转账支付货款共计208万元（含税），先后取得供货商提供的增值税专用发票22份，并通过税务系统认证申报抵扣增值税30.2万元。而后，供货商所在地税务部门发出的《已证实虚开通知单》证实，上述22份发票均属虚开。税务机关认为，根据《关于纳税人善意取得虚开增值税专用发票处理问题通知》（国税发〔2000〕18号）第二条第一款和《关于纳税人善意取得虚开增值税专用发票已抵扣税款加收滞纳金问题的批复》（国税函〔2007〕1240号）规定，上述22份发票为善意取得虚开发票，是不合法的凭证。于是作出A公司进项税额30.2万元不予抵扣，税款予以追缴的决定。

【解析】

1. 构成"善意取得虚开增值税专用发票"的法律要件

根据《国家税务总局关于纳税人善意取得虚开的增值税专用发票处理问题的通知》（国税发〔2000〕187号）的规定，构成"善意取得虚开增值税专用发票"必须满足以下法律要件：

①购货方与销售方存在真实的交易；

②销售方使用的是其所在省（自治区、直辖市和计划单列市）的专用发票；

③专用发票注明的销售方名称、印章、货物数量、金额及税额等全部内容与实际相符；

④没有证据表明购货方知道销售方提供的专用发票是以非法手段获得的。

2. "善意取得虚开增值税专用发票"的增值税处理

《国家税务总局关于纳税人善意取得虚开增值税专用发票已抵扣税款加收滞纳金问题的批复》（国税函〔2007〕1240号）、《国家税务总局关于〈国家税务总局关于纳税人取得虚开的增值税专用发票处理问题的通知〉的补充通知》（国税发〔2000〕182号）和《国家税务总局关于纳税人虚开增值税专用发票征补税款问题的公告》（国家税务总局公告2012年第33号）规定，纳税人"善意取得虚开增值税专用发票"的增值税处理总结如下：

①纳税人无论善意还是恶意取得虚开的增值税专用发票，都不得作为增值税合法有效的扣税凭证抵扣其进项税额。

②在"纳税人善意取得虚开增值税专用发票"的情况下，如果购货方能够重新从销售方取得防伪税控系统开出的合法、有效专用发票的，且取得了销售方所在地税务机关已经或者正在依法对销售方虚开专用发票行为进行查处证据的，购货方所在地税务机关应依法准予抵扣进项税款或者出口退税；如不能重新取得合法、有效的专用发票，不准其抵扣进项税款或追缴其已抵扣的进项税款。

③根据《国家税务总局关于〈国家税务总局关于纳税人取得虚开的增值税专用发票处理问题的通知〉的补充通知》（国税发〔2000〕182号）的规定，纳税人善意取得虚开的增值税专用发票被依法追缴

已抵扣税款的，不再按日加收滞纳税款万分之五的滞纳金。

3. 防范取得虚开的增值税专用发票风险

（1）关注供应商是否存在异常情形。

签订合同之前，可以通过天眼查等软件，查询对方企业工商登记等相关信息，关注对方企业是否存在企业法人、财务人员、办税人员一人兼任等情形；对方企业是否存在成立时间短或停业多年后法人、投资方出现变更后突然经营且营业规模增速异常等情形；关注合同价格是否存在远低于行业平均水平等情况。

（2）拒绝现金方式支付货款。

在签订合同时，要明确拒绝现金方式支付货款。因为现金支付货款后，一旦对方开具的发票为虚开增值税专用发票，则一方面本企业在资金流方面无法自证清白，另一方面，根据现行政策规定购进货物的成本支出也不能在企业所得税税前列支扣除。建议保留一定比例质保金，期限在半年甚至一年左右。

（3）留存相关信息。

合同履约完毕后，归档保存本次交易购销双方业务人员姓名、联系方式、身份证复印件，包括经办人员照片等信息。保存购销合同、对方工商登记营业执照复印件及交货单据等原始资料，一旦存在虚开问题，既可以向税务机关提供相关证据材料，也可明确追责到个人。

【相关风险】

取得不符合规定的增值税扣税凭证风险。

1. 取得不符合规定的增值税扣税凭证不得抵扣进项税额的相关规定如下

（1）《营业税改征增值税试点实施办法》第二十六条规定，纳税人取得的增值税扣税凭证不符合法律、行政法规或者国家税务总局有关规定的，其进项税额不得从销项税额中抵扣。

增值税扣税凭证，是指增值税专用发票、海关进口增值税专用缴款书、农产品收购发票、农产品销售发票和完税凭证。

纳税人凭完税凭证抵扣进项税额的，应当具备书面合同、付款证明和境外单位的对账单或者发票。资料不全的，其进项税额不得从销项税额中抵扣。

（2）《国家税务总局关于修订〈增值税专用发票使用规定〉的通知》（国税发〔2006〕156号）第二十五条规定，用于抵扣增值税进项税额的专用发票应经税务机关认证相符（国家税务总局另有规定的除外）。认证相符的专用发票应作为购买方的记账凭证，不得退还销售方。

本规定所称认证，是指税务机关通过防伪税控系统对专用发票所列数据的识别、确认。

本规定所称认证相符，是指纳税人识别号无误，专用发票所列密文解译后与明文一致。

（3）《国家税务总局关于修订〈增值税专用发票使用规定〉的通知》（国税发〔2006〕156号）第二十六条规定，经认证，有下列情形之一的，不得作为增值税进项税额的抵扣凭证，税务机关退还原件，购买方可要求销售方重新开具专用发票：

①无法认证。本规定所称无法认证，是指专用发票所列密文或者明文不能辨认，无法产生认证结果。

②纳税人识别号认证不符。本规定所称纳税人识别号认证不符，是指专用发票所列购买方纳税人识别号有误。

③专用发票代码、号码认证不符。本规定所称专用发票代码、号码认证不符，是指专用发票所列密文解译后与明文的代码或者号码不一致。

（4）《国家税务总局关于纳税人虚开增值税专用发票征补税

款问题的公告》（国家税务总局公告2012年第33号）规定，纳税人取得虚开的增值税专用发票，不得作为增值税合法有效的扣税凭证抵扣其进项税额。

（5）《国家税务总局关于加强增值税征收管理若干问题的通知》（国税发〔1995〕192号）第一条第三款规定，纳税人购进货物或应税劳务，支付运输费用，所支付款项的单位，必须与开具抵扣凭证的销货单位、提供劳务的单位一致，才能够申报抵扣进项税额，否则不予抵扣。

（6）《国家税务总局关于修订〈增值税专用发票使用规定〉的通知》（国税发〔2006〕156号）第十二条规定，一般纳税人销售货物或者提供应税劳务可汇总开具专用发票。汇总开具专用发票的，同时使用防伪税控系统开具《销售货物或者提供应税劳务清单》，并加盖财务专用章或者发票专用章。

2. 风险表现

取得不符合规定的增值税扣税凭证抵扣了进项税金。

（二）不得抵扣进项税额项目未做进项转出风险

【案例1】甲建筑公司2019年有两个建筑项目，其中A项目属于甲供材项目，选择简易计税方法，B项目采用一般计税方法。2019年12月购进400万元（不含税）的原材料，取得增值税专用发票，认证并抵扣进项税金52万元。此批原材料共同用于A项目和B项目，无法准确划分各项目使用原材料金额。该公司12月份A项目不含税收入600万元（简易计税征收率3%），B项目取得不含税收入800万元（适用税率为9%）。

【解析】

不得抵扣的进项税额=当期无法划分的全部进项税额×（当期简易计税方法计税项目销售额+免征增值税项目销售额）÷当期全部

销售额=52×600÷（600+800）=22.29万元。

【案例2】某企业为一般纳税人，适用一般计税方法。2019年5月1日购进洗涤剂准备用于销售，取得增值税专用发票列明的金额10万元，增值税额1.3万元，当月认证抵扣。2019年7月，该纳税人将所购进的该批次洗涤剂全部用于职工食堂。

【解析】

《营业税改征增值税试点实施办法》第三十条规定，已抵扣进项税额的购进货物（不含固定资产）、劳务、服务，发生本办法第二十七条规定情形（简易计税方法计税项目、免征增值税项目除外）的，应当将该进项税额从当期进项税额中扣减；无法确定该进项税额的，按照当期实际成本计算应扣减的进项税额。

纳税人将已抵扣进项税额的购进货物用于集体福利的，应于发生的当月将已抵扣的1.3万元进行进项税额转出。

应当注意的是，购进货物、劳务用于不得抵扣情形的进项税转出还应当包括购进货物、劳务相应承担的交通运输服务中所包含的增值税。以上述为案例，假设当期运输洗涤剂发生运费的实际成本为1 000元，相应还应当转出运费进项税额1 000×9%=90元。

【案例3】A公司于2019年10月2日采购了一批货物，不含税价30万元，进项税额3.9万元，发生运输费1万元，进项税额0.09万元，当月入库。以上事项均取得增值税专用发票。2019年12月20日，A公司销售部门在交通要道兜售该货物，被工商部门没收，没收货物不含税价值3万元。12月22日晚，公司仓库着火（值班人员抽烟所致）烧毁一批货物，不含税价值2万元。12月25日，公司因不可抗力原因，损失一批货物，不含税价值5万元。

【解析】

《财政部、国家税务总局关于全面推开营业税改征增值税试点的通知》（财税〔2016〕36号）附件1第二十七条规定，下列项目的进项税额不得从销项税额中抵扣：（二）非正常损失的购进货物，以及相关的加工修理修配劳务和交通运输服务；（三）非正常损失的在产品、产成品所耗用的购进货物（不包括固定资产）、加工修理修配劳务和交通运输服务；（四）非正常损失的不动产，以及该不动产所耗用的购进货物、设计服务和建筑服务；（五）非正常损失的不动产在建工程所耗用的购进货物、设计服务和建筑服务。纳税人新建、改建、扩建、修缮、装饰不动产，均属于不动产在建工程。

在交通要道兜售该货物，被工商部门没收，没收货物不含税价值3万元；仓库着火（值班人员抽烟所致）烧毁一批货物不含税价值2万元。这两种情况，是因A公司管理不善所致，符合财税〔2016〕36号文件对"非正常损失"的定义，需做进项转出处理。

因公司不可抗力原因，损失一批货物不含税价值5万元。这种情况，不是该公司管理不善的原因，因此不符合财税〔2016〕36号文件对"非正常损失"的定义，不需要做进项转出处理。

不得抵扣的进项税额=（3.9+0.09）×（5÷30）=0.665万元

【案例4】2019年8月，某服装厂因管理不善造成产品仓库被盗，共损失产品账面价值80 000元，当月总的生产成本为420 000元，其中耗用外购原材料的价值为300 000元。

【解析】

由于在产品、产成品成本中既包括购进货物及应税劳务成本，也包括工资成本以及制造费用等，因此，非正常损失的在产品、产成品不能直接计算进项税额转出额，而应根据在产品、产成品中所耗用的购进货物及应税劳务成本比例情况计算应转出的进项税额。

计算公式为：应转出的进项税额=损失在产品、产成品的实际成本×外购货物占在产品、产成品成本的比例×外购货物的增值税税率

则损失产品成本中所耗外购货物的实际成本=80 000×（300 000÷420 000）=57 143元

应转出的进项税额=57 143×13%=7 428.59元

其包括购进固定资产相应承担的交通运输服务中所包含的增值税。

【相关风险】

不得抵扣进项税额项目未做进项转出风险。

1. 不得抵扣进项税额的具体情形

第一种情形：用于简易计税方法计税项目的。

简易计税方法是指一般纳税人发生财政部和国家税务总局规定的特定应税行为，可以选择适用简易计税方法计税。适用简易计税方法计税的一般纳税人，其取得的用于简易计税方法计税项目的进项税额不得抵扣。如：房地产开发企业一般纳税人销售自行开发的房地产老项目、一般纳税人为建筑工程老项目提供的建筑服务等。

第二种情形：用于免征增值税项目的。

免征增值税项目是由财政部及国家税务总局规定的项目。如养老机构提供的养老服务、婚姻介绍服务、从事学历教育的学校提供的教育服务、农业生产者销售的自产农产品等。

第三种情形：用于集体福利的。

集体福利是指纳税人为内部职工提供的各种内设福利部门所发生的设备、设施等费用，包括职工食堂、职工浴室、理发室、医务所、托儿所、疗养院等集体福利部门的设备、设施及维修保养费用。

第四种情形：用于个人消费的。

个人消费是指纳税人内部职工个人消费的货物、劳务及服务等所发生的费用。

上述四种情形中涉及的固定资产、无形资产、不动产，仅指专用于上述项目的固定资产、无形资产（不包括其他权益性无形资产）、不动产。若纳税人取得的固定资产、无形资产、不动产同时用于正常缴纳增值税项目和简易计税方法计税项目、免征增值税项目、集体福利或者个人消费的，则进项税额可以抵扣。

第五种情形：非正常损失对应的进项税额。

①非正常损失的购进货物，以及相关的加工修理修配劳务和交通运输服务。

②非正常损失的在产品、产成品所耗用的购进货物（不包括固定资产）、加工修理修配劳务和交通运输服务。

③非正常损失的不动产，以及该不动产所耗用的购进货物、设计服务和建筑服务。

④非正常损失的不动产在建工程所耗用的购进货物、设计服务和建筑服务。

非正常损失是指因管理不善造成货物被盗、丢失、霉烂变质，以及因违反法律法规造成货物或者不动产被依法没收、销毁、拆除的情形。

第六种情形：购进贷款服务。

贷款服务是指将资金贷与他人使用而取得利息收入的业务活动。如银行提供的贷款服务、金融商品持有期间利息收入、信用卡透支利息收入、买入返售金融商品利息收入、融资融券收取的利息收入，以及融资性售后回租、押汇、罚息、票据贴现、转贷等业务取得的利息及利息性质的收入。纳税人取得的贷款服务的进项税额不得抵扣。

第七种情形：购进餐饮服务。

餐饮服务是指通过同时提供饮食和饮食场所的方式为消费者提供饮食消费服务的业务活动，纳税人取得的餐饮服务的进项税额不得抵扣。

第八种情形：购进居民日常服务。

居民日常服务是指主要为满足居民个人及其家庭日常生活需求提供的服务，包括市容市政管理、家政、婚庆、养老、殡葬、照料和护理、救助救济、美容美发、按摩、桑拿、氧吧、足疗、沐浴、洗染、摄影扩印等服务。纳税人取得的居民日常服务的进项税额不得抵扣。

第九种情形：购进娱乐服务。

娱乐服务是指为娱乐活动同时提供场所和服务的业务。包括歌厅、舞厅、夜总会、酒吧、台球、高尔夫球、保龄球、游艺（包括射击、狩猎、跑马、游戏机、蹦极、卡丁车、热气球、动力伞、射箭、飞镖等）等。纳税人取得的娱乐服务的进项税额不得抵扣。

第十种情形：因购买货物而从销货方取得的各种形式的返还资金。

《国家税务总局关于商业企业向货物供应方收取的部分费用征收流转税问题的通知》（国税发〔2004〕136号）规定：对商业企业向供货方收取的与商品销售量、销售额挂钩（如以一定比例、金额、数量计算）的各种返还收入，均应按照平销返利行为的有关规定冲减当期增值税进项税额。

2. 风险表现

发生应做进项税额转出事项的，未按规定进行转出处理，导致少交增值税。

3. 进项税额转出计算

《营业税改征增值税试点实施办法》第二十九条规定，适用一般计税方法的纳税人，兼营简易计税方法计税项目、免征增值税项目而无法划分不得抵扣的进项税额，按照下列公式计算不得抵扣的进项税额。

不得抵扣的进项税额＝当期无法划分的全部进项税额×（当期

简易计税方法计税项目销售额+免征增值税项目销售额）÷当期全部销售额

　　主管税务机关可以按照上述公式依据年度数据对不得抵扣的进项税额进行清算。

　　【注意】

　　（1）"当月全部销售额、营业额合计"是指与"当月无法划分的全部进项税额"有关的应税项目销售额、简易计税项目以及免税项目销售额，不包括与"能够准确划分进项税额"有关的应税项目销售额、免税项目销售额以及简易计税项目销售额。

　　（2）"当月无法划分的全部进项税额"是指既用于应税项目、又用于简易计税项目以及免税项目但又无法准确划分不得抵扣的进项税额。

　　（3）免税项目销售额不得进行不含税收入的换算。

　　（4）对于纳税人而言，进项税额转出是按月进行的，但由于年度内取得进项税额的不均衡性，有可能会造成按月计算的进项转出与按年度计算的进项转出产生差异，主管税务机关可在年度终了对纳税人进项转出进行清算，可对相关差异进行调整。

　　（5）纳税人取得的进项税额既用于简易计税项目又用于一般计税项目的，其中涉及固定资产、无形资产、不动产的进项税额可全额抵扣。

　　（三）发生进货退回或折让进项税额未转出风险

　　【案例】甲有限责任公司于2019年5月10日从乙有限公司购进货物一批，取得乙公司开具的增值税专用发票一张，价款200万元，增值税款26万元。甲公司对该张专用发票进行了认证并当月抵扣。6月20日该批货物销售时发现质量存在问题，经与乙公司协商同意退货，甲公司在增值税发票管理新系统中填开并上传《开具红字增值税专用发票信息表》，之后取得销售方开具的红字专用发票。

甲公司于7月10日进行纳税申报后，税务机关审核该公司申报资料时，发现"进项税额转出"栏金额为0，立即打电话提醒该公司，该公司经核查，发现的确未按规定扣减当期进项税额，于是重新进行了申报，如实扣减了进项税额。

【相关风险】发生进货退回或折让进项税额未转出风险

1. 进货退回进项税额转出相关规定

（1）《营业税改征增值税试点实施办法》第三十二条规定，纳税人适用一般计税方法计税的，因销售折让、中止或者退回而退还给购买方的增值税额，应当从当期的销项税额中扣减；因销售折让、中止或者退回而收回的增值税额，应当从当期的进项税额中扣减。

（2）《国家税务总局关于红字增值税发票开具有关问题的公告》（国家税务总局公告2016年第47号）规定：一、增值税一般纳税人开具增值税专用发票（以下简称"专用发票"）后，发生销货退回、开票有误、应税服务中止等情形但不符合发票作废条件，或者因销货部分退回及发生销售折让，需要开具红字专用发票的，按以下方法处理：购买方取得专用发票已用于申报抵扣的，购买方可在增值税发票管理新系统中填开并上传《开具红字增值税专用发票信息表》（以下简称《信息表》），在填开《信息表》时不填写相对应的蓝字专用发票信息，应暂依《信息表》所列增值税税额从当期进项税额中转出，待取得销售方开具的红字专用发票后，与《信息表》一并作为记账凭证。

2. 风险表现

发生退货或取得折让未按规定做进项税额转出，多抵扣进项税额。

（四）收到返利进项税额未转出风险

【案例1】2019年12月，A代理商收到B供应商给予的现金返利

11.3万元。

【解析】

现金返利，涉税处理。对于代理商向厂商收取的返还资金，代理商不出具发票，由厂商开具红字专用发票。

1. A代理商的财税处理

A代理商取得专用发票已用于申报抵扣的，A代理商在增值税发票管理新系统中填开并上传《信息表》，暂依《信息表》所列增值税税额从当期进项税额中转出，待取得销售方开具的红字专用发票后，与《信息表》一并作为记账凭证进行会计处理。

借：银行存款 113 000

　　贷：主营业务成本 100 000

　　　　应交税费——应交增值税（进项税额转出） 13 000

填开并上传《信息表》当月，A代理商在当期增值税申报表附表二"红字专用发票信息表注明的进项税额"栏作进项税额转出申报。

2. B供应商的财税处理。

B供应商开具红字专用发票，凭此红字发票进行会计处理。

借：主营业务收入 100 000

　　应交税费——应交增值税（销项税额） 13 000

　　贷：银行存款 113 000

B供应商在当期增值税申报表上并不专门体现红字专用发票销售额，而是作为对销售收入的抵减额合并申报。

【案例2】甲公司为某商场的商品供应商，每季期末，按商场销售本公司商品金额的5%进行实物返利。2019年6月，商场共销售甲公司商品金额226万元，按约定收到含税价值为11.3万元的实物返利。

【解析】

相对于现金返利而言，实物返利的处理要复杂一些。《国家税务总局关于平销行为征收增值税问题的通知》（国税发〔1997〕167号）规定，供应商平销返利的方式不论是资金返还、赠送实物或其他方式，商业企业因购买货物而从供应方取得的各种形式的返还资金，均应依所购货物的增值税税率计算应冲减的进项税金，并从其取得返还资金当期的进项税额中予以冲减。

相应的，供应商的实物返利应作如下处理：一是实物的视同销售，二是完成利润返还。完成利润返还与现金返还的处理一致，而返利实物的视同销售要计征增值税销项税额。也就是说，供应商在实物返利时，要同时确认前期已确认收入、销项税额的减少，以及赠送实物视同销售引起本期收入、销项税额的增加。在开具发票方面，也会涉及两份发票，一是返利的红字发票，二是视同销售的蓝字发票。

商场的财税处理方式如下：

2019年6月，经计算返利11.3万元，商场取得供应商红字专用发票（"票1"），先暂依《信息表》所列增值税税额从当期进项税额中转出，取得销售方开具的红字专用发票后，与《信息表》一并作为记账凭证进行会计处理，同时取得返利实物的增值税蓝字发票（"票2"）抵扣联，按正常购进货物进行会计处理。

借：库存商品——平销返利　　　　　　　　100 000

应交税费——应交增值税（进项税额）　13 000（"票2"）

贷：主营业务成本　　　　　　　　　　　100 000

应交税费——应交增值税（进项税额转出）　13 000（"票1"）

"票1"对应的进项税额，商场在当期增值税申报表附表二"红字专用发票信息表注明的进项税额"栏作进项税额转出申报；"票2"对应的进项税额，则在当期增值税申报表附表二第2行"本期认证相符且本期申报抵扣"作抵扣进项税额申报。

供应商的财税处理方式如下：

2019年6月，经计算应返利11.3万元，供应商开具返利引起的红字专用发票（"票1"），同时开具返利实物视同销售的增值税蓝字发票（"票2"）。

借：主营业务收入　　　　　　　　　　　100 000

应交税费——应交增值税（销项税额）　13 000（"票1"）

贷：库存商品　　　　　　　　　　　　　100 000

应交税费——应交增值税（销项税额）　13 000（"票2"）

与现金返利相同，供应商在当期增值税申报表上并不专门体现红字专用发票销售额，而是作为对销售收入的抵减额合并申报。

需要注意的是，对外购实物进行返利，计算缴纳企业所得税时，要相应调增视同销售收入10万元及相应成本10万元。

【案例3】2019年9月8日，A公司的供应商B在A公司完成了以前制定的销售计划后，决定为A公司返利113万元，通过冲减发货货款的形式，即票扣方式，A公司从B供应商当月进货价税合计135.6万元，付款135.6-113=22.6万元，B公司货物成本为96万元。

【解析】

返利以销售折扣形式在同一张发票上反映。

冲抵货款的销售返利实务中俗称票扣返利。在获得冲抵货款的销售返利时，一律按照净额进行会计处理。即以折扣后的货物价款净额计入"库存商品"和"应付账款"，但这样处理使得存货管理信息系统记录的商品金额与实际库存余额不符。因此，针对票扣方式的账务处理建议如下。

（1）购买方会记处理。购买方收到含有折扣的发票后，对发票中的正数部分和负数部分分别处理：发票正数部分做采购分录，不含税金额计库存商品；负数部分冲减成本，不含税金额记主营业务成本；正负相抵后的税额记应交税费——应交增值税（进项税）；正负相抵后的总金额记应付账款或银行存款。

借：库存商品（正数部分不含税金额）

应交税费——应交增值税（进项税额）（发票正负相抵后的进项税额）

贷：应付账款——B公司（扣除返利后要付给对方的合计金额）

主营业务成本（负数部分不含税金额）

（2）销售方会记处理。销售方开出含有折扣的发票后，正负相抵后的金额做收入，按不含税金额记主营业务收入；正负相抵后的税额记销项税额；正负相抵后的合计金额记应收账款或银行存款。按实际成本价结转成本。

确认收入：

借：应收账款——A公司 （正负相抵后的合计金额）

贷：主营业务收入（正负相抵后的不含税金额）

应交税费——应交增值税（销项税额）（正负相抵后的税额）

结转成本：

借：主营业务成本

贷：库存商品

接合案例数据计算如下

（1）A公司会计处理。

正数部分：金额120万元（不含税），税额：15.6万元。

负数部分：金额–100万元（不含税），税额：–13万元。

合计部分：金额为20万元（不含税），税额：2.6万元。

借：库存商品　　　　　　　　　　　1 200 000

应交税费——应交增值税（进项税额）260 000

　　　　贷：应付账款——B公司　　　　　　　　　226 000

　　　　　主营业务成本　　　　　　　　　　　1 000 000

　　支付B公司货款：

　　借：应付账款——B公司　　　　　　　　　226 000

　　　　贷：银行存款　　　　　　　　　　　　226 000

　　（2）B公司会计处理。

　　借：应收账款——A公司　　　　　　　　　226 000

　　　　贷：主营业务收入　　　　　　　　　　200 000

　　　　　应交税费——应交增值税（销项税额）　26 000

　　借：主营业务成本　　　　　　　　　　　　960 000

　　　　贷：库存商品　　　　　　　　　　　　960 000

　　收到A公司货款

　　借：银行存款　　　　　　　　　　　　　　226 000

　　　　贷：应收账款——A公司　　　　　　　226 000

【相关风险】

收到返利进项税额未转出风险。

1. 返利进项税额转出的相关规定

（1）《国家税务总局关于纳税人折扣折让行为开具红字增值税专用发票问题的通知》（国税函〔2006〕1279号）规定，纳税人销售货物并向购买方开具增值税专用发票后，由于购货方在一定时期内累计购买货物达到一定数量，或者由于市场价格下降等原因，销货方给予购货方相应的价格优惠或补偿等折扣、折让行为，销货方可按现行《增值税专用发票使用规定》的有关规定开具红字增值税专用发票。

（2）《国家税务总局关于商业企业向货物供应方收取的部分费用征收流转税问题的通知》（国税发〔2004〕136号）第一条第三款规定，对商业企业向供货方收取的与商品销售量、销售额挂钩

（如以一定比例、金额、数量计算）的各种返还收入，均应按照平销返利行为的有关规定冲减当期增值税进项税额。

应冲减进项税额的计算公式调整为：

当期应冲减进项税额=当期取得的返还资金÷（1+所购货物适用增值税税率）×所购货物适用增值税税率

返利的实质是折扣，属于事后折扣，即在一段时期的销售额度实现后才能获得的折扣，无法满足折扣开在一张发票上的要求，应采取开具红字发票的措施解决。无论是现金折扣还是实物折扣，均需按照文件规定执行，销售方冲减收入与销项税额，采购方冲减成本与进项税额。同时，用于返利的货物，销售方按照正常的销售进行处理，开具蓝字专用发票申报销项税额，采购方取得专票用于抵扣。

2. 风险表现

（1）不同形式返利涉税处理错误。

（2）收到返利未做进项税额转出处理。

3. 进场费、广告促销费、上架费、展示费、店庆费、管理费等的会计处理

《关于商业企业向货物供应方收取的部分费用征收流转税问题的通知》（国税发〔2004〕136号）规定，对商业企业向供货方收取的与商品销售量、销售额无必然联系，且商业企业向供货方提供一定劳务的收入，例如进场费、广告促销费、上架费、展示费、管理费等，不属于平销返利，不冲减当期增值税进项税额，应按服务业缴纳增值税。

【案例】某食品生产厂家付给连锁超市1 000元的展台制作费、2 000元的管理费、2 000元的店庆费、2 000元的节日促销费、3 000元的广告费。（以上均为不含税价）

分析：以上费用与商品销售无必然联系，不属于平销返利，不冲

减当期增值税进项税额，应按增值税的对应税目、税率计算销项税额。

借：银行存款　　　　　　　　　　　　　　　　10 600

　　贷：其他业务收入　　　　　　　　　　　　　10 000

　　　　应交税费——应交增值税（销项税额）　　　 600

（五）固定资产、不动产进项税额处理错误风险

【案例1】某企业为一般纳税人，提供货物运输服务和装卸搬运服务，其中货物运输服务适用一般计税方法，装卸搬运服务选择适用简易计税方法。该企业2019年7月购入办公楼一层，不含税价8 000万，进项税额720万元，取得增值税专用发票并于当月认证抵扣，且该进项税额无法在货物运输服务和装卸搬运服务间划分。该纳税人当月取得货物运输收入60万元，装卸搬运服务40万元。

【解析】

购进办公楼兼用于一般计税项目和简易计税方法计税项目，可以抵扣进项税额，因此不需要做进项转出，720万元进项税额可以全额抵扣。

【相关风险】

兼用于简易计税方法计税项目、免征增值税项目、集体福利的固定资产、不动产进项税额未抵扣风险。

1. 相关规定。

《营改增试点实施办法》第二十七条规定：（一）用于简易计税方法计税项目、免征增值税项目、集体福利或者个人消费的购进货物、加工修理修配劳务、服务、无形资产和不动产不得抵扣进项税额。其中涉及的固定资产、无形资产、不动产，仅指专用于上述项目的固定资产、无形资产（不包括其他权益性无形资产）、不动产。

2. 风险表现。

兼用于简易计税方法计税项目、免征增值税项目、集体福利的固

定资产、不动产对应进项税额作进项转出处理，导致多交增值税。

【案例】某企业为一般纳税人，2019年6月1日购进客货车一辆用于生产经营，在会计上作为固定资产核算，折旧期四年（假设无残值），取得增值税专用发票列明的金额12万元，于当月认证抵扣。2019年12月，该纳税人将上述车辆移送至职工食堂使用。

【解析】

已抵扣进项税额的固定资产用于不得抵扣项目应做进项税额转出处理。

不得抵扣的进项税额=固定资产、无形资产或者不动产净值×适用税率

固定资产的净值=12–（12÷4÷12×6）=10.5万元

应转出的进项税额=10.5×13%=1.365万元

从2020年1月起，按10.5+1.365=11.865万元计算计提折旧。

【相关风险】

已抵扣进项税额的固定资产、不动产发生不得抵扣进项税额情形的，未按规定转出进项税额风险。

1. 相关规定。

（1）《营改增试点实施办法》第三十一条规定，已抵扣进项税额的固定资产、无形资产或者不动产，发生本办法第二十七条规定情形的，按照下列公式计算不得抵扣的进项税额。

不得抵扣的进项税额=固定资产、无形资产或者不动产净值×适用税率

固定资产、无形资产或者不动产净值，是指纳税人根据财务会计制度计提折旧或摊销后的余额。

（2）《不动产进项税额分期抵扣暂行办法》第七条规定，已抵

扣进项税额的不动产，发生非正常损失，或者改变用途，专用于简易计税方法计税项目、免征增值税项目、集体福利或者个人消费的，按照下列公式计算不得抵扣的进项税额，并从当期进项税额中扣减。

不得抵扣的进项税额＝已抵扣进项税额×不动产净值率

不动产净值率＝（不动产净值÷不动产原值）×100%

注意，如该不动产改变用途的当期，将不得抵扣进项税额从当期进项税额中扣减。

（2）风险表现。

已抵扣进项税额的固定资产、不动产发生不得抵扣进项税额情形的，未计算或计算错误不得抵扣进项税额。

3. 原用于不得抵扣且未抵扣进项税额的固定资产，转用于允许抵扣进项税额的应税项目时，可在用途改变的次月计算可以抵扣的进项税额

【案例】2019年6月15日，某一般纳税人购进一幢大楼专用于职工宿舍，价款共计3 270万元（含税），并于次月开始计提折旧，折旧年限20年，无残值。6月20日，取得如下2份发票：增值税专用发票一份并认证相符，注明的金额为2 100万元，税额189万元；增值税普通发票一份，注明金额900万元，税额81万元。2020年6月，纳税人将该大楼改变用途，用于生产经营。

不动产折旧额=3 270÷（20×12）×12=163.5万元

不动产净值率=（3 270–163.5）÷3 270=95%

可抵扣的进项税额＝增值税扣税凭证注明或计算的进项税额×不动产净值率=189×95%=179.55万元

注意，购进大楼取得增值税普通发票不属于合法扣税凭证，所以在改变用途时不能计算可以抵扣的进项税额，参与可抵扣进项税额计算仅是取得增值税专用发票并认证的税额。

【相关风险】

原用于不得抵扣且未抵扣进项税额的固定资产，转用于允许抵扣进项税额的应税项目时，未按规定计算可以抵扣进项税额风险。

1. 相关规定

（1）《营业税改征增值税试点有关事项的规定》第二条规定，试点纳税人按照《试点实施办法》第二十七条第（一）项规定不得抵扣且未抵扣进项税额的固定资产、无形资产、不动产，发生用途改变，用于允许抵扣进项税额的应税项目，可在用途改变的次月按照下列公式计算可以抵扣的进项税额：

可以抵扣的进项税额＝固定资产、无形资产、不动产净值÷（1+适用税率）×适用税率

上述可以抵扣的进项税额应取得合法有效的增值税扣税凭证。

注意，在用途改变的次月计算抵扣进项税额。

（2）《不动产进项税额分期抵扣暂行办法》第八条规定，按照规定不得抵扣进项税额的不动产，发生用途改变，用于允许抵扣进项税额项目的，按照下列公式在改变用途的次月计算可抵扣进项税额。

可抵扣进项税额＝增值税扣税凭证注明或计算的进项税额×不动产净值率

依照本条规定计算的可抵扣进项税额，应取得2016年5月1日后开具的合法有效的增值税扣税凭证。

2. 风险表现

原用于不得抵扣且未抵扣进项税额的固定资产，转用于允许抵扣进项税额的应税项目时，未按规定计算可以抵扣的进项税额，导致多交增值税。

（六）农产品抵扣进项税额处理错误风险

【案例1】甲企业2020年1月向一般纳税人乙企业购买棉花用于

生产棉布（13%税率），取得增值税专用发票，票面金额10万元，税率9%，增值税额0.9万元，价税合计10.9万元。2020年3月当月全部领用用于生产棉布。

【解析】

纳税人在购进农产品时，应按照农产品抵扣的一般规定，按照9%计算抵扣进项税额。在领用农产品环节，如果农产品用于生产或者委托加工13%税率货物，则再加计1%进项税额。因此，2020年1月份购进时按照9%计算抵扣进项税额；2020年3月份领用时，确定用于生产13%税率货物，则在3月份再加计1%进项税额。

（1）2020年1月购进时抵扣进项税额9000元。

（2）2020年3月全部领用时：

加计扣除农产品进项税额=当期生产领用农产品已按票面税率（扣除率）抵扣税额÷票面税率（扣除率）×1%=9 000÷9%×1%=1 000元。

【案例2】甲企业2020年8月向农业合作社收购棉花生产棉布，取得农产品销售发票，金额90 000元，本月全部领用。

【解析】

纳税人在购进农产品时，应按照农产品抵扣的一般规定，按9%计算抵扣进项税额。在领用农产品环节，如果农产品用于生产或者委托加工13%税率货物，则再加计1%进项税额。

（1）2020年8月购进时，取得农产品销售发票，以农产品销售发票上注明的农产品买价和9%的扣除率计算进项税额8 100元。

（2）2020年8月全部领用用于生产13%税率货物时：

加计扣除农产品进项税额=当期生产领用农产品已按票面税率（扣除率）抵扣税额÷票面税率（扣除率）×1%=8 100÷9%×1%=900元。

（3）假设甲企业购进农产品还用于生产其他税率的货物或用于销售，未分别核算，则不得加计扣除。

【案例3】甲企业2020年1月向小规模纳税人丙企业收购棉花用于销售，取得其从税务机关代开的增值税专用发票，票面金额1 000元，征收率3%，税额30元，价税合计1 030元。

【解析】

纳税人购进农产品，从按照简易计税方法依照3%征收率计算缴纳增值税的小规模纳税人取得增值税专用发票的，以增值税专用发票上注明的金额和9%的扣除率计算进项税额：

进项税额=1 000×9%=90元

【案例4】甲企业2020年1月向小规模纳税人丙企业收购棉花用于生产棉布，取得其从税务机关代开的增值税专用发票，票面金额1 000元，征收率3%，税额30元，价税合计1 030元。2020年3月领用一半用于生产棉布。

【解析】

纳税人购进农产品，从按照简易计税方法依照3%征收率计算缴纳增值税的小规模纳税人取得增值税专用发票的，以增值税专用发票上注明的金额和9%的扣除率计算进项税额：

购进时，进项税额=1 000×9%=90元。

领用一半用于生产13%税率货物时：

加计扣除农产品进项税额=当期生产领用农产品已按票面税率（扣除率）抵扣税额÷票面税率（扣除率）×1%=90×50%÷9%×1%=5元

【案例5】某企业2019年6月向小规模纳税人丁企业收购牛尾用于生产牛毛（9%税率），取得其从税务机关代开的增值税专用发票，票面金额1 000元，征收率3%，税额30元，价税合计1 030元，当月领用一半原材料。

【解析】

购进时，进项税额=1 000×9%=90元

领用一半用于生产时，由于不是用于生产13%税率的货物，不得加计扣除。

【相关风险】

购进农产品未按规定抵扣进项税额风险。

1. 农产品抵扣进项税额相关规定

《财政部、国家税务总局关于简并增值税税率有关政策的通知》（财税〔2017〕37号）和《关于深化增值税改革有关政策的公告》（财政部、税务总局、海关总署公告2019年第39号）规定如下：

（1）纳税人购进农产品，按下列规定抵扣进项税额：纳税人购进农产品〔用于生产或者委托加工税率为13%（由17%调整为13%）税率货物的除外〕，取得一般纳税人开具的增值税专用发票或海关进口增值税专用缴款书的，以增值税专用发票或海关进口增值税专用缴款书上注明的增值税额为进项税额；取得（开具）农产品销售发票或收购发票的，以农产品销售发票或收购发票上注明的农产品买价和9%（由11%调整为9%）的扣除率计算进项税额。从按照简易计税方法依照3%征收率计算缴纳增值税的小规模纳税人取得增值税专用发票的，以增值税专用发票上注明的金额和9%（由11%调整为9%）的扣除率计算进项税额；取得（开具）农产品销售发票或收购发票的，以农产品销售发票或收购发票上注明的农产品买价和9%（由11%调整为9%）的扣除率计算进项税额。

（2）纳税人购进农产品，原适用10%扣除率的，扣除率调整为9%。纳税人购进用于生产或者委托加工13%税率货物的农产品，按照10%的扣除率计算进项税额。

（3）纳税人购进农产品既用于生产销售或委托受托加工13%（由17%调整为13%）税率货物又用于生产销售其他货物服务的，应当分别核算用于生产销售或委托受托加工13%（由17%调整为13%）税率货物和其他货物服务的农产品进项税额。未分别核算的，统一以增值税专用发票或海关进口增值税专用缴款书上注明的增值税额为进项税额，以农产品收购发票或销售发票上注明的农产品买价和9%（由11%调整为9%）的扣除率计算进项税额。

（4）执行农产品进项税核定扣除的纳税人，仍按照农产品进项税核定扣除管理办法规定，以销定进：以农产品加工成产品对外销售的销项税率作为进项税的扣除率。也就是说，产品销项税率为13%的，农产品进项税的扣除率为13%；产品销项税率为9%的，农产品进项税的扣除率为9%。

2. 农产品抵扣凭证类型（见表2-3）

表2-3 农产品抵扣凭证类型表

序号	凭证种类	进项税额计算方法	备注
1	一般纳税人开具的增值税专用发票	增值税专用发票上注明的增值税额为进项税额	
2	一般纳税人开具的海关进口增值税专用缴款书	海关进口增值税专用缴款书上注明的增值税额为进项税额	
3	按照简易计税方法依照3%征收率计算缴纳增值税的小规模纳税人开具的增值税专用发票	以增值税专用发票上注明的金额和9%的扣除率计算进项税额	
4	农产品销售发票或收购发票	以农产品销售发票或收购发票上注明的农产品买价和9%的扣除率计算进项税额	
5	购进用于生产或者委托加工13%税率货物的农产品，按照10%的扣除率计算进项税额		注意：分别核算

注意：纳税人从批发、零售环节购进适用免征增值税政策的蔬

菜、部分鲜活肉蛋而取得的普通发票，不得作为计算抵扣进项税额的凭证。

按照简易计税方法，依照3%征收率计算缴纳增值税的小规模纳税人开具的增值税普通发票，不得作为计算抵扣进项税额的凭证。

农业生产者销售自产农产品免征增值税，不能开具专用发票，所以农产品收购发票或者销售发票都是增值税普通发票。

农产品销售发票，是指农业生产者销售自产农产品适用免征增值税政策而开具的普通发票。农产品收购发票是收购方自己开给自己的，发票左上角自动打印"收购"字样，纳税人只能是向农业生产者个人购买自产农产品才能开具，向从事农业生产的自然人以外的单位和个人购进农产品，应索取发票，不能自行开具农产品收购发票。农产品销售发票和收购发票作为扣税凭证，仅限于纳税人从农业生产者购入的自产免税农产品，自开的农产品收购发票或农业生产者开具的销售发票。

3. 风险表现

（1）购进农产品抵扣凭证不符合规定；

（2）购进农产品抵扣进项税额计算错误；

（3）纳税人购进农产品既用于生产销售或委托受托加工13%税率货物又用于生产销售其他货物服务的，未分别核算。

（七）运输服务抵扣进项税额风险

【案例1】甲公司2020年3月取得国内旅客运输服务发票如下：（1）公司高管是外籍人员，到省会出差，取得注明本人身份信息的火车票，票面金额109元。（2）邀请外地讲师到公司进行员工培训，取得注明其身份信息的汽车票，票面价格103元。（3）收到本公司业务员小王递交的，其乘坐火车前往北京洽谈业务及其返程取得的火车票，两张车票票面金额共327元，且已注明本人身份信息。

以及其在洽谈业务期间打车出行取得的纸质增值税普通发票，票面税额6元。（4）收到本公司业务员小林递交的，其2月份到邻市洽谈业务产生的交通费用取得的：①增值税电子普通发票，开具的购买方名称为小林本人，票面注明税额3元；②手写注明乘客为小林本人的长途客运手撕客票，票面金额51.5元。

【解析】

旅客运输服务抵扣进项税额分析。

（1）本单位在职的外籍人员取得的注明旅客身份信息的铁路车票，按照规定可以抵扣进项税额。该发票符合抵扣条件，其可抵扣的进项税额为109÷（1+9%）×9%＝9元；

（2）邀请外地讲师到公司进行员工培训，讲师非本单位员工，该发票不得抵扣；

（3）本公司业务员小王递交的火车票符合抵扣条件，可抵扣的进项税额为327÷（1+9%）×9%=27元。

允许抵扣进项税额的国内旅客运输服务凭证，除增值税专用发票外，只限于增值税电子普通发票和注明旅客身份信息的航空运输电子客票行程单、铁路车票、公路、水路等其他客票，不包括纸质增值税普通发票。纸质增值税普通发票不符合抵扣条件。

（4）小林递交的增值税电子普通发票，开具购买方名称为小林本人，票面注明税额3元。根据"以取得的增值税电子普通发票上注明的税额为进项税额的，发票上注明的购买方'名称''纳税人识别号'等信息，应当与实际抵扣税款的纳税人一致，否则不予抵扣"之规定，该发票不符合抵扣条件。

手写注明乘客为小林本人的长途客运手撕客票，属于未注明旅客身份信息的其他票证（手写无效），暂不允许作为扣税凭证。因此，不能打印旅客信息的长途客运手撕票不能抵扣进项税额。

【相关风险】

购进旅客运输服务未按规定抵扣进项税额风险。

1. 旅客运输服务抵扣进项税额相关规定

《财政部、税务总局、海关总署关于深化增值税改革有关政策的公告》（财政部、税务总局、海关总署公告2019年第39号公告）第六条规定，纳税人购进国内旅客运输服务，其进项税额允许从销项税额中抵扣。

纳税人取得增值税专用发票的，以发票上注明的税额为进项税额。纳税人未取得增值税专用发票的，暂按照以下规定确定进项税额。

（1）取得增值税电子普通发票的，为发票上注明的税额。

（2）取得注明旅客身份信息的航空运输电子客票行程单的，按照下列公式计算进项税额：

航空旅客运输进项税额＝（票价＋燃油附加费）÷（1+9%）×9%

（3）取得注明旅客身份信息的铁路车票的，按照下列公式计算进项税额：

铁路旅客运输进项税额＝票面金额÷（1+9%）×9%

（4）取得注明旅客身份信息的公路、水路等其他客票的，按照下列公式计算进项税额：

公路、水路等其他旅客运输进项税额＝票面金额÷（1+3%）×3%

2. 注意事项

（1）抵扣人员范围。

"国内旅客运输服务"，限于与本单位签订了劳动合同的员工，以及本单位作为用工单位接受的劳务派遣员工发生的国内旅客运输服务。

（2）电子发票开具要求。

纳税人购进国内旅客运输服务，以取得的增值税电子普通发票上注明的税额为进项税额的，增值税电子普通发票上注明的购买方"名称""纳税人识别号"等信息，应当与实际抵扣税款的纳税人一致，否则不予抵扣。

纸质增值税普通发票不能抵扣进项税额。

（3）适用时间。

纳税人允许抵扣的国内旅客运输服务进项税额，是指纳税人2019年4月1日及以后实际发生，并取得合法有效增值税扣税凭证注明的或依据其计算的增值税税额。

以增值税专用发票或增值税电子普通发票为增值税扣税凭证的，为2019年4月1日及以后开具的增值税专用发票或增值税电子普通发票。

3. 风险表现。

（1）非本单位员工发生的国内旅客运输服务抵扣了进项税额；

（2）不符合规定的凭证抵扣了进项税额。

【案例2】税务稽查人员在对甲企业进行税务检查时发现，该企业2019年抵扣进项税额的增值税专用发票中有5张货物运输服务发票，备注栏填写起运地、到达地分别为上海至杭州，但是与之对应的购买货物的增值税专用发票是江苏省增值税专用发票，销货方为南京某企业，且货物运输发票备注运输货物信息与购买货物增值税发票信息不符。通过进一步协查，核实车辆信息虚假，运输企业并无备注车号的车辆。最终确定5张货物运输发票为虚开的增值税专用发票。

【相关风险】

购进货物运输服务未按规定抵扣进项税额风险。

1. 货物运输服务发票开具要求

《国家税务总局关于停止使用货物运输业增值税专用发票有关问题的公告》（国家税务总局公告2015年第99号）规定：（一）增值税一般纳税人提供货物运输服务，使用增值税专用发票和增值税普通发票，开具发票时应将起运地、到达地、车种车号以及运输货物信息等内容填写在发票备注栏中，如内容较多可另附清单。

铁路运输企业受托代征的印花税款信息，可填写在发票备注栏中。中国铁路总公司及其所属运输企业（含分支机构）提供货物运输服务，可自2015年11月1日起使用增值税专用发票和增值税普通发票，所开具的铁路货票、运费杂费收据可作为发票清单使用。

2. 风险表现

（1）取得未按规定填写相关内容货物运输服务增值税专用发票，存在不能抵扣进项税额风险。

（2）货物运输发票项目与实际经营情况不符。

四、视同销售和进项税额转出混淆风险

【案例1】甲公司购进一批布料，委托服装厂加工成服装。其购买布料和支付加工费均取得增值税专用发票，并在当月认证抵扣。服装加工完工后，一部分作为职工福利发放给职工，一部分无偿赠送给客户。甲公司对于此项业务的处理是将购进布料和委托加工劳务的增值税进项税额进行转出处理。

【解析】

甲公司此项业务的增值税处理是错误的。外购布料委托加工成服装，属于外购货物进入生产环节发生了增值，成为产成品，发生无偿赠送和集体福利时，应按照增值后的计税价格视同销售而不是进项税额转出。正确的处理办法是：购进布料和委托加工劳务的增值税进项税额正常抵扣，同时，无偿赠送和集体福利的服装视同销

售按照市场公允价格计提销项税额。

【案例2】乙公司购进一批月饼，用于中秋节作为职工福利发放给员工。其购买月饼取得增值税专用发票，并在当月认证抵扣。甲公司对于此项业务的处理是将购进月饼的增值税进项税额进行抵扣，给职工发放后视同销售按照市场公允价格计提销项税额。

【解析】

乙公司此项业务的增值税处理是错误的。外购货物没有进入生产环节，没有成为企业的产成品或在产品，没有在企业内发生增值，用于集体福利属于用于企业内部，应按进项税额转出处理。

【相关风险】

视同销售与进项税额转出未准确区分风险。

1. 视同销售与进项税额转出的区别

（1）增值税进项税额转出，是指购进货物改变用途或发生非正常损失，原来已经抵扣的进项税应转出，计入应交税费—应交增值税（进项税额转出）。增值税进项税额转出，严格意义上只是会计的一种做账方法，税法中并没有明确说明什么情况需要进项税额转出，但规定了进项税不得从销项税额中抵扣的情况，其中的一些项目会计上就作为进项税额转出处理。

（2）增值税视同销售，是指会计上不按销售做账，不确认收入，但税法要求视同销售处理，并按正常销售征收增值税。这里体现了会计与税法的区别，会计意义上的销售与税法意义上的销售不同，对于会计上不作为销售但税法上却作为销售的经济业务，由于增值税必须按照税法规定的金额缴纳，此时会计上就采用视同销售处理。

（3）如何判断一项经济事项是属于进项税额转出还是视同销售。

首先，判断货物在企业是否发生增值。根据计税原理，增值税是对商品生产和流通中各环节的新增价值或商品附加值进行征税。

从企业的生产流程来看，若外购货物并没有进入生产环节，没有成为企业的产成品或在产品，那么就没有在企业内发生增值，与之相关的经济业务就很可能是增值税进项税额转出。对于已经进入生产环节，成为产成品或在产品的购进货物，由于发生了增值，若发生特定经济业务时，就应按照增值后的计税价格视同销售而不是进项税额转出。因此，将自产、委托加工的货物不管是用于集体福利、个人消费，还是作为投资提供给其他单位、分配给股东、无偿捐赠，都作为视同销售进行处理。这里的自产、委托加工货物就是前面所提到的在企业生产过程中发生增值的货物。

其次，对于未发生增值的外购货物，主要看是用于内部还是外部。若用于免征增值税项目、集体福利或者个人消费，一般认为属于用于企业内部，按进项税额转出处理；若作为投资，提供给其他单位或者个体工商户，分配给股东或者投资者，无偿赠送其他单位或者个人，一般认为是用于外部单位和个人，则按视同销售处理。

2. 风险表现

视同销售行为和进项转出行为混淆不清，计提销项税额和进项税额转出处理错误。

五、兼营免税项目未分别核算风险

【案例】甲公司是一家大型连锁超市，为增值税一般纳税人。除销售适用13%增值税税率的日用百货外，还批发零售蔬菜。2019年12月销售收入共计60万元，当期进项税额共计5.1万元。由于未分别核算，因此无法分清日用百货和蔬菜的销售额。

【解析】

《财政部、国家税务总局关于免征蔬菜流通环节增值税有关问题的通知》（财税〔2011〕137号）规定：（一）对从事蔬菜批发、零售的纳税人销售的蔬菜免征增值税。（二）纳税人既销售蔬菜又销售其他增值税应税货物的，应分别核算蔬菜和其他增值税应税货物的销售额；未分别核算的，不得享受蔬菜增值税免税政策。

根据上述规定，由于甲公司未分别核算蔬菜和其他增值税应税货物的销售额，不得享受蔬菜增值税免税政策。本期应纳增值税额=60×13%−5.1=2.7万元。

【相关风险】

兼营免税项目未分别核算风险。

1. 兼营免税、减税项目应分别核算的相关规定

《增值税暂行条例》第十六条规定：纳税人兼营免税、减税项目的，应当分别核算免税、减税项目的销售额；未分别核算销售额的，不得免税、减税。

《营业税改征增值税试点实施办法》第四十一条规定：纳税人兼营免税、减税项目的，应当分别核算免税、减税项目的销售额；未分别核算的，不得免税、减税。

2. 风险表现

兼营免税、减税项目的，未分别核算免税、减税项目的销售额，不能享受免税、减税优惠政策。

六、对开增值税发票风险

【案例】2020年4月，某市甲公司销售A商品给乙公司，开具增值税专用发票。5月，由于部分商品存在质量问题，乙公司将存在质量问题的商品退回，共1 000千克，不含税单价50 000元。按税法规定，应当由甲公司给乙公司开具红字增值税专用发票。双方认为申请红字发票比较麻烦，便由乙公司给甲公司按退货金额及税额开具了增值税专用发票。税务机关查实后，根据《增值税暂行条例实施

细则》第十一条"未按规定开具红字增值税专用发票的，增值税额不得从销项税额中扣减"之规定，不允许甲公司从增值税额中扣减退回部分的销项税额。

【相关风险】

对开增值税发票风险。

1. 开具发票主体的相关规定

《中华人民共和国发票管理办法实施细则》第十九条规定，销售商品、提供服务以及从事其他经营活动的单位和个人，对外发生经营业务收取款项，收款方应当向付款方开具发票；特殊情况下，由付款方向收款方开具发票。其特殊情况是指下列情况：

①收购单位和扣缴义务人支付个人款项时；

②国家税务总局认为其他需要由付款方向收款方开具发票的。

2. "对开发票"行为发生的主要原因

（1）购货方在发生"销售退回"时，为了规避开红字发票的麻烦，由退货企业再开一份销售专用发票，视同购进后又销售给了原生产企业。

（2）企业之间为了完成销售任务而对开发票。

3. 风险表现

（1）发生销售退回时，未按规定开具红字专用发票，实行对开发票有可能增加税收负担。

《增值税暂行条例实施细则》第十一条规定：一般纳税人销售货物或者应税劳务，开具增值税专用发票后，发生销售货物退回或者折让、开票有误等情形，应按国家税务总局的规定开具红字增值税专用发票。未按规定开具红字增值税专用发票的，增值税额不得从销项税额中扣减。

《国家税务总局关于红字增值税发票开具有关问题的公告》

（国家税务总局公告2016年第47号）规定：增值税一般纳税人开具增值税专用发票后，发生销货退回、开票有误、应税服务中止等情形但不符合发票作废条件，或者因销货部分退回及发生销售折让，需要开具红字专用发票。

（2）没有货物往来的发票对开可能被视为虚开发票。

《最高人民法院关于适用〈全国人民代表大会常务委员会关于惩治虚开、伪造和非法出售增值税专用发票犯罪的决定的若干问题的解释〉的通知》（法发〔1996〕30号）明确规定，具有下列行为之一的，属于虚开增值税专用发票：没有货物购销或者没有提供或接受应税劳务而为他人、为自己、让他人为自己、介绍他人开具增值税专用发票。

第三章

企业所得税税务风险管理

企业所得税具有政策性强、核算形式多样、计算过程复杂、政策更新较快、优惠政策涉及面广等特点，特别是税收制度与会计制度之间存在着较大差异，因此，税务风险点也较多。如果企业不能有效识别相关风险点，无疑将存在极大的税收风险及隐患。

本章从企业所得税税务风险分析指标、收入类项目风险点、税前扣除风险点及汇算清缴风险提示四个方面阐述企业所得税税务风险管理的要点和方向。

第一节　企业所得税税务风险分析指标

一、单项指标分析

（一）企业所得税税收贡献率异常

【案例】甲企业成立于2004年2月份，登记注册类型为其他有限责任公司，行业是木材加工及木、竹、藤、棕、草制品业，经营范围是高（中）密度纤维板、三聚氰胺浸渍纸、复合地板的生产和销售。该企业2019年度营业收入为252 041 577.87元，其中：主营业务收入248 625 453.80元，其他业务收入3 376 095.01元，视同销售收入40 029.06元，债务重组收益156 949.25元。营业成本223 338 450.67元，其中：主营业务成本222 042 780.66元，其他业务成本1 295 670.01元，期间费用29 293 590.48元，未分配利润9 246 686.51元，弥补2018年亏损4 674 098.18元，应纳税所得额17 397 784.84元，应纳所得税4 349 446.21元。

【解析】

税务机关对该企业进行核查时，发现企业所得税贡献率异常。

甲企业在2019年度应纳所得税额4 349 446.21元，营业收入252 041 577.87元，企业当年贡献率为1.72%，而全省同行业平均所得税贡献率为3%。

指标值=（企业所得税税收贡献率–该行业所得税税收贡献率）÷该行业所得税税收贡献率×100%=（1.72%–3%）÷3%×100%=–42.66%<–20%

因为指标异常，税务机关认为企业可能存在销售货物不计收入、多列成本费用、扩大税前扣除范围等问题。

【相关风险】

企业所得税税收贡献率异常风险。

1. 指标值

（1）企业所得税贡献率=企业所得税应纳所得税额÷企业所得税应税收入×100%

（2）指标值1=（企业所得税贡献率–该行业所得税贡献率）÷该行业所得税贡献率×100%

指标值2=（企业所得税贡献率–企业前三年平均所得税贡献率）÷企业前三年平均所得税贡献率×100%

2. 指标预警值

指标值≤–20%，视为异常。

3．问题指向

将本企业分析期所得税贡献率与当地同行业同期平均所得税贡献率或本企业前三年平均所得税贡献率相比，低于预警值视为异常，可能存在不计或少计销售（营业）收入、多列成本费用、扩大税前扣除范围等问题，税务检查人员会对收入、成本、费用等进行分别剖析，找到影响指标值的具体因素，进行进一步的核查。

（二）营业利润率异常

【案例】甲企业2019年度各项财务数据见下表3–1。

表3–1　甲企业财务数据明细表

单位：元

序号	项目	金额
1	营业总收入	750 635 596.59
2	营业总成本	798 548 187.99
（1）	其中：营业成本	627 819 013.10
（2）	税金及附加	4 008 581.45
（3）	销售费用	37 074 839.51
（4）	管理费用	62 321 636.90
（5）	财务费用	58 515 578.15
（6）	资产减值损失	8 808 539.27
3	投资收益	24 327 956.50

该企业所处行业营业利润率平均值为3%。

【解析】

营业利润=750 635 596.59（总收入）–798 548 187.99（总成本）+24 327 956.50（投资收益）= –23 584 634.90元

营业利润率=营业利润÷营业总收入×100%=–23 584 634.90÷750 635 596.59=–3.14%

指标值=（企业营业利润率–该行业营业利润率平均值）÷该行业营业利润率平均值×100%=（–3.14%–3%）÷3%×100%=–4.67%<–20%

指标值异常，可能存在少计收入或多列支成本费用，扩大税前扣除范围等问题。

【相关风险】

营业利润率异常风险。

1. 指标值

（1）营业利润率=营业利润÷营业总收入×100%

营业利润=营业收入–营业成本–税金及附加–销售费用–管理费用–财务费用–资产减值损失+公允价值变动净收益+投资净收益

（2）指标值1=（企业营业利润率–该行业营业利润率平均值）÷该行业营业利润率平均值×100%

指标值2=（企业营业利润率–企业前三年营业利润率平均值）÷企业前三年营业利润率平均值×100%

2. 指标预警值

（1）通过营业利润率指标与前三年平均情况对比分析，了解企业本期营业利润情况。本期营业利润率低于前三年平均水平一定比例（如1%），则本期营业利润率偏低，视为异常；

（2）本企业本期营业利润率与同行业营业利润率比较，如果偏离比较大，指标值≤–20%，则本企业本期营业利润率偏低，视为异常。

3. 问题指向

通过与本企业不同年度的纵向比较，或者通过与同行业的横向比较，发现营业利润率偏低问题，进一步查找是否存在利润核算不准确的风险。

（三）主营业务收入变动率异常

【案例】某企业2015年、2016年、2017年、2018年、2019年度主营业务收入额分别为600万元、680万元、740万元、810万元和820万元。

【解析】

2016年主营业务收入变动率＝（680－600）÷600×100%＝13.3%。

2017年主营业务收入变动率＝（740－680）÷680×100%＝8.82%。

2018年主营业务收入变动率＝（810－740）÷740×100%＝9.46%。

三年主营业务收入变动率的平均值＝（13.3%+8.82%+9.46%）÷3=10.53%

2019年主营业务收入变动率＝（820－810）÷810×100%＝1.23%＜三年平均值10.53%

2019年度可能存在少计收入等问题，需进一步结合其他指标分析其收入变动情况是否正常。

【相关风险】

主营业务收入变动率异常风险。

1. 指标值

主营业务收入变动率＝（本期主营业务收入－基期主营业务收入）÷基期主营业务收入×100%

2. 指标预警值

（1）一般情况下，企业的主营业务收入应是增长状态，所以预警值一般为正值；

（2）通过主营业务收入变动率指标与前三年平均情况对比分

析，了解企业本期主营业务收入变动情况。

3. 问题指向

（1）如主营业务收入变动率为负值，或虽为正值但远远小于预警值，可能存在少计收入等问题；

（2）本期主营业务收入变动率低于前三年平均水平，则本期主营业务收入率偏低，需运用其他指标进一步分析。

（四）主营业务成本变动率异常

【案例】某企业2015年、2016年、2017年、2018年、2019年度主营业务成本额分别为500万元、560万元、620万元、690万元和800万元。

【解析】

2016年主营业务成本变动率=（560-500）÷500×100%=12%

2017年主营业务成本变动率=（620-560）÷560×100%=10.71%

2018年主营业务成本变动率=（690-620）÷620×100%=11.29%

三年主营业务成本变动率的平均值=（12%+10.71%+11.29%）÷3=11.33%

2019年主营业务成本变动率=（800-690）÷690×100%=15.94%>三年平均值11.33%。

2019年度可能存在多计成本等问题，需进一步结合其他指标分析其成本变动情况是否正常。

【相关风险】

主营业务成本变动率异常风险。

1. 指标值

主营业务成本变动率=（本期主营业务成本－基期主营业务成本）÷基期主营业务成本×100%

2. 指标预警值

（1）通过主营业务成本变动率指标与前三年平均情况对比分析，了解企业本期主营业务成本变动情况；

（2）一般情况下，企业的主营业务成本出现增长状态是正常的，但是如果增长过多过快，则视为异常。

3. 问题指向

（1）本期主营业务成本变动率高于前三年平均水平，则可能本期主营业务成本偏高，需运用其他指标进一步分析；

（2）如主营业务成本变动率为正值，且远远大于预警值，可能存在多计成本等问题。

（五）三项费用变动率异常

【案例】某企业2015年、2016年、2017年、2018年、2019年度三项费用总额分别为200万元、220万元、246万元、268万元和312万元。

【解析】

2016年三项费用变动率=（220–200）÷200×100%=10%

2017年三项费用变动率=（246–220）÷220×100%=11.81%

2018年三项费用变动率=（268–246）÷246×100%=8.94%

三年三项费用变动率的平均值=（10%＋11.81%＋8.94%）÷3=10.25%

2019年三项费用变动率=（312–268）÷268×100%=16.41%＞三年平均值10.25%。

2019年度可能存在多计费用、扩大税前扣除等问题，需进一步结合其他指标分析其费用变动情况是否正常。

【相关风险】

三项费用变动率异常风险。

1. 指标值

三项费用变动率=（本期三项费用总额－基期三项费用总额）÷基期三项费用总额×100%

销售（管理、财务）费用变动率={[本期销售（管理、财务）费用－基期销售（管理、财务）费用]÷基期销售（管理、财务）费用}×100%

2. 指标预警值

（1）通过三项费用变动率指标与前三年平均情况对比分析，了解企业本期费用变动情况；

（2）一般情况下，企业的三项费用出现增长状态是正常的，但是如果增长过多过快，则视为异常。

3. 问题指向

（1）本期三项费用变动率高于前三年平均水平，则可能本期三项费用偏高，需运用其他指标进一步分析；

（2）如三项费用变动率为正值，且远远大于预警值，可能存在多计费用，扩大税前扣除等问题。

（六）主营业务收入费用率异常

【案例】某生产公司全年营业收入1.2亿元，当年期间费用高达3 200万元，其中财务费用就达到了2 000万元，本地区同行业平均主营业务收入费用率为10%。

【解析】

主营业务收入费用率=（销售费用+管理费用+财务费用）÷营业收入×100%=3 200÷12 000×100%=26.67%

指标值=（主营业务收入费用率－本地区同行业平均主营业务

收入费用率）÷本地区同行业平均主营业务收入费用率×100%＝
（26.67%–10%）÷10%×100%＝16.67%>10%

期间费用占比过高，可能存在多列费用扩大税前扣除范围或少做收入的问题。进一步核查发现，该企业当年度有新的未完工的在建工程，于是对在建工程核算内容进行了详细检查，发现在建工程涉及的利息支出全部没有资本化，都作为当期财务费用在税前扣除。

【相关风险】

主营业务收入费用率异常风险。

1. 指标值

（1）主营业务收入费用率=本期期间费用÷本期主营业务收入×100%

（2）指标值1=（主营业务收入费用率–企业前三年平均主营业务收入费用率）÷企业前三年平均主营业务收入费用率×100%

指标值2=（主营业务收入费用率–本地区同行业平均主营业务收入费用率）÷本地区同行业平均主营业务收入费用率×100%

2. 指标预警值

指标值>10%，视为异常。

3. 问题指向

主营业务收入费用率明显高于行业平均水平的，或高于前三年平均水平的，应判断为异常，可能存在多提、多摊相关费用，将资本性支出一次性在当期列支或少计收入等问题。

如果存在上述指标异常，税务机关会对"应付账款""预收账款"和"其他应付款"等科目的期初期末数进行分析，如"应付账款""其他应付款"出现红字和"预收账款"期末大幅度增长等情况，可能存在少计收入问题，将对这些科目做详细检查。检查纳税人营业费用、财务费用、管理费用的增长情况并判断其增长是否合理，是否存在取得虚开发票，虚列费用问题；对企业短期借款、长期借款的期初、期末数据进行分析，是否存在基建贷款利息挤入当期财务费用等问题，以判断有关财务费用是否资本化，同时要求纳税人提供相应的举证资料。

（七）主营业务收入成本率异常

【案例】某汽车销售服务有限公司是增值税一般纳税人，为某品牌小轿车的经销商。2019年1～12月该公司销售收入1951万元，销售成本1802万元。全市行业平均主营业务收入成本率为85%。

【解析】

主营业务收入成本率=主营业务成本÷主营业务收入×100%=1 802÷1 951×100%=92.36%

指标值=主营业务收入成本率–全市行业主营业务收入成本率
=92.36%–85%=7.36%>5%

该企业主营业务收入成本率明显高于同行业平均水平，可能存在多转成本等问题，需结合其他指标做进一步分析。

【相关风险】

主营业务收入成本率异常风险。

1. 指标值

（1）主营业务收入成本率=主营业务成本÷主营业务收入×100%

（2）指标值=主营业务收入成本率–全市行业平均主营业务收入成本率

2. 指标预警值

指标值>5%，视为异常。

3. 问题指向

主营业务收入成本率明显高于同行业平均水平的，应判断为异常，需查明纳税人有无多转成本或虚增成本。

如果存在上述指标异常，税务人员会检查企业原材料的价格是否上涨，企业是否有新增设备，或设备出现重大变故以致影响产量等。检查企业原材料结转方法是否发生改变，产成品与在产品之间的成本分配是否合理，是否存在将在建工程成本挤入生产成本等问题。

（八）成本费用率异常

【案例】某企业2019年度纳税申报数据中销售费用为75万元、管理费用为50万元、财务费用为45万元，主营业务成本为300万元。税务机关根据本地区该行业具体情况所设置的预警值为25%~30%。

【解析】

成本费用率=（75+50+45）÷300×100%=56.7%＞30%

以上结果表明，该企业2019年度可能存在多列支期间费用问题，需进一步结合其他指标分析其费用变动情况是否正常。

【相关风险】

成本费用率异常风险。

1.　指标值

成本费用率=（本期销售费用+本期管理费用+本期财务费用）÷本期主营业务成本×100%

2.　指标预警值

一般情况下，费用与成本的关系应该是期间费用的增长幅度低于主营业务成本的增长幅度，并且费用总额也应该小于成本总额，因此所设置的预警值应小于1。

3.　问题指向

该指标是根据纳税人申报数据计算出各类费用（营业费用、管理费用、财务费用）与当期主营业务成本之间的比率关系，与所设置的相应预警值做比较。如果测算出的成本费用率近似于预警值，说明纳税申报数据正常；如果测算出的结果小于预警值，说明纳税人可能存在多列支成本问题；如果测算出的结果大于预警值，说明纳税人可能多列支期间费用问题。

（九）成本费用利润率异常

【案例】某企业2016年、2017年、2018年、2019年度利润总额分别为80万元、90万元、96万元和78万元。主营业务成本分别为500万元、560万元、620万元、690万元和746万元。三项费用总额分别为200万元、220万元、246万元和268万元。

【解析】

2016年成本费用利润率=（利润总额÷成本费用总额）×100%=80÷（500+200）×100%=11.43%

2017年成本费用利润率=（利润总额÷成本费用总额）×100%=90÷（560+220）×100%=11.54%

2018年成本费用利润率=（利润总额÷成本费用总额）×100%=96÷（620+246）×100%=11.09%

三年成本费用利润率平均值=（11.43%+11.54%+11.09%）÷3=11.35%

2019年成本费用利润率=（利润总额÷成本费用总额）×100%=78÷（746+268）×100%=7.69%<三年成本费用利润率平均值11.35%

以上结果说明，该企业2019年度可能存在多列成本费用支出或少计收入的问题，需结合其他指标进一步分析。

【相关风险】

成本费用利润率异常风险。

1. 指标值

成本费用利润率=（本期利润总额÷本期成本费用总额）×100%

本期成本费用总额=主营业务成本总额+费用总额

2. 指标预警值

（1）通过成本费用变动率指标与前三年平均情况对比分析，本期成本费用利润率低于前三年平均水平一定比例，则视为异常；

（2）计算成本费用利润变动率小于预警值，视为异常。

3. 问题指向

（1）通过成本费用利润率指标与前三年平均情况对比分析，了解企业本期利润总额占成本费用总额比例情况。本期成本费用利润率低于前三年平均水平一定比例，则可能存在少计收入或多列成本费用等问题；

（2）该指标是根据纳税申报数据计算出的利润总额与成本费用总额之间的比率关系，与相应预警值做比较。一般情况下，计算出的结果大于或等于预警值，说明纳税人的申报数据正常；如果计算出的结果小于预警值，说明纳税人可能存在多列成本费用支出少计收入的问题。

（十）净资产收益率异常

【案例】某公司2017年、2018年、2019年的净资产收益率分别为1.03%、2.74%和2.92%，银行同期存款利率为3%。

【解析】

三年净资产收益率平均值=（1.03%+2.74%+ 2.92%）÷3=2.23%

该公司连续三年加权平均净资产收益率低于一年期存款利率。由于行业不景气及公司投资周期的影响，偶尔一年低于银行利率的情形，也许可能存在，若长年低于银行利率，这家公司还在持续经营就存在异常。

【相关风险】

净资产收益率异常风险。

1. 指标值

净资产收益率=净利润÷平均净资产×100%

平均净资产=（所有者权益年初数＋所有者权益年末数）÷2

2. 指标预警值

指标值<同期银行存款利率，视为异常。

3. 问题指向

通过近三年净资产收益率指标与同期银行存款利率对比分析，了解企业净资产收益情况。如果企业近三年净资产收益率低于同期银行存款利率，则属于净资产收益率偏低，可能存在多列支成本费用或少计收入等问题。

（十一）减免税期满后利润陡降

【案例】某生产性外商投资企业，经营期在10年以上。2014年开始盈利，2014年~2015年免征所得税，2016~2018年减半征收所得税。2014年、2015年、2016年、2017年、2018年经营利润呈现逐年增长的状态，分别为500万元、560万元、630万元、708万元、880万元。2019年经营利润突然减少，降为326万元。

【解析】

2015年利润增长率=（当期利润总额−上期利润总额）÷上期利润总额×100%=（560−500）÷500×100%=12%

2016年利润增长率=（当期利润总额−上期利润总额）÷上期利润总额×100%=（630−560）÷560×100%=12.5%

2017年利润增长率=（当期利润总额−上期利润总额）÷上期利润总额×100%=（708−630）÷630×100%=12.38%

三年利润增长率平均值=（12%+12.5%+12.38%）÷3=12.29%

2018年利润增长率=（880-708）÷708=24.29%

指标值=（减免税期满后当期利润总额-企业上期利润总额）÷企业上期利润总额×100%=（326-880）÷880×100%=-62.95%

该企业2014～2015年免征企业所得税，2016～2018年减半征收企业所得税。2018年为享受减免税政策最后一年，利润增长远远大于前三年的平均值；2019年为减免税期满后第一年，利润陡降62.95%，企业可能存在人为调整收入、成本、费用的问题，需实地核查各年度收入及成本费用情况。

【相关风险】

减免税期满后利润陡降风险。

1. 指标值

指标值=（减免税期满后当期利润总额-企业上期利润总额）÷企业上期利润总额×100%

2. 指标预警值

指标值≤-50%以上，视为异常。

3. 问题指向

减免税期满后利润陡降，企业可能存在人为调节利润，少缴企业所得税的风险。

上述指标异常，税务机关会核查企业减免期内成本费用核算是否存在人为后置、期间费用摊销是否正确、减免项目与非减免项目核算是否分开、享受税收减免优惠的项目是否单独核算并合理分担期间费用等问题。

（十二）总资产报酬率异常

【案例】某企业2016年度平均总资产为5 000万元，营业利润总额为700万元，利息支出为120万元。2017年度平均总资产为

5 200万元，营业利润总额为760万元，利息支出为130万元。2018年度平均总资产为5 200万元，营业利润总额为780万元，利息支出为140万元。2019年度平均总资产为5 600万元，营业利润总额为680万元，利息支出为138万元。

【解析】

2016年总资产报酬率=（利润总额+利息支出）÷平均资产总额=（700+120）÷5 000×100%=16.4%

2017年总资产报酬率=（利润总额+利息支出）÷平均资产总额=（760+130）÷5 200×100%=17.12%

2018年总资产报酬率=（利润总额+利息支出）÷平均资产总额=（780+140）÷5 200×100%=17.69%

三年总资产报酬率平均值=（16.4%+17.12%+17.69%）÷3=17.07%

2019年总资产报酬率=（利润总额+利息支出）÷平均资产总额=（680+138）÷5 600×100%=14.61%<三年总资产报酬率平均值17.07%

以上结果说明，该企业可能存在少做收入或多列支成本、费用，扩大税前扣除范围等问题，需结合其他指标做进一步分析。

【相关风险】

总资产报酬率异常风险。

1. 指标值

总资产报酬率=（利润总额+利息支出）÷平均资产总额×100%

平均资产总额=（资产合计年初数＋资产合计年末数）÷2

2. 指标预警值

（1）通过总资产报酬率指标与前三年平均情况对比分析，本期总资产报酬率低于前三年平均水平一定比例，则视为异常；

（2）计算总资产报酬率小于预警值，视为异常。

3．问题指向

通过总资产报酬率指标与前三年平均情况对比分析，了解企业本期总资产报酬率情况。本期总资产报酬率低于前三年平均水平，则本期可能存在少做收入或多列支成本、费用，扩大税前扣除范围等问题。

（十三）无形资产综合摊销率变动异常

【案例】某企业2018年无形资产原值为560万元，无形资产摊销56万元。2019年无形资产原值为620万元，无形资产摊销116万元。

【解析】

2018年综合摊销率＝无形资产摊销÷无形资产原值×100%=56÷560×100%=10%

2019年综合摊销率＝无形资产摊销÷无形资产原值×100%=116÷620×100%=18.7%

指标值＝（本期综合摊销率－基期综合摊销率）÷基期综合摊销率×100%=（18.7%–10%）÷10%×100%=87%>20%

该企业无形资产摊销变动率异常，可能存在未按规定摊销无形资产的情况，需实地核查无形资产相关情况。

【相关风险】

无形资产综合摊销率变动异常风险。

1．指标值

指标值＝（本期综合摊销率－基期综合摊销率）÷基期综合摊销率×100%

综合摊销率＝无形资产摊销÷无形资产原值×100%

2．指标预警值

指标值≥20%，视为异常。

3. 问题指向

无形资产综合摊销变动率在20%以上的，应判断为异常，需查明纳税人有无改变无形资产摊销方法，多摊无形资产。

（十四）纳税净调整异常

【案例】某企业2019年度利润总额180万元，全年销售收入3 500万元，成本费用等共计3 320万元。其中：业务招待费28万元、2019年收到财政性资金（按不征税收入处理）对应支出50万元。2019年12月购进准予一次性税前扣除的固定资产价值50万元，会计按10年计提折旧（假设无残值），税法上选择一次性税前扣除。2019年申报纳税调增0元，纳税调减45万元。

【解析】

应纳税所得额=利润总额+纳税调增额−纳税调减额=180+0−45=135万元

纳税调整率=纳税调整额÷纳税调整后所得×100%=−45÷135×100%=−33.33%

纳税调整额＜0且纳税调整后所得＞0时，纳税调整率<−30%，为异常。

根据企业申报数据及分析结果，可能存在业务招待费未按规定税前扣除、不征税收入对应支出未按规定纳税调增的问题。

【相关风险】

纳税净调整异常风险。

1. 指标值

（1）应纳税所得额=利润总额+／−所得税前利润中予以调整的项目

所得税前利润中予以调整的项目包括纳税调整增加项目和纳税调整减少项目。

（2）纳税调整率=纳税调整额÷纳税调整后所得×100%

（3）纳税调整额=纳税调整后所得−利润总额

2. 指标预警值

（1）纳税调整额≤−10 000元；

（2）纳税调整额＜0且纳税调整后所得＞0时，纳税调整率≤−30%；

（3）纳税调整额＜0且纳税调整后所得＜0时，纳税调整率≥30%。

3. 问题指向

指标值异常，可能存在未按照税会差异进行正确的纳税调整、人为调减应纳税所得额的可能。

（十五）营业外支出金额增减率异常

【案例】2019年8月某市税务局经风险扫描发现A房地产开发有限公司存在"营业外支出异常"的疑点，具体情况如下：A公司2017年营业外支出为500 000.00元，2018年营业外支出为16 194 313.42元。

营业外支出增减额=本期营业外支出−上期营业外支出=16 194 313.42−500 000.00=15 694 313.42元。

营业外支出金额增减率=营业外支出增减额÷上期营业外支出金额×100%=15 694 313.42÷500 000.00×100%=3 138.86%

本期营业外支出增减额大于50万元或营业外支出金额增减率在10%以上，数据异常，于是进一步进行了核查。

经查，A公司2018年11月15日和11月18日分别缴纳税款所属期为2015年企业所得税滞纳金12 792 000.00元和3 402 313.42元，合计16 194 313.42元。查看该企业2018年11月15日补充申报的2015年企业所得税年度申报表，其附表"税收滞纳金——调增金额"为零；继续查看2019年完成的2018年度企业所得税年度申报表，也未发现此项滞纳金调整事项。由于税收滞纳金不能在税前扣除，调增应纳税所得额16 194 313.42元。

【相关风险】

营业外支出金额增减率异常风险。

1. 指标值

营业外支出增减额=本期营业外支出 − 上期营业外支出

营业外支出金额增减率=营业外支出增减额÷上期营业外支出金额×100%

2. 指标预警值

本期营业外支出增减额大于50万元或营业外支出金额增减率在10%以上。

3. 问题指向

通过营业外支出金额增减率指标比对分析，看营业外支出科目中是否有不予税前列支的项目。若本期营业外支出增减额大于50万元或营业外支出金额增减率在10%以上，则营业外支出金额增长过大，可能存在相关涉税风险。

（十六）纳税人固定资产综合折旧率变动异常

【案例】某企业本年度固定资产原值总额为3 500万元，折旧总额为700万元，上一年度所报的折旧率为14.5%。

【解析】

本期综合折旧率=700÷3 500×100%=20%

指标值=（本期综合折旧率−基期综合折旧率）÷基期综合折旧率×100%=（20%−14.5%）÷14.5%×100%=37.93%>20%

以上结果说明，该企业可能存在多列支固定资产折旧额的问题。

【相关风险】

纳税人固定资产综合折旧率变动异常风险。

1. 指标值

综合折旧率=固定资产折旧÷固定资产原值×100%

指标值=（本期综合折旧率–基期综合折旧率）÷基期综合折旧率×100%

2. 指标预警值

固定资产综合折旧变动率在20%以上的，视为异常。

3. 问题指向

固定资产综合折旧变动率在20%以上的，应判断为异常，税务人员会核实纳税人有无改变固定资产折旧方法，多提折旧的问题。

（十七）资产减值准备异常

【案例】A公司2019年度坏账准备的期初余额为100万元，期末余额为180万元，无其他资产减值损失事项。企业报送的企业所得税年底纳税申报表资产减值准备纳税调整额为0。

【解析】

指标值=会计报表资产减值损失金额－资产减值准备纳税调整额=（180–100）–0=80万元

指标值>0，可能资产减值准备项目未调整到位。

【相关风险】

资产减值准备异常风险。

1. 指标值

指标值=会计报表资产减值损失金额－资产减值准备纳税调整额

2. 指标预警值

指标值>0，视为异常。

3. 问题指向

通过对资产减值准备项目纳税调整金额比对分析，进一步核实企业计提的资产减值准备是否进行纳税调整，若资产减值准备项目异常大于零，则可能资产减值准备项目未调整到位。

（十八）残疾人员工资加计扣除异常

【案例】A公司2019年度工资薪金总额为800万元，其中：残疾人员工资300万元，应纳税所得额400万元，缴纳企业所得税100万元。

【解析】

加计扣除人员工资比例=加计扣除人员工资÷企业所有职工工资×100%=300÷800×100%=37.5%

本期加计扣除人员工资金额大于20万元或残疾人员工资比例在30%以上。

由于数据异常，税务机关对该企业进行了实地核查，发现残疾人员信息虚假，企业并未与工资申报明细中的残疾人签订1年以上（含1年）的劳动合同或服务协议，所谓安置的残疾人也大都未在企业实际上岗工作。

【相关风险】

残疾人员工资加计扣除异常风险。

1. 指标值

加计扣除人员工资比例=加计扣除人员工资÷企业所有职工工资×100%

2. 指标预警值

本期加计扣除人员工资金额大于20万元或残疾人员工资比例在30%以上。

3. 问题指向

企业安置残疾人员的，在按照支付给残疾职工工资据实扣除的基础上，可以在计算应纳税所得额时按照支付给残疾职工工资的100%加计扣除。

通过残疾人员、国家鼓励安置的其他人员工资扣除风险指标分析，进一步查看企业残疾人员、国家鼓励安置的其他人员工资发放是否真实、准确，是否存在不合理享受优惠政策的涉税风险。若本期加计扣除人员工资金额大于20万元或残疾人员工资比例在30%以上，则残疾人员工资金额或比例过高。

税务机关核查重点：①是否依法与安置的每位残疾人签订了1年以上（含1年）的劳动合同或服务协议，并且安置的每位残疾人在企业实际上岗工作；

②是否为安置的每位残疾人按月足额缴纳了企业所在区县人民政府根据国家政策规定的基本养老保险、基本医疗保险、失业保险和工伤保险等社会保险；

③是否定期通过银行等金融机构向安置的每位残疾人实际支付了不低于企业所在区县适用的经省级人民政府批准的最低工资标准的工资；

④是否具备安置残疾人上岗工作的基本设施。

二、指标配比分析

（一）主营业务收入变动率与主营业务成本变动率配比分析

【案例】某企业2019年度纳税申报数据中主营业务收入为600万元，主营业务成本为500万元；2018年度该企业纳税申报数据中主营业务收入为500万元，主营业务成本为380万元。

【解析】

主营业务收入变动率=（本期主营业务收入－基期主营业务收入）÷基期主营业务收入×100%=（600－500）

÷500×100%＝20%

主营业务成本＝（本期主营业务成本－基期主营业务成本）÷基期主营业务成本×100%＝（500－380）÷380×100%＝31.6%

二者的比值＝20%÷31.6%＝0.63<1

以上属于当比值<1且相差较大、二者都为正的情况，也就是说，收入在增长，成本也在增长，但是成本增长的幅度超过了收入增长的幅度，该企业可能存在少计收入、多列成本、扩大税前扣除范围等问题。

【相关风险】

主营业务收入变动率与主营业务成本变动率配比分析异常风险。

1. 指标值

主营业务收入变动率＝（本期主营业务收入－基期主营业务收入）÷基期主营业务收入×100%

主营业务成本变动率＝（本期主营业务成本－基期主营业务成本）÷基期主营业务成本×100%

指标值＝主营业务收入变动率÷主营业务成本变动率×100%

2. 指标预警值

正常情况下，指标值应接近1。

3. 问题指向

正常情况下，二者基本同步增长。对以下三种情况应引起注意：

（1）当比值>1且相差较大，二者都为负时，可能存在企业少计收入、多列成本、扩大税前扣除范围等问题；

（2）当比值<1且相差较大，二者都为正时，可能存在企业少计收入、多列成本、扩大税前扣除范围等问题；

（3）当比值为负数，且前者为负后者为正时，可能存在企业少计收入、多列成本、扩大税前扣除范围等问题。

（二）主营业务收入变动率与期间费用变动率配比分析

【案例】某企业2019年度纳税申报数据中主营业务收入为420万元，三项费用总额为42万元，2018年度该企业纳税申报数据中主营业务收入为500万元，三项费用总额为35万元。

【解析】

主营业务收入变动率=（本期主营业务收入－基期主营业务收入）÷基期主营业务收入×100%=（420－500）÷500×100%=－16%

期间费用变动率=（本期三项费用总额－基期三项费用总额）÷基期三项费用总额×100%=（42－35）÷35×100%=20%

二者的比值=－16%÷20%=－0.8

属于比值为负数，且前者为负后者为正，也就是说，收入在减少，费用却在增加，该企业可能存在少计收入、多列费用、扩大税前扣除范围等问题。

【相关风险】

主营业务收入变动率与期间费用变动率配比分析异常风险。

1. 指标值

主营业务收入变动率=（本期主营业务收入－基期主营业务收入）÷基期主营业务收入×100%

期间费用变动率=（本期三项费用总额－基期三项费用总额）÷基期三项费用总额×100%

指标值=主营业务收入变动率÷期间费用变动率

2. 指标预警值

正常情况下，指标值应接近1。

3. 问题指向

正常情况下，二者基本同步增长。对以下三种情况应引起注意：

（1）当比值>1，且相差较大，二者都为负时，可能存在企业少计收入、多列费用、扩大税前扣除范围等问题；

（2）当比值<1且相差较大、二者都为正时，可能存在企业少计收入、多列费用、扩大税前扣除范围等问题；

（3）当比值为负数，且前者为负后者为正时，可能存在企业少计收入、多列费用、扩大税前扣除范围等问题。

（三）主营业务收入变动率与主营业务利润变动率配比分析

【案例】某企业2019年度纳税申报数据中主营业务收入为600万元，主营业务利润总额为42万元，2018年度该企业纳税申报数据中主营业务收入为500万元，主营业务利润总额为48万元。

【解析】

主营业务收入变动率＝（本期主营业务收入－基期主营业务收入）÷基期主营业务收入×100%＝（600－500）÷500×100%＝20%

主营业务利润变动率＝（本期主营业务利润总额－基期主营业务利润总额）÷基期主营业务利润总额×100%＝（42－48）÷48×100%＝－12.5%

指标值＝主营业务收入变动率÷主营业务利润变动率×100%＝20%÷（－12.5%）＝－1.6

属于比值为负数，且前者为正后者为负，也就是说，收入在增加，利润却在减少，该企业可能存在多列成本费用、扩大税前扣除范围等问题。

【相关风险】

主营业务收入变动率与主营业务利润变动率配比分析异常风险。

1. 指标值

主营业务收入变动率=（本期主营业务收入 – 基期主营业务收入）÷基期主营业务收入×100%

主营业务利润变动率=（本期主营业务利润总额 – 基期主营业务利润总额）÷基期主营业务利润总额×100%

指标值=主营业务收入变动率÷主营业务利润变动率

2. 指标预警值

正常情况下，指标值应接近1。

3. 问题指向

正常情况下，二者基本同步增长。对以下三种情况应引起注意：

（1）当比值<1，且相差较大，二者都为负时，可能存在企业多列成本费用、扩大税前扣除范围等问题；

（2）当比值>1且相差较大、二者都为正时，可能存在企业多列成本费用、扩大税前扣除范围等问题；

（3）当比值为负数，且前者为正后者为负时，可能存在企业多列成本费用、扩大税前扣除范围等问题。

（四）企业所得税应税收入变动率与应纳税额变动率配比分析

【案例】某企业2019年度纳税申报数据中企业所得税申报收入为1 000万元，应纳税额为26万元，2018年度该企业企业所得税申报收入为1 200万元，应纳税额为38万元。

【解析】

企业所得税应税收入变动率=（本期企业所得税应税收入 – 基期企业所得税应税收入）÷基期企业所得税应税收入×100%=（1 000 – 1 200）÷1 200×100%=−16.67%

应纳税额变动率=（本期应纳税额 – 基期应纳税额）÷基期应

纳税额×100%=（26-38）÷38×100%=-31.58%

指标值=应税收入变动率÷应纳税额变动率=-16.67%÷（-31.58%）=0.53

属于比值<1，且相差较大，二者都为负。也就是说，企业所得税应税收入在减少，应纳税额也在减少，但是应纳税额减少的幅度大于应税收入减少的幅度，该企业可能存在多列成本费用、扩大税前扣除范围等问题。

【相关风险】

企业所得税应税收入变动率与应纳税额变动率配比分析异常风险。

1. 指标值

企业所得税应税收入变动率=（本期企业所得税应税收入－基期企业所得税应税收入）÷基期企业所得税应税收入×100%

应纳税额变动率=（本期应纳税额－基期应纳税额）÷基期应纳税额×100%

指标值=企业所得税应税收入变动率÷应纳税额变动率

2. 指标预警值

正常情况下，指标值应接近1。

3. 问题指向

正常情况下，二者基本同步增长。对以下三种情况应引起注意：

（1）当比值<1，且相差较大，二者都为负时，可能存在企业多列成本费用、扩大税前扣除范围等问题；

（2）当比值>1且相差较大、二者都为正时，可能存在企业多列成本费用、扩大税前扣除范围等问题；

（3）当比值为负数，且前者为正后者为负时，可能存在企业多列成本费用、扩大税前扣除范围等问题。

（五）存货周转率变动率与销售收入变动率配比分析

【案例】某企业2019年度申报数据中期初存货成本为100万元，期末存货成本为180万元，主营业务成本为300万元，本期申报销售收入为1 650万元；该企业2018年期初存货成本为160万元，主营业务成本为240万元，该年度申报销售收入2 000万元。

【解析】

2019年存货周转率＝300÷［（100+180）÷2］×100%=214%

2018年存货周转率＝240÷［（160+100）÷2］×100%=184%

存货周转率变动率＝（本期存货周转率–基期存货周转率）÷基期存货周转率×100%=（214%–184%）÷184%×100%=16.3%

销售收入变动率＝（本期销售收入–基期销售收入）÷基期销售收入×100%=（1 650–2 000）÷1 650×100%=–21.2%

指标值＝存货周转率变动率÷销售收入变动率=16.3%÷（–21.2%）=–0.77

指标值为负数，前者为正后者为负，该企业可能存在少计销售收入问题。

【相关风险】

存货周转率变动率与销售收入变动率配比分析异常风险。

1. 指标值

存货周转率＝主营业务成本÷［（期初存货成本+期末存货成本）÷2］×100%

"（期初存货成本+期末存货成本）÷2"表示本期存货成本总量。

存货周转率变动率＝（本期存货周转率–基期存货周转率）÷基

期存货周转率×100%

销售收入变动率=（本期销售收入−基期销售收入）÷基期销售收入×100%

指标值=存货周转率变动率÷销售收入变动率

2. 指标预警值

正常情况下，指标值应接近于1。

3. 问题指向

正常情况下两者应基本同步增长，对以下三种情况应引起注意：

（1）当指标值大于1，且相差较大，二者都为正时，可能存在企业少计收入问题；

（2）当指标值小于1，且相差较大，二者都为负时，可能存在企业少计收入问题；

（3）当指标值为负数，前者为正后者为负时，可能存在企业少计收入问题。

（六）企业期末应收账款变动率与销售收入变动率配比分析

【案例】甲公司2018年期末应收账款400万元，2019年期末应收账款600万元；2018年销售收入为2 000万元，2019年销售收入为1 700万元。

【解析】

期末应收账款变动率=（本期应收账款期末值−上期应收账款期末值）÷上期应收账款期末值=（600−400）÷400×100%=50%

销售收入变动率=（本期销售收入−上期销售收入）÷上期销售收入×100%=（1 700−2 000）÷1 700×100%=−17.65%

指标值=期末应收账款变动率÷销售收入变动率=50%÷

（–17.65%）=–2.83

当指标值为负数，前者为正数后者为负数时，即应收账款增加，销售收入却减少，该企业可能存在少计销售收入等问题。

【相关风险】

企业期末应收账款变动率与销售收入变动率配比分析异常风险。

1. 指标值

期末应收账款变动率=（本期应收账款期末值–上期应收账款期末值）÷上期应收账款期末值×100%

销售收入变动率=（本期销售收入–上期销售收入）÷上期销售收入×100%

指标值=期末应收账款变动率÷销售收入变动率

2. 指标预警值

正常情况下，指标值应接近于1。

3. 问题指向

正常情况下两者应基本同步增长，对以下三种情况应引起注意：

（1）当指标值大于1，且相差较大，二者都为正时，可能存在少计收入问题；

（2）当指标值小于1，且相差较大，二者都为负时，可能存在少计收入问题；

（3）当指标值为负数，前者为正后者为负时，可能存在少计收入问题。

如果企业存在上述异常情况，税务机关会检查纳税人"库存商品""产成品""应付账款""预收账款"和"其他应付款"等科目，详细了解业务内容，并要求企业提供相应的合同等举证资料、实地检查库存等。

三、关联交易分析指标

（一）关联收入申报异常

【案例】甲公司为集团企业，共有8家子公司。2019年度，集团企业和8家子公司个别财务报表营业收入合计金额为160 000 000元，合并财务报表营业收入金额为120 000 000元。集团企业及成员企业企业所得税年度纳税申报表附表年度关联业务往来报告表"商品（材料）销售""劳务收入""出让无形资产""出让固定资产""融资应计利息收入"合计金额共计28 000 000元。

【解析】

关联收入金额=集团企业和成员企业个别财务报表营业收入合计金额－合并财务报表营业收入金额=160 000 000－120 000 000=40 000 000元。

关联收入申报异常值=关联收入金额－已申报关联收入金额=40 000 000－28 000 000=12 000 000元

该企业关联收入申报异常值>0，则可能存在集团成员企业申报关联交易不全面、不准确的问题。

【相关风险】

关联收入申报异常风险。

1. 指标值

关联收入申报异常值=关联收入金额－已申报关联收入金额

关联收入金额=集团企业和成员企业个别财务报表营业收入合计金额－合并财务报表营业收入金额

2. 指标预警值

关联收入申报异常值>0，视为异常。

3. 问题指向

通过个别财务报表数据与合并财务报表数据比对，分析集团企业内部是否存在关联交易，进一步查找集团企业和成员企业申报的关联交易是否齐全、准确；关联收入申报异常值大于零，则可能存在集团成员企业申报关联交易不全面、不准确。

税务机关通过集团企业合并财务报表采集"营业收入""其他业务收入""营业外收入"金额，通过集团企业和成员企业个别财务报表采集"主营业务收入""其他业务收入""营业外收入"金额；已申报关联收入为企业所得税年度纳税申报表附表年度关联业务往来报告表"商品（材料）销售""劳务收入""出让无形资产""出让固定资产""融资应计利息收入"合计金额。

（二）关联应收、应付款项比例异常

【案例】甲公司为集团企业，共有8家子公司。2019年度，集团企业和成员企业个别财务报表应收（应付）款项合计金额为8 000万元，集团企业合并财务报表中应收（应付）款项为6 000万元。

【解析】

关联应收（应付）款项异常值=集团企业和成员企业个别财务报表应收（应付）款项合计金额－集团企业合并财务报表中应收（应付）款项=8 000–6 000=2 000万元。

关联应收（应付）款项异常值占比 = 关联应收（应付）款项÷集团成员企业应收（应付）款项合计金额×100% =2 000÷8 000×100% =25%

该企业关联应收（应付）款项异常金额超过500万元且占比在10%以上，集团成员企业之间存在关联应收、应付款项涉税风险。

【相关风险】

关联应收、应付款项比例异常风险。

1. 指标值

关联应收（应付）款项异常值=集团企业和成员企业个别财务

报表应收（应付）款项合计金额 – 集团企业合并财务报表中应收（应付）款项

关联应收（应付）款项异常值占比=关联应收（应付）款项÷集团成员企业应收（应付）款项合计金额×100%

2. 指标预警值

关联应收（应付）款项异常金额在500万元或占比在10%以上，视为异常。

3. 问题指向

通过个别财务报表数据与合并财务报表数据比对，分析集团企业内部是否存在债权债务关系，进一步查找集团企业与成员企业之间、成员企业与成员企业之间关联交易、资金拆借中的涉税风险；关联应收（应付）款项金额在500万元或占比在10%以上，则集团成员企业之间存在关联应收、应付款项涉税风险。

数据来源：应收款项包括"应收账款""应收票据""预付账款""长期债券投资""应收股利""其他应收款"，应付款项包括"应付账款""应付票据""预收账款""应付债券""应付股利""其他应付款"；集团企业合并财务报表中应收、应付金额，集团企业和成员企业个别财务报表应收、应付合计金额。

（三）关联借款费用异常

【案例】甲公司为集团企业，共有8家子公司。2019年度，集团成员企业财务费用合计金额为500万元，集团企业合并财务报表中财务费用金额为420万元。

【解析】

关联借款费用=集团成员企业财务费用合计金额 – 集团企业合并财务报表中财务费用金额=500–420=80万元。

该企业关联借款费用异常金额在20万元以上，集团成员企业之间可能存在借款费用涉税风险。

【相关风险】

关联借款费用异常风险。

1. 指标值

关联借款费用异常值=集团成员企业财务费用合计金额－集团企业合并财务报表中财务费用金额

2. 指标预警值

关联借款费用异常值在20万元以上，视为异常。

3. 问题指向

通过个别财务报表数据与合并财务报表数据比对，分析集团企业内部是否存在因借款而支付相关费用事项，进一步查找集团企业与成员企业之间、成员企业与成员企业之间关联交易、资金拆借中的涉税风险；关联借款费用异常金额在20万元以上，则集团成员企业之间可能存在借款费用涉税风险。

（四）关联交易金额变动率异常

【案例】甲公司2019年关联交易金额为380万元，2018年关联交易金额为300万元。

【解析】

关联交易变动金额=本期关联交易金额－基期关联交易金额=380-300=80万元

关联交易金额变动率=关联交易变动金额÷基期关联交易金额×100%=80÷300×100%=26.67%

该企业关联交易金额变动率在10%以上，关联交易金额变动异常。

【相关风险】

关联交易金额变动率异常风险。

1. 指标值

关联交易金额变动率=关联交易变动金额÷基期关联交易金额×100%

关联交易变动金额=本期关联交易金额－基期关联交易金额

2. 指标预警值

关联交易变动金额在500万元以上或关联交易金额变动率在10%以上，视为异常。

3. 问题指向

通过关联交易金额变动率比对，分析集团成员企业关联交易异常，进一步查找集团成员企业之间商品、劳务、资产交易及资金拆借中的涉税风险；关联交易变动金额在500万元以上或关联交易金额变动率在10%以上，则关联交易金额变动异常。

数据来源：集团各成员企业企业所得税年度纳税申报表附表年度关联业务往来报告表（2）中"交易总金额""关联交易金额"合计数。

（五）关联交易毛利率异常

【案例】甲公司2019年度关联销售收入为800万元，关联销售成本为760万元。主营业务收入为3 600万元，主营业务成本为3 200万元。

【解析】

关联交易毛利率=（关联销售收入–关联销售成本）÷关联销售收入×100%=（800–760）÷800×100%=5%

主营业务毛利率=（主营业务收入–主营业务成本）÷主营业务收入×100%=（3 600–3 200）÷3 600×100%=11.11%

指标值=（关联交易毛利率–主营业务毛利率）÷主营业务毛利率×100%=（5%–11.11%）÷11.11%=–55%

该企业关联交易毛利率偏离企业主营业务毛利率55%，可能存在关联交易价格偏低问题。

【相关风险】

关联交易毛利率异常风险。

1. 指标值

关联交易毛利率=（关联销售收入−关联销售成本）÷关联销售收入×100%

主营业务毛利率=（主营业务收入−主营业务成本）÷主营业务收入×100%

指标值=（关联交易毛利率−主营业务毛利率）÷主营业务毛利率×100%

2. 指标预警值

关联交易毛利率偏离企业主营业务毛利率2%以上，视为异常。

3. 问题指向

通过关联交易毛利率与企业主营业务毛利率的比对分析，进一步查找集团成员企业之间商品、劳务等关联交易的涉税风险；如果指标值异常，关联交易毛利偏离主营业务毛利，则可能存在关联交易价格不公允问题。

数据来源：企业报送的关联交易明细表及财务报表中"关联销售收入""关联销售成本"，企业报送的财务报表中的"主营业务收入""主营业务成本"。

第二节　企业所得税收入类项目税务风险点

一、企业所得税收入确认风险

（一）未按规定确认企业所得税应税所得

【案例】某市税务局稽查局于2018 年10月21日起对甲仪器厂

有限公司（以下简称"甲公司"）2016年1月1日至2017年12月31日涉税情况进行检查。检查中发现甲公司与乙实业总公司（以下简称"乙公司"）曾于2014年12月签订《联营协议书》，该协议书规定乙公司以22亩土地入股与甲公司联营。2016年双方因土地租赁合同发生纠纷，经市中级人民法院调解，双方于2016年10月自愿达成协议并由市中级人民法院作出民事调解书：甲公司返还《联营协议书》中所涉22亩土地给乙公司，地上所有构筑物归乙公司所有；乙公司补偿甲公司2 600万元，根据腾空及返还情况分三笔给付。甲公司于2016年收到搬迁补偿款570万元、于2017年收到200万元，以上770万元补偿款均记在"其他应付款——搬迁款"的账务科目中。

基于前述事实，市税务局稽查局认为甲公司收取的770万元补偿款是根据民事调解书收取的补偿款，是乙公司对返还土地及地上构筑物的补偿，该两笔款项应按照《中华人民共和国企业所得税法》（以下简称《企业所得税法》）的规定于取得款项时确认收入，市税务局稽查局于2018年10月21日向甲公司送达《税务检查通知书》，对甲公司实施税务检查。2018年12月3日，市税务局稽查局作出税务处理决定书。

甲公司不服税务处理决定书，于2018年12月25日向市税务局申请行政复议。市税务局于2019年2月22日作出《税务行政复议决定书》，维持了市税务局稽查局对甲公司所作的税务处理决定。甲公司不服，向区人民法院（以下简称"一审法院"）提起诉讼，一审法院判决撤销税务处理决定书，撤销复议决定书。

市税务局稽查局和市税务局不服一审判决，向市中级人民法院（以下简称"二审法院"）提请上诉，二审法院判决撤销一审判决，驳回甲公司的诉讼请求。

【解析】

本案的主要争议焦点在于：甲公司收取的770万元，根据税法的相关规定是否应当确认为当期收入并缴纳企业所得税。

关于当期收入的认定。当期是指企业所得税的纳税年度，持续经营的企业以公历1月1日至公历12月31日为一个当期。税法上的收入是企业以货币形式和非货币形式从各种来源取得的收入。《企业所得税法》第六条规定：企业以货币形式或非货币形式从各种来源取得的收入，为收入总额。包括：①销售货物收入；②提供劳务收入；③转让财产收入；④股息、红利等权益性投资收益；⑤利息收入；⑥租金收入；⑦特许权使用费收入；⑧接受捐赠收入；⑨其他收入。其中，其他收入是指《企业所得税法》第六条规定的除第（一）项至第（八）项以外的其他收入。根据《税法实施条例》第二十二条之规定，企业所得税法第六条第（九）项所称的其他收入，包括企业资产溢余收入，逾期未退包装物押金收入，确实无法偿付的应付款项，已作坏账处理后又收回的应收款项，债务重组收入、补贴收入、违约金收入、汇兑收益等。应纳税所得额是指企业每个纳税年度的收入总额减除不征税收入、免税收入、各项扣除以及允许弥补以前年度亏损后的余额。本案中，甲公司共收到搬迁补偿款770万元，其中2016年度为570万元，2017年度为200万元，该款项虽在会计科目上记入"其他应付款——搬迁款"中，但均于当年度入账，鉴于甲公司对移交的固定资产未作任何账务处理，市税务局稽查局对甲公司相应年度的应纳税所得额作相应的调增与调减，且该计算方法甲公司亦不持异议。故案涉税务处理决定书中将770万元款项认定为收入，并据此对企业应纳税所得额作相应调整于法有据。复议决定书对该处理决定予以维持并无不当。《企业所得税法》第一条规定，在中华人民共和国境内，企业和其他取得收入的组织为企业所得税的纳税人，依照本法的规定缴纳企业所得税。甲公司主张该款项为搬迁补偿款，不应算作当期收入，无须缴纳企业所得税的主张不能成立。

【相关风险】

未按规定确认企业所得税应税所得风险。

1. 企业所得税应税所得的相关规定

（1）《企业所得税法》第三条规定，居民企业应当就其来源于中国境内、境外的所得缴纳企业所得税。

非居民企业在中国境内设立机构、场所的，应当就其所设机构、场所取得的来源于中国境内的所得，以及发生在中国境外但与其所设机构、场所有实际联系的所得，缴纳企业所得税。

非居民企业在中国境内未设立机构、场所的，或者虽设立机构、场所，但取得的所得与其所设机构、场所没有实际联系的，应当就其来源于中国境内的所得缴纳企业所得税。

（2）《企业所得税法实施条例》第六条规定，企业所得税法第三条所称所得包括销售货物所得、提供劳务所得、转让财产所得、股息红利等权益性投资所得、利息所得、租金所得、特许权使用费所得、接受捐赠所得和其他所得。

（3）《企业所得税法实施条例》第十四条至第二十二条规定如下：

销售货物收入，是指企业销售商品、产品、原材料、包装物、低值易耗品以及其他存货取得的收入。

提供劳务收入，是指企业从事建筑安装、修理修配、交通运输、仓储租赁、金融保险、邮电通信、咨询经纪、文化体育、科学研究、技术服务、教育培训、餐饮住宿、中介代理、卫生保健、社区服务、旅游、娱乐、加工以及其他劳务服务活动取得的收入。

转让财产收入，是指企业转让固定资产、生物资产、无形资产、股权、债权等财产取得的收入。

股息、红利等权益性投资收益，是指企业因权益性投资从被投资方取得的收入。

利息收入，是指企业将资金提供他人使用但不构成权益性投资，或者因他人占用本企业资金取得的收入，包括存款利息、贷款利息、债券利息、欠款利息等收入。

租金收入，是指企业提供固定资产、包装物或者其他有形资产的使用权取得的收入。

特许权使用费收入，是指企业提供专利权、非专利技术、商标权、著作权以及其他特许权的使用权取得的收入。

接受捐赠收入，是指企业接受的来自其他企业、组织或者个人无偿给予的货币性资产、非货币性资产。

其他收入，是指企业取得的除企业所得税法第六条第〔一〕项至第〔八〕项规定的收入外的其他收入，包括企业资产溢余收入、逾期未退包装物押金收入、确实无法偿付的应付款项、已作坏账损失处理后又收回的应收款项、债务重组收入、补贴收入、违约金收入、汇兑收益等。

2. 风险表现

（1）申报缴纳企业所得税时，未按照税法的规定将相关项目调整为所得税收入。如：未对逾期未退包装物押金收入、确实无法偿付的应付款项等进行调整。

（2）在取得相关收入时冲减费用而不作收入，这会造成企业的收入总额减少，从而导致税前扣除的业务招待费、广告费和业务宣传费用的减少，进而造成应纳税所得额的虚增，引发多缴纳企业所得税的风险。

（3）未将企业取得的罚款、滞纳金、无法支付的长期应付款项、收回以前年度已核销的坏账损失、固定资产盘盈收入、教育费附加返还以及在"资本公积"中反映的债务重组收益、接受捐赠资产及根据税法规定应在当期确认的其他收入列入收入总额。

（二）企业所得税应税收入确认时间风险

【案例】跨年租金收入确认问题。乙公司于2020年1月将一幢办公楼出租给丙公司用于生产经营。双方签订租赁合同约定租赁期为2年，从2020年1月1日至2021年12月31日，每年租金120万元（不含增值税，下同），2年租金共计240万元，并于2020年1月1日一次性收取全部租金240万元。乙公司如何确认租金收入，如何进行年度企业所得税纳税申报调整？

【解析】

《中华人民共和国企业所得税法实施条例》第十九条规定：租金收入，按照合同约定的承租人应付租金的日期确认收入的实现。

《国家税务总局关于贯彻落实企业所得税法若干税收问题的通知》（国税函〔2010〕79号）第一条规定：企业提供固定资产、包装物或者其他有形资产的使用权取得的租金收入，应按交易合同或协议规定的承租人应付租金的日期确认收入的实现。其中，如果交易合同或协议中规定租赁期限跨年度，且租金提前一次性支付的，根据《中华人民共和国企业所得税法实施条例》第九条规定的收入与费用配比原则，出租人可对上述已确认的收入，在租赁期内分期均匀计入相关年度收入。

《企业会计准则第21号——租赁》里规定，出租人会计处理应当在租赁期内各个期间按照直线法确认收入。

情形1：乙公司可以选择在租赁期内，将租赁收入分期均匀计入相关年度收入：2020年1~12月确认租金收入120万元；2021年1~12月确认租金收入120万元。此种情形下，税会无差异。

情形2：乙公司选择一次性确认收入。2020年确认租金收入240万元，2021年不确认租金收入。则2020年企业所得税汇算清缴时，需调增应纳税所得额120万元，2021年汇算清缴时需调减应纳税所得额120万元。

【相关风险】

未按规定时间确认企业所得税应税收入风险。

1. 企业所得税应税收入确认时间相关规定

（1）销售货物收入。

《企业所得税收入确认的若干问题》（国税函〔2008〕875号）规定：除企业所得税法及实施条例另有规定外，企业销售收入的确认，必须遵循权责发生制原则和实质重于形式原则。企业销售商品同时满足下列条件的，应确认收入的实现：

①商品销售合同已经签订，企业已将商品所有权相关的主要风险和报酬转移给购货方；

②企业对已售出的商品既没有保留通常与所有权相联系的继续管理权，也没有实施有效控制；

③收入的金额能够可靠地计量；

④已发生或将发生的销售方的成本能够可靠地核算。

符合上款收入确认条件，采取下列商品销售方式的，应按以下规定确认收入实现时间：

①销售商品采用托收承付方式的，在办妥托收手续时确认收入。

②销售商品采取预收款方式的，在发出商品时确认收入。

③销售商品需要安装和检验的，在购买方接受商品以及安装和检验完毕时确认收入。如果安装程序比较简单，可在发出商品时确认收入。

④销售商品采用支付手续费方式委托代销的，在收到代销清单时确认收入。

（2）提供劳务收入。

《企业所得税收入确认的若干问题》（国税函〔2008〕875号）规定：企业在各个纳税期末，提供劳务交易的结果能够可靠估计的，应采用完工进度（完工百分比）法确认提供劳务收入。

提供劳务交易的结果能够可靠估计，是指同时满足下列条件：

①收入的金额能够可靠地计量；

②交易的完工进度能够可靠地确定；

③交易中已发生和将发生的成本能够可靠地核算。

企业提供劳务完工进度的确定，可选用下列方法：

①已完工作的测量；

②已提供劳务占劳务总量的比例；

③发生成本占总成本的比例。

企业应按照从接受劳务方已收或应收的合同或协议价款确定劳务收入总额，根据纳税期末提供劳务收入总额乘以完工进度扣除以前纳税年度累计已确认提供劳务收入后的金额，确认为当期劳务收入；同时，按照提供劳务估计总成本乘以完工进度扣除以前纳税期间累计已确认劳务成本后的金额，结转为当期劳务成本。

下列提供劳务满足收入确认条件的，应按规定确认收入：

①安装费。应根据安装完工进度确认收入。安装工作是商品销售附带条件的，安装费在确认商品销售实现时确认收入。

②宣传媒介的收费。应在相关的广告或商业行为出现于公众面前时确认收入。广告的制作费，应根据制作广告的完工进度确认收入。

③软件费。为特定客户开发软件的收费，应根据开发的完工进度确认收入。

④服务费。包含在商品售价内可区分的服务费，在提供服务的期间分期确认收入。

⑤艺术表演、招待宴会和其他特殊活动的收费。在相关活动发生时确认收入。收费涉及几项活动的，预收的款项应合理分配给每项活动，分别确认收入。

⑥会员费。申请入会或加入会员，只允许取得会籍，所有其他服务或商品都要另行收费的，在取得该会员费时确认收入。申请入会或加入会员后，会员在会员期内不再付费就可得到各种服务或商品，或者以低于非会员的价格销售商品或提供服务的，该会员费应在整个受益期内分期确认收入。

⑦特许权费。属于提供设备和其他有形资产的特许权费，在交付资产或转移资产所有权时确认收入；属于提供初始及后续服务的特许权费，在提供服务时确认收入。

⑧劳务费。长期为客户提供重复的劳务收取的劳务费，在相关劳务活动发生时确认收入。

（3）股息、红利等权益性投资收益。

除国务院财政、税务主管部门另有规定外，按照被投资方作出利润分配决定的日期确认收入的实现。

（4）利息收入。

按照合同约定的债务人应付利息的日期确认收入的实现。

（5）租金收入。

租金收入，按照合同约定的承租人应付租金的日期确认收入的实现。

（6）特许权使用费收入。

特许权使用费收入，按照合同约定的特许权使用人应付特许权使用费的日期确认收入的实现。

（7）接受捐赠收入。

接受捐赠收入，按照实际收到捐赠资产的日期确认收入的实现。

（8）企业的下列生产经营业务可以分期确认收入的实现：

①以分期收款方式销售货物的，按照合同约定的收款日期确认收入的实现；

②企业受托加工制造大型机械设备、船舶、飞机，以及从事建筑、安装、装配工程业务或者提供其他劳务等，持续时间超过12个月的，按照纳税年度内完工进度或者完成的工作量确认收入的实现。

（9）采取产品分成方式取得收入。

采取产品分成方式取得收入的，按照企业分得产品的日期确认收入的实现，其收入额按照产品的公允价值确定。

3. 风险表现

（1）将已实现的收入长期挂往来账或置于账外而未确认收入；

（2）采取预收款方式销售货物未按税法规定在发出商品时确认收入；

（3）以分期收款方式销售货物未按照合同约定的收款日期确认收入；

（4）金融企业发放的未逾期贷款，没有根据先收利息后收本金的原则，按合同确认的利率和期限计算利息，并于债务人应付利息的日期确认收入的实现；金融企业发放的逾期贷款发生的应收利息，没有于实际收到的日期，或者虽未实际收到但会计上确认为利息收入的日期，确认收入的实现。

二、收入确认税会差异处理风险

关于收入，会计的收入准则与《企业所得税法》界定的收入范围不同。收入准则只将日常活动所形成的经济利益的流入确认为收入。企业所得税法中的收入则是以货币形式和非货币形式取得的，包括销售货物收入、提供劳务收入、转让财产收入、股息红利等权益性投资收入、利息收入、租金收入、特许权使用费收入、接受捐赠收入和其他收入。即：一切能够提高企业纳税能力的收入，都应当计入收入总额，列入企业所得税纳税申报表。此外，《企业所得税法》还规定了不征税收入、免税收入及视同销售收入等。可见，《企业所得税法》界定的收入范围比收入准则界定的更加广泛。

（一）销售商品收入税会差异

【案例】2020年1月1日，甲公司采用分期收款方式向乙公司销售一批大型设备，合同约定的销售价格为1000万元，分5次于每年12月31日等额收取。该大型设备成本为700万元。在现销方式下，该设备的销售价格为800万元，适用13%增值税税率，不考虑其他因素。本例中甲公司应当确认的销售商品收入金额为800万元，计算得出现值为800万元，年金为200万元，期数为五年的折现率为7.93%。每期计入财务费用的金额如表3-2所示。

表3-2 财务费用和已收本金计算表

单位：元

日期	年初未收本金1=上期5	财务费用2=1×7.93%	收现总额3	已收本金4=3-2	年末未收本金5=1-4
2020年	8 000 000	634 400	2 000 000	1 365 600	6 634 400
2021年	6 634 400	526 100	2 000 000	1 473 900	5 160 500
2022年	5 160 500	409 227.65	2 000 000	1 590 772.35	3 569 727.65
2023年	3 569 727.65	283 079.4	2 000 000	1 716 920.6	1 852 807.05
2024年	1 852 807.05	147 192.95	2 000 000	1 852 807.05	0
总额	/	2 000 000	10 000 000	8 000 000	/

【解析】

1. 会计处理

（1）2020年1月1日销售实现。

借：长期应收款　　　　　10 000 000

　　贷：主营业务收入　　　　8 000 000

　　　　未实现融资收益　　　2 000 000

借：主营业务成本　　　　　7 000 000

　　贷：库存商品　　　　　　7 000 000

（2）2020年12月31日收入货款。

借：银行存款　　　　　　　　　　　　2 260 000

　　贷：长期应收款　　　　　　　　　2 000 000

　　　　应交税费——应交增值税（销项税额）　260 000

借：未实现融资收益　　　634 400

　　贷：财务费用　　　　　634 400

2. 税务处理

以分期收款方式销售货物的，按照合同约定的收款日期确认收入的实现。本年度只确认计税收入2 000 000元，确认计税成本1 400 000元（7 000 000÷5），即确认应纳税所得额600 000元，应调减应纳税所得额1 034 400元（8 000 000-7 000 000+634 400-600 000）。

2021年至2024年收款时的会计处理与2020年一致，只是数值按照计算表进行调整。

2021年度确认应纳税所得额600 000元，同时调减应纳税所得额526 100元（当年冲减的财务费用），共计应调增应纳税所得额73 900元。

2022年度确认应纳税所得额600 000元，同时调减应纳税所得额409 227.65元（当年冲减的财务费用），共计应调增应纳税所得额190 772.35元。

2023年度确认应纳税所得额600 000元，同时调减应纳税所得额283 079.4元（当年冲减的财务费用），共计应调增应纳税所得额316 920.6元。

2024年度确认应纳税所得额600 000元，同时调减应纳税所得额147 192.95元（当年冲减的财务费用），共计应调增应纳税所得额452 807.05元。

税会差异的处理方法：通过"纳税调整项目明细表"（A105000）中"扣除类调整"项目下"（＋）与未实现融资收益相关在当期确认的财务费用"进行调整。

【相关风险】

未按规定正确调整销售商品收入税会差异风险。

1. 新收入准则下收入的界定

新收入准则下，打破商品和劳务的界限，不区分商品销售和提供劳务。收入的确认和计量大致分为五步：第一步：识别与客户订立的合同。第二步：识别合同中的单项履约义务。第三步：确定交易价格。第四步：将交易价格分摊至各合同中各单项履约义务（合同开始日）。第五步：在企业履行单项履行义务的某一时点（或某一时段）确认收入。

要求企业在履行了合同中的履约义务，即客户取得相关商品的控制权时确认收入。

控制权的转移应当考虑以下迹象：一是企业就该商品享有现时收款权利，即客户就该商品负有现时付款义务；二是企业已将该商品法定所有权转移给客户；三是企业已将该商品实物转移给客户；四是企业已将该商品所有权上的主要风险和报酬转移给客户；五是客户已接受该商品；六是其他表明客户已取得商品控制权的迹象。

2. 企业所得税收入确认

《国家税务总局关于确认企业所得税收入若干问题的通知》（国税函〔2008〕875号）对销售商品确认进行了规定：销售商品收入确认，除企业所得税法及实施条例另有规定外，企业销售收入确认，必须遵循权责发生制原则和实质重于形式原则。企业销售商品同时满足下列条件的，应确认收入的实现：一是商品销售合同已经签订，企业已将商品所有权相关的主要风险和报酬转移；二是企业对已售出的商品既没有保留通常与所有权相联系的继续管理权，也没实施有效控制；三是收入的金额能够可靠地计量；四是已发生或将发生的销售方的成本能够可靠地核算。

3. 风险表现

未按企业所得税收入确认原则确认销售商品应税收入，对税会差异事项未做纳税调整。

（二）提供劳务收入税会差异

【案例】2019年9月，甲建筑公司与乙公司签订生产线建造合同，合同约定金额109万元（含税）。2019年末，工程完工进度为70%，2020年5月达到完工条件并经乙公司验收合格，乙公司全额支付价款并取得了增值税专用发票。甲建筑公司一次性取得的建筑服务收入该如何确认企业所得税收入呢？

【解析】

（1）会计准则要求对安装费等在资产负债表日按照完工进度确认收入。

甲建筑公司应在2019年确认的收入＝109÷（1+9%）×70%＝70万元；应在2020年确认的收入＝109÷（1+9%）－70＝30万元。

（2）《企业所得税法实施条例》第二十三条规定：企业从事建筑劳务等，持续时间超过12个月的，按照纳税年度内完工进度或者完成的工作量确认收入的实现。根据该项规定，企业提供的劳务如果持续时间不超过12个月，即使跨年度也无需确认收入。

因此，由于企业提供的劳务如果持续时间不超过12个月，2019年无需确认企业所得税收入，纳税调减70万元。2020年确认收入100万元，纳税调增70万元。

【相关风险】

未按规定正确调整提供劳务收入税会差异风险。

1. 提供劳务企业所得税收入确认

企业劳务收入按收入准则规定的原则进行确定和计量，企业所得税法对劳务收入的确认条件与会计处理基本一致。《国家税务总局关于确认企业所得税收入若干问题的通知》（国税函〔2008〕875号）对提供劳务收入确认进行了规定：企业在各个纳税期末，提供劳务交易的结果能够可靠估计的，应采用完工进度（完工百分比法）确认提供劳务收入。提供劳务交易的结果能够可靠估计，是指同时满足下列条件：一是收入的金额能够可靠地计量；二是交易的完工进度能够可靠地确定；三是交易中已发生和将发生的成本能够可靠地核算。

企业应按照从接受劳务方已收或应收的合同或协议价款确定劳务收入总额，根据纳税期末提供劳务收入总额乘以完工进度扣除以前纳税年度累计已确认提供劳务收入后的金额，确认为当期劳务收入；同时，按照提供劳务估计总成本乘以完工进度扣除以前纳税期间累计已确认劳务成本后的金额，结转为当期劳务成本。

2. 提供劳务收入税会差异

（1）《企业所得税法实施条例》第二十三条规定：企业受托

加工制造大型机械设备、船舶、飞机，以及从事建筑、安装、装配工程业务或者提供其他劳务等，持续时间超过12个月的，按照纳税年度内完工进度或者完成的工作量确认收入的实现。根据该项规定，企业提供的劳务如果持续时间不超过12个月，即使跨年度也无需确认收入。而会计准则要求对安装费等在资产负债表日按照完工进度确认收入。

（2）提供劳务交易结果不能可靠估计的业务，当劳务成本预计不能补偿需作为资产损失留存备查相关资料才可税前扣除。

3. 风险表现

未按企业所得税收入确认原则确认提供劳务应税收入，对会计确认合同预计损失未做调增。

（三）使用费收入税会差异

【案例】甲公司是一家全国著名的餐饮连锁公司，该公司为了扩大市场份额采取以"加盟连锁店为主体"的方式进行标准化的门店运营管理。2019年1月，甲公司与某加盟商签订加盟协议，协议约定加盟方应在协议签署之日向甲公司一次性缴纳协议期内特许权使用费24万元（不含税），合同履约期限为2019年1月1日至2020年12月31日，共计24个月。加盟店由加盟方投资经营，自负盈亏，独自承担经济和法律责任，在合约期内，加盟方使用甲公司的标识等从事商业活动，在合约期内，甲公司提供与加盟相关的后续服务。

【解析】

会计处理：合同或协议规定一次性收取使用费，且提供后续服务的，应在合同或协议规定的有效期内分期确认收入。2019年应确认收入12万元，2020年应确认收入12万元。

借：银行存款   254 400

    贷：预收账款   120 000

其他业务收入　　　　　　　　　　　　120 000

应交税费——应交增值税（销项税额）　14 400

　　税务处理：《中华人民共和国企业所得税法实施条例》第二十条规定，特许权使用费收入，按照合同约定的特许权使用人应付特许权使用费的日期确认收入的实现。根据上述规定，甲公司应将一次性收取的特许权使用费收入（不含税金额）全额确认为当期企业所得税收入。因此，2019年应调增应纳税所得额12万元，并确认一项递延所得税资产。（甲公司企业所得税税率25%）

　　借：递延所得税资产　　　　　　　　30 000

　　　贷：所得税费用——递延所得税费用　30 000

【相关风险】

未按规定正确调整使用费收入税会差异风险。

1. 会计处理

根据会计准则的规定，企业的特许权使用费收入同时满足下列条件的应当确认收入：一是相关的经济利益能够流入企业；二是收入的金额能够可靠计量。

使用费收入应当按照有关合同或协议约定的收费时间和方法计算确定，不同的使用费收入，收费时间和方法各不相同。一次性收取一笔固定金额的，如一次性收取10年的场地使用费；在合同或协议规定的有效期内分期等额收取，如合同或协议规定在使用期内每期收取一笔固定的金额；分期不等额收取，如合同或协议规定按资产使用方每期销售额的百分比收取使用费等。

如果合同或协议规定一次性收取使用费，且不提供后续服务的，应当视同销售该项资产一次性确认收入；提供后续服务的，应在合同或协议规定的有效期内分期确认收入。如果合同或协议规定分期收取使用费的，应按合同或协议规定的收款时间和金额或规定的收费方法计算确定的金额分期确认收入。

2. 税务处理

《中华人民共和国企业所得税法实施条例》第二十条规定：企业所得税法第六条第（七）项所称特许权使用费收入，是指企业提供专利权、非专利技术、商标权、著作权以及其他特许权的使用权取得的收入。

特许权使用费收入，按照合同约定的特许权使用人应付特许权使用费的日期确认收入的实现。

3. 税会差异

企业确认收入时间和合同约定的支付日期如果分属于两个不同的年度，或者同一年度的会计收入与合同约定的支付金额不同，会产生税会差异，均需按照税法规定进行纳税调整。

4. 风险表现

未按企业所得税收入确认原则确认使用费应税收入，对税会差异未做调整。

（四）财产转让收入税会差异

【案例】2018年1月，甲公司用一处经营用房投资乙公司，占乙公司10%股份，享受股本1 800万元，当月投资协议生效并办理了股权登记手续。经评估经营用房公允价值1 800万元。房屋账面原值1 500万元，累计折旧200万元。

【解析】

会计处理（单位：万元）

借：长期股权投资——乙公司   1 800

    累计折旧   200

    贷：固定资产——房屋   1 500

        固定资产处置收益——非货币资产利得   500

税务处理：企业可选择分期确认非货币性资产转让所得。

（1）《一般企业收入明细表》（营业外收入——非流动资产处置利得）：填报500万元。

（2）《企业重组及递延纳税事项纳税调整明细表》（非货币性资产对外投资）及《纳税调整明细表》（特殊事项调整项目——企业重组）：2018年调减400万元，2019年～2022年，各调增100万元。

【相关风险】

未按规定正确调整财产转让收入税会差异风险。

1. 财产转让收入税收处理相关规定

《关于企业取得财产转让等所得企业所得税处理问题的公告》（国家税务总局公告2010年第19号）第一条规定：企业取得财产（包括各类资产、股权、债权等）转让收入、债务重组收入、接受捐赠收入、无法偿付的应付款收入等，不论是以货币形式、还是非货币形式体现，除另有规定外，均应一次性计入确认收入的年度计算缴纳企业所得税。

《国家税务总局关于非货币性资产投资企业所得税有关征管问题的公告》（国家税务总局公告2015年第33号）第一条规定：实行查账征收的居民企业（以下简称"企业"）以非货币性资产对外投资确认的非货币性资产转让所得，可自确认非货币性资产转让收入年度起不超过连续5个纳税年度的期间内，分期均匀计入相应年度的应纳税所得额，按规定计算缴纳企业所得税。

《财政部、国家税务总局关于非货币性资产投资企业所得税政策问题的通知》（财税〔2014〕116号）第二条规定：企业以非货币性资产对外投资，应对非货币性资产进行评估并按评估后的公允价值扣除计税基础后的余额，计算确认非货币性资产转让所得。

2. 风险表现

非货币性资产对外投资时，未充分利用递延纳税政策。

三、不征税收入处理风险

（一）不征税收入政策适用风险

【案例】甲企业为上市公司，是一家以光伏设备制造业务为核心、光伏设备与晶体硅生长和晶片业务互补发展的高新技术企业，从事研发工作多年，多次获得政府科技进步奖励，公司承担了"国家火炬计划项目"的多项科研立项，2019年度从政府部门获得如下款项。

（1）公司为已立科研项目申请了国家"金太阳工程"财政补助（"金太阳工程"为国家2009年开始实施的支持国内促进光伏发电产业技术进步和规模化发展，培育战略性新兴产业的一项财政补助政策），获得市财政局拨付的1 000万元拨款，公司收到该笔款项时计入专项应付款核算，当年未使用。

（2）收取"某科技园管委会"拨款100万元，计入其他应付款核算。

（3）收取"某科委"拨付研发管理费10万元，计入其他应付款核算。

【解析】

税务稽查人员采用详查法，将所有取得的政府部门拨款全部进行了详细检查，包括查询国家相关政策法规，检查企业提供的纸质资料，询问相关政府部门人员及企业相关人员，并对相关实物资产进行监盘等方法。

企业取得专项用途财政性资金，符合《财政部、国家税务总局关于专项用途财政性资金企业所得税处理问题的通知》（财税〔2011〕70号）文件规定的三个条件，三个条件缺一不可，方可作为不征税收入处理。

第一，"资金拨付文件"应是县级以上（包含县级）政府财政部门及其他部门下发的带有文号的文件（合同和协议不属于该范畴），文件中必须规定该资金的专项用途，明确资金使用的具体项目。取得资金的部门不仅包括财政部门，县级以上各级人民政府的其他部门，比如发改委、科技局、经贸委等部门也包含在内。

第二，"具体使用要求"应该理解为县级以上政府财政部门或其他拨付资金的政府管理部门在相关的文件中，应该有对该项资金具体使用的监督和管理要求。

第三，"单独核算"应为企业将该资金以及该资金形成的支出单独设置明细账或明细科目进行核算，清晰地反映收入及支出的核算情况。

针对（1），税务稽查人员检查了企业提供的市财政局关于"金太阳工程"专项拨款的资料，该资料中具体明确地指出了资金的专项用途，明确了资金使用的具体项目，同时，也规定了该项资金具体使用的监督和管理要求。审查了企业的会计核算，企业针对该项资金设置了专门的明细科目进行会计核算，能够做到清晰地反映项目收入及支出。

针对（2）和（3），税务稽查人员检查了凭证后附的原始单据，仅有银行进账单，进账单上注明了拨款的具体单位名称及金额，除此之外，并未提供其他资料，经多方查证，未能找到与该项资金配套的资金管理办法或具体管理要求。

项目（2）和（3）不符合不征税收入的情况，因此应调增应税收入，因为账面核算时未计入营业外收入，因此账载金额为0元，税收金额为实际收取的金额，纳税调增金额为实际收取的金额。

纳税调整情况如表3-3。

表3-3　纳税调整情况明细表

单位：万元

行次	收入项目	账载金额	税收金额	纳税调增金额
1	收取"某科技园管委会"拨款	0	100	100
2	收取"某市科委"拨款	0	10	10
合计	/	0	110	110

【相关风险】

不符合不征税收入条件按不征税收入处理风险。

1. 不征税收入的相关规定

《财政部、国家税务总局关于专项用途财政性资金企业所得税处理问题的通知》（财税〔2011〕70号）规定如下。

（1）企业从县级以上各级人民政府财政部门及其他部门取得的应计入收入总额的财政性资金，凡同时符合以下条件的，可以作为不征税收入，在计算应纳税所得额时从收入总额中减除。

①企业能够提供规定资金专项用途的资金拨付文件。

②财政部门或其他拨付资金的政府部门对该资金有专门的资金管理办法或具体管理要求。

③企业对该资金以及以该资金发生的支出单独进行核算。

（2）根据实施条例第二十八条的规定，上述不征税收入用于支出所形成的费用，不得在计算应纳税所得额时扣除；用于支出所形成的资产，其计算的折旧、摊销不得在计算应纳税所得额时扣除。

（3）企业将符合本通知第一条规定条件的财政性资金作不征税收入处理后，在5年（60个月）内未发生支出且未缴回财政部门或其他拨付资金的政府部门的部分，应计入取得该资金第六年的应税收入总额；计入应税收入总额的财政性资金发生的支出，允许在计算应纳税所得额时扣除。

2. 风险表现

（1）不符合不征税收入条件按不征税收入处理。

（2）不征税收入用于支出所形成的费用，在计算应纳税所得额时扣除；用于支出所形成的资产，其计算的折旧、摊销在计算应纳税所得额时扣除。

（3）财政性资金作不征税收入处理后，在5年（60个月）内未发生支出且未缴回财政部门或其他拨付资金的政府部门的部分，未计入取得该资金第六年的应税收入总额。

（二）企业选择按照不征税收入处理多交税款风险

【案例1】甲企业（非小型微利企业）2013年发生亏损，截止到2018年底尚有1 000万元亏损未能弥补。2018年取得政府补贴收入1 000万元，当年未支出，于2019年支出100万元。2018年度会计利润为990万元（含政府补贴收入1 000万元）， 2019年度会计利润为200万元（已扣除政府补贴收入对应支出100万元）。假定企业适用25%税率，不考虑其他调整事项。

【解析】

企业存在以前年度未弥补亏损情况。

（1）企业选择按不征税收入处理。则企业2018年调减不征税收入后的应纳税所得额为-10万元（990-1 000），2013年的亏损将不能得到弥补，需交企业所得税0万元。2019年，由于该项补贴收入支出时所形成的费用或资产的折旧与摊销不可在税前扣除，所以企业2019年应纳税所得额为（200+100）=300万元，弥补2018年度亏损10万元后应纳税所得额为290万元，应交企业所得税72.5万元。

（2）企业选择按征税收入处理。则企业2018年度弥补亏损前的应纳税所得额为990万元（含放弃不征税收入处理的1 000万元），弥补2013年度亏损后应纳税所得额为0元，需交企业所得税0元。2019年，该项补贴收入支出时所形成的费用或资产的折旧与摊销可以在税前扣除，所以企业2019年应纳税所得额为200万元，应交企业所得税50万元。

（3）结论

从上述测算可以看出，由于取得的财政性资金在2018年未支出，所以无论选择征税还是不征税，对企业当年度的应纳税所得额没有影响，但是当2019年发生对应支出后，就可以看到企业的应缴税额明显减少。上述案例中，由于存在以前年度未弥补亏损，对取得的财政性资金按不征税收入处理，会多交22.5万元的税款。

【案例2】乙企业（非小型微利企业）2019年从政府部门取得100万元研发专项拨款，当年全部用于新产品设计费支出，在"管理费用——研发费用"科目单独核算归集，与之相匹配的研发成本为80万元。同年该企业征税收入为120万元，相关成本为90万元。

【解析】

企业存在研发费用等享受加计扣除的税收优惠。

（1）企业选择按不征税收入处理。《国家税务总局关于企业研究开发费用税前加计扣除政策有关问题的公告》（国家税务总局公告2015年第97号）第二条第五款规定，企业取得作为不征税收入处理的财政性资金用于研发活动所形成的费用或无形资产，不得计算加计扣除或摊销。

应纳税所得额=120-90=30万元，应交企业所得税=30×25%=7.5万元

（2）企业选择按征税收入处理。研发成本80万元可以加计扣除75%，即可税前扣除80×175%=140万元。

应纳税所得额=120+100-140-90=-10万元，应交企业所得税=0元

（3）结论。

从上述测算可以看出，在存在研发费用等享受加计扣除的税收优惠的情况下，如果企业没有进行详细测算，对财政补助按不征税收入处理，会多交7.5万元的税款。

（三）企业接收政府划入资产的企业所得税处理

【案例1】甲公司与XX省国资委共同投资设立乙合资公司，合资公司注册资本为人民币26亿元，甲公司以现金及资产出资共计人民币16.9亿元，占合资公司注册资本的65%。其中：现金出资人民币7亿元；以双方确认的经评估的相关固定资产的净资产出资人民币9.9亿元；XX省国资委以现金及土地使用权出资共计人民币9.1亿元，占合资公司注册资本的35%。其中：现金出资人民币2亿元；双方确认的部分土地使用权作价出资，总价为人民币7.1亿元。

【解析】

会计处理（单位：亿元）

合资公司的会计处理如下：

借：银行存款　　　　　　　　　　　　　9

　　固定资产　　　　　　　　　　　　　9.9

　　无形资产——土地使用权　　　　　　7.1

　　贷：实收资本——甲公司　　　　　　　16.9

　　　　　　——XX省国资委　　　　　　9.1

税务处理：根据国家税务总局公告2014年第29号第一条的规定，在本案例中，XX省国资委明确将国有资产9.1亿元以股权投资的方式投入企业，企业将其作为国有资本金处理，无需作为企业所得税收入处理，其中部分土地使用权，政府确定的接收价值为7.1亿元，未来合资公司以7.1亿元作为XX省国资委投入土地使用权的计税基础。

【相关风险】

县级以上人民政府将国有资产明确以股权投资方式投入企业，企业相关处理出现错误风险。

1. 相关政策规定

《国家税务总局关于企业所得税应纳税所得额若干问题的公告》（国家税务总局公告2014年第29号）第一条规定，企业接收政府划入资产的企业所得税处理：（一）县级以上人民政府（包括政府有关部门，下同）将国有资产明确以股权投资方式投入企业，企业应作为国家资本金（包括资本公积）处理。该项资产如为非货币性资产，应按政府确定的接收价值确定计税基础。

2. 风险提醒

执行该规定要注意三点：一是企业必须获取县级以上人民政府明确以股权投资方式投入企业的相关批文及股东各方签订的投资协议。二是企业应根据投入的不同资产分别作相应的会计处理，如借"银行存款""固定资产""无形资产"等科目，贷"实收资本""资本公积"科目。如果投入资产的价值超过了应该投入的国家资本金，其差额应作为资本溢价（或股本溢价），作贷"资本公积——资本溢价或股本溢价"科目。三是如果投入资产为非货币性资产，则应以政府相关批文或文件上确定的接收价值确定计税基础，并以此作为今后对相关资产进行折旧、摊销、转让、处置等税前扣除的依据。

【案例2】甲公司于2019年12月购置一批科研设备。当月底，甲公司收到当地政府财政性资金150万元，符合不征税收入确认条件，作为购置设备的补助。该批设备不含税价为400万元，以直线法计提折旧，折旧年限10年，不考虑残值。

【解析】

1. 总额法核算

（1）会计核算。

①企业购置设备时。

借：固定资产　　　　　　　　　　　　　4 000 000

　　应交税费——应交增值税（进项税额）　520 000

　　　贷：银行存款　　　　　　　　　　　4 520 000

②企业收到政府补助时。

借：银行存款　　　　　　　　　　　　　1 500 000

　　　贷：递延收益　　　　　　　　　　　1 500 000

③2020年1～12月计提折旧40万元。

借：研发支出——费用化支出　　　　　　400 000

　　　贷：累计折旧　　　　　　　　　　　400 000

④2020年1～12月摊销递延收益15万元，由于购置科研设备取得政府补助属于与企业日常活动有关的政府补助，企业应计入"其他收益"科目。

借：递延收益　　　　　　　　　150 000

　　　贷：其他收益　　　　　　　150 000

⑤2020年1～12月结转研发费用40万元。

借：管理费用　　　　　　　　　400 000

　　　贷：研发支出——费用化支出　　400 000

（2）纳税调整。

2020年会计确认其他收益的15万元应作纳税调减处理。财政性资金支出形成的固定资产折旧15万元不得在税前扣除，作纳税调增处理。超过财政性资金对应的固定资产部分计提的折旧25万元可以税前扣除。

2. 净额法核算

会计核算。

①企业购置设备时。

借：固定资产   4 000 000

  应交税费——应交增值税（进项税额）520 000

   贷：银行存款   4 520 000

②企业收到政府补助时。

借：银行存款   1 500 000

   贷：递延收益   1 500 000

③属于与资产相关的政府补助冲减固定资产的账面价值。

借：递延收益   1 500 000

   贷：固定资产   1 500 000

④2020年1～12月计提折旧。

借：研发支出——费用化支出   250 000

   贷：累计折旧   250 000

⑤2020年1～12月结转研发费用25万元

借：管理费用   250 000

   贷：研发支出——费用化支出 250 000

税会无差异，无需调整。

【相关风险】

县级以上人民政府将国有资产无偿划入企业并指定专门用途，企业所得税处理出现错误风险

1. 相关政策规定

《国家税务总局关于企业所得税应纳税所得额若干问题的公告》（国家税务总局公告2014年第29号）第一条规定，企业接收政府划入资产的企业所得税处理：（二）县级以上人民政府将国

有资产无偿划入企业，凡指定专门用途并按《财政部、国家税务总局关于专项用途财政性资金企业所得税处理问题的通知》（财税〔2011〕70号）规定进行管理的，企业可作为不征税收入进行企业所得税处理。其中，该项资产属于非货币性资产的，应按政府确定的接收价值计算不征税收入。

2．风险提醒

财税〔2011〕70号文中规定，对企业从县级以上各级人民政府财政部门及其他部门取得的应计入收入总额的财政性资金，凡同时符合以下条件的，可以作为不征税收入，在计算应纳税所得额时从收入总额中减除：一是企业能够提供规定资金专项用途的资金拨付文件；二是财政部门或其他拨付资金的政府部门对该资金有专门的资金管理办法或具体管理要求；三是企业对该资金以及以该资金发生的支出单独进行核算。

（四）直接减免的增值税和即征即退、先征后退、先征后返的各种税收处理风险

【案例】税务机关在对某安置残疾人就业的福利企业进行检查时发现，该企业将收到的即征即退的增值税、财政返还的耕地占用税计入"资本公积"科目。

【解析】

根据《财政部、国家税务总局关于财政性资金、行政事业性收费、政府性基金有关企业所得税政策问题的通知》（财税〔2008〕151号）第一条"企业取得的各类财政性资金，除属于国家投资和资金使用后要求归还本金的以外，均应计入企业当年收入总额"之规定，该企业将收到的即征即退的增值税、财政返还的耕地占用税计入企业当年收入总额。

【相关风险】

直接减免的增值税和即征即退、先征后退、先征后返的各种税收处理错误风险。

1. 相关规定

《财政部、国家税务总局关于财政性资金、行政事业性收费、政府性基金有关企业所得税政策问题的通知》（财税〔2008〕151号）第一条规定，企业取得的各类财政性资金，除属于国家投资和资金使用后要求归还本金的以外，均应计入企业当年收入总额。

对企业取得的由国务院财政、税务主管部门规定专项用途并经国务院批准的财政性资金，准予作为不征税收入，在计算应纳税所得额时从收入总额中减除。

本条所称财政性资金，是指企业取得的来源于政府及其有关部门的财政补助、补贴、贷款贴息，以及其他各类财政专项资金，包括直接减免的增值税和即征即退、先征后退、先征后返的各种税收，但不包括企业按规定取得的出口退税款；本条所称国家投资，是指国家以投资者身份投入企业、并按有关规定相应增加企业实收资本（股本）的直接投资。

2. 风险表现

（1）取得的直接减免的增值税和即征即退、先征后退、先征后返的各种税收未计入企业当年收入总额；

（2）取得的直接减免的增值税和即征即退、先征后退、先征后返的各种税收不符合不征税收入条件，按不征税收入处理。

四、免税收入处理风险

（一）免税收入相关规定

《中华人民共和国企业所得税法》（中华人民共和国主席令第

六十三号）第二十六条规定，企业的下列收入为免税收入：

①国债利息收入；

②符合条件的居民企业之间的股息、红利等权益性投资收益；

③在中国境内设立机构、场所的非居民企业从居民企业取得与该机构、场所有实际联系的股息、红利等权益性投资收益；

④符合条件的非营利组织的收入。

（二）国债利息收入免税处理

【案例】2019年1月，甲公司购入1000张国务院财政部门发行的国债，共计100万元，票面利率4.5%，期限5年，分期付息一次还本，作为持有至到期投资核算，每年末收取国债利息45 000元。

【解析】

国债利息收入的税务处理和会计处理如下。

（1）企业所得税处理：2019年汇算清缴时，将45 000元国债利息收入填入主表和附表A107010《免税、减计收入及加计扣除优惠明细表》第2行国债利息收入，进行纳税调减。

（2）增值税处理：按照《财政部、国家税务总局关于全面推开营业税改征增值税试点的通知》（财税〔2016〕36号）文件的规定，国债、地方政府债券利息收入属于免税项目。

（3）会计处理：按照《财政部关于印发〈增值税会计处理规定〉的通知》（财会〔2016〕22号）文件有关减免增值税的账务处理的规定，对于当期直接减免的增值税，借记"应交税费——应交增值税（减免税款）"科目，贷记损益类相关科目，会计处理如下。

计算国债利息收入时：

借：应收利息　　　　　　　　　　　　　45 000

　　贷：投资收益　　　　　　　　　　　　42 452.83

　　　　应交税费——应交增值税（销项税额）　2 547.17

国债利息收入免税：

借：应交税费——应交增值税（减免税款）　　2 547.17

　　　贷：营业外收入——其他收益　　　　　　　2 547.17

实际收到利息时：

借：银行存款　　　　　　　　　　　　　45 000

　　　贷：应收利息　　　　　　　　　　　　45 000

【相关风险】

国债利息收入免税处理错误风险。

1. 相关规定

（1）《中华人民共和国企业所得税法实施条例》（中华人民共和国国务院令第512号）第八十二条规定：企业所得税法第二十六条第（一）项所称国债利息收入，是指企业持有国务院财政部门发行的国债取得的利息收入。

（2）《企业所得税法实施条例》第八十二条释义摘要：本条是关于享受企业所得税免税优惠政策的国债利息收入的具体范围的规定。本条是对企业所得税法第二十六条第（一）项内容的细化。

企业所得税法第二十六条第（一）项规定，国债利息收入为企业的免税收入。享受免税待遇的国债利息收入，不包括持有外国政府国债取得的利息收入，也不包括持有企业发行的债券取得的利息收入，而仅限于持有中国中央政府发行的国债，即国务院财政部门发行的国债取得的利息收入。当购买外国政府发行的国债时，依照本条的规定，这种由外国政府发行的国债的利息收入不能享受中国的企业所得税免税优惠，而应当计入收入总额缴纳企业所得税。

（3）《财政部、国家税务总局关于地方政府债券利息免征所得税问题的通知》（财税〔2013〕5号）第一条规定，对企业和个人取得的2012年及以后年度发行的地方政府债券利息收入，免征企业所得税和个人所得税。地方政府债券是指经国务院批准同意，以省、自治区、直辖市、计划单列市政府为发行和偿还主体的债券。

2. 风险提醒

（1）国债专指财政部代表中央政府发行的国家公债。国务院财政部门发行的国债种类繁多。国债市场分为两个层次，一是国债发行市场，也称一级市场。二是国债流通市场，也称为二级市场。企业购买国债，不管是一级市场还是二级市场购买，其利息收入均享受免税优惠。但需要指出的是，对于企业在二级市场转让国债获得的收入，还需作为转让财产收入计算缴纳企业所得税。

企业到期前转让国债，或者从非发行者投资购买的国债，其持有期间尚未兑付的国债利息收入，免征企业所得税。

尚未兑付的国债利息收入＝国债金额×（适用年利率÷365）×持有天数

企业转让或到期兑付国债取得的价款，减除其购买国债成本，并扣除其持有期间尚未兑付的国债利息收入、交易过程中相关税费后的余额，为企业转让国债收益（损失），应按规定纳税。

（2）享受免税待遇的国债利息收入，不包括持有外国政府国债取得的利息收入，也不包括持有企业发行的债券取得的利息收入，而仅限于持有中国中央政府发行的国债，即国务院财政部门发行的国债取得的利息收入。

（三）"权益性投资收益"免税处理

【案例】2019年12月，甲公司（居民企业）取得对乙公司（居民企业、上市公司）的长期股权投资收益（2017年1月投资）600 000元，存入银行（甲公司对乙公司投资5 000万元，投资比例10%）。

【解析】

（1）会计处理如下。

借：银行存款　　　　　　 600 000

　　贷：投资收益　　　　　　 600 000

（2）企业所得税处理：2019年度企业所得税汇算清缴时，将600 000元投资收益填入主表、附表A107010《免税、减计收入及加计扣除优惠明细表》第3行和A107011《符合条件的居民企业之间的股息、红利等权益性投资收益优惠明细表》的相关栏次，进行纳税调减处理。

【相关风险】

"权益性投资收益"免税处理错误风险。

1．相关规定

（1）《中华人民共和国企业所得税法实施条例》（中华人民共和国国务院令第512号）第八十三条规定：企业所得税法第二十六条第（二）项所称符合条件的居民企业之间的股息、红利等权益性投资收益，是指居民企业直接投资于其他居民企业取得的投资收益。企业所得税法第二十六条第（二）项和第（三）项所称股息、红利等权益性投资收益，不包括连续持有居民企业公开发行并上市流通的股票不足12个月取得的投资收益。

（2）《企业所得税法实施条例》第八十三条释义摘要：本条是关于企业所得税法规定享受免税优惠的"权益性投资收益"的具体范围的规定。

《企业所得税法实施条例》第二十六条第（二）项规定："符合条件的"居民企业之间的股息、红利等权益性投资收益，为企业的免税收入。第（三）项规定：在中国境内设立机构、场所的非居民企业从居民企业取得与该机构、场所有实际联系的股息、红利等权益性投资收益，为免税收入。企业所得税法的上述规定，有两个方面的内容需要实施条例予以明确：一是居民企业之间股息、红利等权益性投资收益免税，到底需要符合什么条件？二是对非居民企业取得的股息、红利等权益性投资收益免税，需要符合什么条件？本条从两个方面回答了企业所得税法第二十六条第（二）项和第（三）项涉及的问题。

2. 股息、红利等权益性投资收益免税的条件

（1）居民企业之间的股息、红利等权益性投资收益免税的条件。

可以享受免税优惠的居民企业之间的股息、红利等权益性投资收益，需要具备两个条件：

第一，仅限于居民企业直接投资于其他居民企业取得的投资收益。这一条件限制既排除了居民企业之间的非直接投资所取得的权益性收益，又排除了居民企业对非居民企业的权益性投资收益。

直接投资一般是指投资者将货币资金直接投入投资项目，形成实物资产或者购买现有企业的投资。通过直接投资，投资者便可以拥有全部或一定数量的被投资企业的资产及经营所有权，直接进行或参与对被投资企业的经营管理。直接投资的主要形式包括：①投资者开办独资企业，并独自经营；②与其他企业合作开办合资企业或合作企业，从而取得各种直接经营企业的权利，并派人员进行管理或参与管理；③投资者投入资本，不参与经营，必要时可派人员任顾问或指导；④投资者在股票市场上买入现有企业一定数量的股票，通过股权获得全部或相当部分的经营权，从而达到收购该企业的目的。

第二，不包括连续持有居民企业公开发行并上市流通的股票不足12个月而取得的权益性投资收益。连续持有被投资企业公开发行并上市流通的股票的时间不足12个月的投资，具有较大的投机成分，因而不在优惠范围之内。

（2）非居民企业从居民企业取得的股息、红利等权益性投资

收益免税的条件。

依照本条以及本实施条例第一条的规定，非居民企业从居民企业取得的股息、红利等权益性投资收益，如果要享受免税优惠，也需要具备以下两个条件：

第一，非居民企业从居民企业取得的股息、红利等权益性投资收益，需要与其在境内设立的机构、场所有实际联系。本实施条例第一章规定，与其在境内设立的机构、场所有实际联系，是指该机构、场所拥有、控制据以取得所得的股权等，也就是说，非居民企业从居民企业取得的股息、红利等权益性投资收益，是通过其在境内设立的机构、场所拥有、控制的股权而取得的与发生在居民企业之间的情况相类似，这类股息、红利收益也是从被投资的居民企业的税后利润中分配的，因此已经缴纳过企业所得税，如果再将其并入前述非居民企业的应税收入中征税，也存在同一经济来源所得的重复征税问题，因此企业所得税法第二十六条第（三）项作了上述规定。

如果不符合上述条件，就不得依照本条的规定享受免税优惠，而只能依照企业所得税法第二十七条第（五）项的规定和本实施条例第九十一条的规定，按照预提税的有关规定享受减税或者免税优惠。

第二，非居民企业从居民企业取得的与其所设机构、场所有实际联系的股息、红利等权益性投资收益，能够享受免税优惠的，也不包括对居民企业公开发行并上市流通的股票进行短期炒作而取得的权益性投资收益。短期炒作的具体标准，也是连续持有被投资企业公开发行并上市流通的股票的时间不足12个月取得的权益性投资收益。

3. 风险表现

不符合免税条件的投资收益按免税处理。

五、股权转让收入处理风险

【案例】A公司2017年1月1日投资100万元给B企业,占B企业股权比例20%。2018年,B企业实现税后利润50万元,A企业应享有其中20%即10万元。2019年1月,A企业将该股权转让给C公司,当月取得转让收入120万元。2019年2月,A企业股权在工商部门办理股权变更登记为C公司。该企业按照120-10-100=10万元确认股权转让所得。

【解析】

企业在计算股权转让所得时,不得扣除被投资企业未分配利润等股东留存收益中按该项股权所可能分配的金额。即不得扣除10万元,因此该企业计算股权转让所得有误。

股权转让所得=120-100=20万元。

【相关风险】

股权转让收入处理错误风险。

1. 股权转让所得确认的相关规定

《国家税务总局关于贯彻落实企业所得税法若干税收问题的通知》(国税函〔2010〕79号)规定,关于股权转让所得确认和计算问题:企业转让股权收入,应于转让协议生效且完成股权变更手续时,确认收入的实现。转让股权收入扣除为取得该股权所发生的成本后,为股权转让所得。企业在计算股权转让所得时,不得扣除被投资企业未分配利润等股东留存收益中按该项股权所可能分配的金额。

2. 风险表现

(1)股权转让所得确认错误。

(2)企业在计算股权转让所得时,扣除了被投资企业未分配利润等股东留存收益中按该项股权所可能分配的金额。

（3）未按规定时间确认股权转让所得。

六、视同销售收入处理风险

【案例】某企业为增值税一般纳税人，2020年2月，其通过具有税前扣除资格的某公益性组织捐赠了一批用于应对新型冠状病毒感染的肺炎疫情的医疗防护用品，并取得公益性捐赠票据，该批医疗防护用品的生产成本60万元（假设对应进项税额为5万元），不含增值税的市场价格为80万元。该公司当年利润总额500万元。

【解析】

根据《财政部、国家税务总局公告2020年第9号》规定，该企业通过公益性社会组织或者县级以上人民政府及其部门等国家机关，捐赠用于应对新型冠状病毒感染的肺炎疫情的物品，允许在计算应纳税所得额时全额扣除。

1. 会计处理

该企业进行会计核算时，由于对外捐赠而引起企业相关资产的流出事项并不符合销售收入确认的条件，企业不会因为捐赠而增加现金流入，也不会增加企业的利润，因此不作为销售进行处理。

《财政部、国家税务总局公告2020年第9号》规定：单位和个体工商户将自产、委托加工或购买的货物，通过公益性社会组织和县级以上人民政府及其部门等国家机关，或者直接向承担疫情防治任务的医院，无偿捐赠用于应对新型冠状病毒感染的肺炎疫情的，免征增值税。因此，无偿捐赠货物免增值税，但对应的进项税额应做转出处理。

借：营业外支出   650 000

　　贷：库存商品   600 000

　　　　应交税费——应交增值税（进项税额转出）   50 000

2. 税收处理

（1）捐赠货物视同销售企业所得税处理：确认视同销售收入、销售成本。

根据《国家税务总局关于企业处置资产所得税处理问题的通知》（国税函〔2008〕828号）第二条第（五）款规定，企业将资产移送他人用于对外捐赠，因资产所有权属已发生改变而不属于内部处置资产，应按规定确认视同销售收入80万元。

根据《国家税务总局关于企业所得税有关问题的公告》（国家税务总局公告2016年第80号）第二条，企业发生《国家税务总局关于企业处置资产所得税处理问题的通知》（国税函〔2008〕828号）对外捐赠的情形，应确认视同销售成本65万元。

（2）税收捐赠支出确定。

根据《财政部、国家税务总局、民政部关于公益性捐赠税前扣除有关问题的通知》（财税〔2008〕160号）第九条规定，接受捐赠的非货币性资产，应当以其公允价值计算。捐赠方应当提供注明捐赠非货币性资产公允价值的证明，如果不能提供上述证明，公益性社会团体和县级以上人民政府及其组成部门和直属机构不得向其开具公益性捐赠票据。

《财政部、国家税务总局、民政部关于公益性捐赠税前扣除有关问题的补充通知》（财税〔2010〕45号）第五条规定，对于通过公益性社会团体发生的公益性捐赠支出，企业或个人应提供省级以上（含省级）财政部门印制并加盖接受捐赠单位印章的公益性捐赠票据，或加盖接受捐赠单位印章的《非税收入一般缴款书》收据联，方可按规定进行税前扣除。

《公益事业捐赠票据使用管理暂行办法》第三条规定，捐赠票据是捐赠人对外捐赠并根据国家有关规定申请捐赠款项税前扣除的有效凭证。

从上述规定可以看出，企业捐赠支出的合法依据是捐赠票据，且捐赠票据的金额是公允价值，因此，企业在税收上的捐赠支出应按公允价值和相关税费确定，那么A公司税收上确认的捐赠支出应为80万元。

③税会差异处理。

由于会计上列支的营业外支出为65万元，因此，调减应纳税所得额15万元（此处的调减15万元恰好与视同销售调增的15万元抵消）。

备注：《A105000 纳税调整项目明细表》第30行"（十七）其他"内容为：填报其他因会计处理与税收规定有差异需纳税调整的扣除类项目金额，企业将货物、资产、劳务用于捐赠、广告等用途时，进行视同销售纳税调整后，对应支出的会计处理与税收规定有差异需纳税调整的金额填报在本行。因此，本行账载金额填65万元，税收金额填80万元，纳税调减15万元。

【相关风险】

视同销售收入处理错误风险。

1. 视同销售基本原则

（1）《企业所得税法实施条例》第二十五条规定：企业发生非货币性资产交换，以及将货物、财产、劳务用于捐赠、偿债、赞助、集资、广告、样品、职工福利或者利润分配等用途的，应当视同销售货物、转让财产或者提供劳务，但国务院财政、税务主管部门另有规定的除外。

企业所得税中视同销售以资产的权属变更作为判断依据，因此，资产在纳税人内部使用，无需确认视同销售收入。《国家税务总局关于企业处置资产所得税处理问题的通知》（国税函〔2008〕

828号）第二条规定：企业将资产移送他人的下列情形，因资产所有权属已发生改变而不属于内部处置资产，应按规定视同销售确定收入。（一）用于市场推广或销售；（二）用于交际应酬；（三）用于职工奖励或福利；（四）用于股息分配；（五）用于对外捐赠；（六）其他改变资产所有权属的用途。

（2）《国家税务总局关于企业处置资产所得税处理问题的通知》（国税函〔2008〕828号）第一条规定：企业发生下列情形的处置资产，除将资产转移至境外以外，由于资产所有权属在形式和实质上均不发生改变，可作为内部处置资产，不视同销售确认收入，相关资产的计税基础延续计算。（一）将资产用于生产、制造、加工另一产品；（二）改变资产形状、结构或性能；（三）改变资产用途（如，自建商品房转为自用或经营）；（四）将资产在总机构及其分支机构之间转移；（五）上述两种或两种以上情形的混合；（六）其他不改变资产所有权属的用途。

（3）《国家税务总局关于企业所得税有关问题的公告》（国家税务总局公告2016年第80号）第二条企业移送资产所得税处理问题：企业发生《国家税务总局关于企业处置资产所得税处理问题的通知》（国税函〔2008〕828号）第二条规定情形的，除另有规定外，应按照被移送资产的公允价值确定销售收入。

2. 房地产视同销售

《国家税务总局关于印发〈房地产开发经营业务企业所得税处理办法〉的通知》（国税发〔2009〕31号）第七条规定：企业将开发产品用于捐赠、赞助、职工福利、奖励、对外投资、分配给股东或投资人、抵偿债务、换取其他企事业单位和个人的非货币性资产等行为，应视同销售，于开发产品所有权或使用权转移，或于实际取得利益权利时确认收入（或利润）的实现。确认收入（或利润）

的方法和顺序为：

（1）按本企业近期或本年度最近月份同类开发产品市场销售价格确定。

（2）由主管税务机关参照当地同类开发产品市场公允价值确定。

（3）按开发产品的成本利润率确定。开发产品的成本利润率不得低于15%，具体比例由主管税务机关确定。

第三节　企业所得税税前扣除税务风险点

一、企业所得税税前扣除凭证风险

（一）未按规定取得合法税前扣除凭证风险

【案例1】海南省高级人民法院行政判决书（2013）琼行提字第3号载明（与扣除凭证无关判决内容省略，下同），申请再审人（一审被告、二审被上诉人）海南省国税局第三稽查局在检查该公司账簿凭证时发现，该公司购进的原材料及发生的费用为33 573 788.15元，未取得发票，并在申报2009年度企业所得税税前扣除，应调增应纳税所得额。被申请人（一审原告、二审上诉人）海南鑫海建材有限公司则认为，公司的生产成本费用是客观存在的，应当在应纳税所得额中予以扣减。

一审法院认为，海南省国税局第三稽查局认定鑫海公司购买货物未按规定取得发票，不得税前扣除是正确的，对其未取得发票部分不允许税前扣除的处理是适当的，故驳回鑫海公司的诉讼请求。二审法院认为，未取得发票的支出不得作税前扣除的主张于法无据，为此调增应纳税所得额的处理决定不当，撤销该项税务处理决定。

　　海南省高级人民法院认为，从现行税收法律法规来看，发票并不是唯一合法有效的凭证，款项支付对象不同，对合法有效凭证的要求也不一样。用于购买原材料，支付的对象是我国境内的单位或个人，且上述单位或个人生产销售的原材料是属于增值税征税范围的，应当以发票作为唯一合法有效的凭证。本案再审，维持一审判决。

　　【案例2】甲公司找了一位保洁阿姨打扫办公楼，给她400元报酬，这400元支出税前扣除是否需要增值税发票？

　　【解析】

　　《企业所得税税前扣除凭证管理办法》第九条规定，企业在境内发生的支出项目属于增值税应税项目的，对方为依法无需办理税务登记的单位或者从事小额零星经营业务的个人，其支出以税务机关代开的发票或者收款凭证及内部凭证作为税前扣除凭证，收款凭证应载明收款单位名称、个人姓名及身份证号、支出项目、收款金额等相关信息。

　　小额零星经营业务的判断标准是个人从事应税项目经营业务的销售额不超过增值税相关政策规定的起征点。《增值税暂行条例实施细则》第三十七条规定，增值税起征点的适用范围限于个人。增值税起征点的幅度规定如下：

　　①销售货物的，为月销售额5 000元～20 000元；

　　②销售应税劳务的，为月销售额5 000元～20 000元；

　　③按次纳税的，为每次（日）销售额300元～500元。

　　对于甲公司来说，由于只支付了保洁阿姨400元报酬，未达增值税起征点，因此，可以以税务机关代开的发票或者收款凭证及内部凭证作为税前扣除凭证，收款凭证应载明个人姓名及身份证号、支出项目、收款金额等相关信息。

【相关风险】

未按规定取得合法税前扣除凭证风险。

1. 税前扣除凭证相关规定

《企业所得税税前扣除凭证管理办法》（国家税务总局公告2018年第28号）第五条规定，企业发生支出，应取得税前扣除凭证，作为计算企业所得税应纳税所得额时扣除相关支出的依据。

第七条规定，企业应将与税前扣除凭证相关的资料，包括合同协议、支出依据、付款凭证等留存备查，以证实税前扣除凭证的真实性。

第九条规定，企业在境内发生的支出项目属于增值税应税项目（以下简称"应税项目"）的，对方为已办理税务登记的增值税纳税人，其支出以发票（包括按照规定由税务机关代开的发票）作为税前扣除凭证；对方为依法无需办理税务登记的单位或者从事小额零星经营业务的个人，其支出以税务机关代开的发票或者收款凭证及内部凭证作为税前扣除凭证，收款凭证应载明收款单位名称、个人姓名及身份证号、支出项目、收款金额等相关信息。

小额零星经营业务的判断标准是个人从事应税项目经营业务的销售额不超过增值税相关政策规定的起征点。

税务总局对应税项目开具发票另有规定的，以规定的发票或者票据作为税前扣除凭证。

第十二条规定，企业取得私自印制、伪造、变造、作废、开票方非法取得、虚开、填写不规范等不符合规定的发票，以及取得不符合国家法律、法规等相关规定的其他外部凭证，不得作为税前扣除凭证。

第十三条规定，企业取得不合规发票、不合规其他外部凭证的，若支出真实且已实际发生，应当在当年度汇算清缴期结束前，要求对方换开发票、其他外部凭证。换开后的发票、其他外部凭证符合规定的，可以作为税前扣除凭证。

第十五条规定，汇算清缴期结束后，税务机关发现企业取得不合规发票、不合规其他外部凭证并且告知企业的，企业应当自被告知之日起60日内换开符合规定的发票、其他外部凭证。其中，因对方特殊原因无法换开发票、其他外部凭证的，企业应当按照本办法第十四条的规定，自被告知之日起60日内提供可以证实其支出真实性的相关资料。

2. 风险表现

取得或换开的税前扣除凭证不符合相关规定，不能在税前扣除。

（二）未及时取得合法税前扣除凭证风险

【案例】某企业（非小型微利企业）2019年发生一笔咨询费用10万元，由于未取得有效凭证，汇算清缴时进行了调增处理。调整后企业所得税应纳税所得额为5万元，适用25%的企业所得税税率，缴纳企业所得税1.25万元。企业于2020年7月取得了此笔费用的有效凭证。2020年该企业应纳税所得额为40万元，适用25%的企业所得税税率。

【解析】

2020年7月取得10万元咨询费用的有效凭证后，可在2019年度追补扣除。追补扣除后，应纳税所得额=5−10=−5万元

2019年度已交企业所得税1.25万元

2020年应纳税所得额为40万元，可弥补2019年亏损−5万元，弥补后应纳税所得额=40−5=35万元

2020年应交企业所得税=35×25%=8.75万元，可抵减2019年

已交企业所得税1.25万元

2020年实交企业所得税=8.75-1.25=7.5万元

【相关风险】

未及时取得合法税前扣除凭证风险。

1. 税前扣除凭证相关规定

（1）《企业所得税税前扣除凭证管理办法》（国家税务总局公告2018年第28号）第六条规定，企业应在当年度企业所得税法规定的汇算清缴期结束前取得税前扣除凭证。

第十四条规定，企业应当取得而未取得发票、其他外部凭证，若支出真实且已实际发生，应当在当年度汇算清缴期结束前，要求对方补开发票、其他外部凭证。补开后的发票、其他外部凭证符合规定的，可以作为税前扣除凭证。

第十六条规定，企业在规定的期限未能补开符合规定的发票、其他外部凭证，并且未能按照本办法第十四条的规定提供相关资料证实其支出真实性的，相应支出不得在发生年度税前扣除。

第十七条规定，除发生本办法第十五条规定的情形外，企业以前年度应当取得而未取得发票、其他外部凭证，且相应支出在该年度没有税前扣除的，在以后年度取得符合规定的发票、其他外部凭证或者按照本办法第十四条的规定提供可以证实其支出真实性的相关资料，相应支出可以追补至该支出发生年度税前扣除，但追补年限不得超过5年。

（2）《国家税务总局关于企业所得税若干问题的公告》（国家税务总局公告2011年第34号）第六条规定，企业当年度实际发生的相关成本、费用，由于各种原因未能及时取得该成本、费用的有效凭证，企业在预缴季度所得税时，可暂按账面发生金额进行核算；但在汇算清缴时，应补充提供该成本、费用的有效凭证。

（3）《国家税务总局关于企业所得税应纳税所得额若干税务处理问题的公告》（国家税务总局公告2012年第15号）第六条规定，根据《中华人民共和国税收征收管理法》的有关规定，对企业发现以前年度实际发生的、按照税收规定应在企业所得税前扣除而未扣除或者少扣除的支出，企业做出专项申报及说明后，准予追补至该项目发生年度计算扣除，但追补确认期限不得超过5年。

企业由于上述原因多缴的企业所得税税款，可以在追补确认年度企业所得税应纳税款中抵扣，不足抵扣的，可以向以后年度递延抵扣或申请退税。

亏损企业追补确认以前年度未在企业所得税前扣除的支出，或盈利企业经过追补确认后出现亏损的，应首先调整该项支出所属年度的亏损额，然后再按照弥补亏损的原则计算以后年度多缴的企业所得税款，并按前款规定处理。

2．风险表现

未及时取得或补开税前扣除凭证，相应支出不能在税前扣除。

（三）补开、换开税前扣除凭证风险

【案例】甲企业2018年9月从乙公司购买咨询服务，价税合计1.06万元，未取得对方开具的发票，但在2018年度企业所得税税前扣除。2020年10月，税务机关检查该企业时发现该笔费用无合法税前扣除凭证，要求甲企业在60日内补开符合规定的发票。但因乙公司注销无法补开发票，税务机关要求甲企业提供可以证实其支出真实性的相关资料。甲企业在60日内提供了无法补开发票的证明资料（乙公司工商注销的证明资料）、相关业务活动的合同及企业会计核算记录以及其他资料。但因当时采取的是现金方式付款，所以无法提供采用非现金方式支付的付款凭证。最终，此笔费用进行了纳税调增。

【相关风险】

补开、换开税前扣除凭证风险。

1. 补开、换开税前扣除凭证相关规定

《企业所得税税前扣除凭证管理办法》（国家税务总局公告2018年第28号）第十四条规定，企业在补开、换开发票、其他外部凭证过程中，因对方注销、撤销、依法被吊销营业执照、被税务机关认定为非正常户等特殊原因无法补开、换开发票、其他外部凭证的，可凭以下资料证实支出真实性后，其支出允许税前扣除。

（1）无法补开、换开发票、其他外部凭证原因的证明资料（包括工商注销、机构撤销、列入非正常经营户、破产公告等证明资料）。

（2）相关业务活动的合同或者协议。

（3）采用非现金方式支付的付款凭证。

（4）货物运输的证明资料。

（5）货物入库、出库内部凭证。

（6）企业会计核算记录以及其他资料。

前款第一项至第三项为必备资料。

2. 风险表现

（1）支付款项时相关资料未完整留存，或采取现金方式支付款项，导致在无法补开、换开发票、其他外部凭证时，也无法凭相关资料证实支出真实性，其支出无法税前扣除。

注意，《办法》第十四条规定的六类资料中，第三项必备资料为"采用非现金方式支付的付款凭证"。在对方法律主体消失或者处于"停滞"状态的情况下，现金方式支付的真实性将无从考证，为此《办法》对支付方式做出了限制性规定。采用非现金方式支付的付款凭证是一个相对宽泛的概念，既包括银行等金融机构的各类支付凭证，也包括支付宝、微信支付等第三方支付账单或支付凭证等。

（2）税务机关发现企业应当取得而未取得发票、其他外部凭证并且告知企业的，企业未在自被告知之日起60日内补开符合规定的发票、其他外部凭证。其中，因对方特殊原因无法补开发票、其他外部凭证的，其支出无法在税前扣除。

（四）共同支出分摊风险

【案例1】集团母公司委托某科研公司开发某项技术，由集团母公司支付1 000万元，母公司将上述1 000万元中的400万元分配给集团子公司承担。

【解析】

《财政部、国家税务总局、科技部关于完善研究开发费用税前加计扣除政策的通知》（财税〔2015〕119号）规定，企业集团根据生产经营和科技开发的实际情况，对技术要求高、投资数额大，需要集中研发的项目，其实际发生的研发费用，可以按照权利和义务相一致、费用支出和收益分享相配比的原则，合理确定研发费用的分摊方法，在受益成员企业间进行分摊，由相关成员企业分别计算加计扣除。

《企业所得税税前扣除凭证管理办法》第十八条规定，企业与其他企业（包括关联企业）、个人在境内共同接受应纳增值税劳务发生的支出，采取分摊方式的，应当按照独立交易原则进行分摊，企业以发票和分割单作为税前扣除凭证，共同接受应税劳务的其他企业以企业开具的分割单作为税前扣除凭证。

因此，该集团母公司以某科研公司开具的1 000万元发票及分割单400万元入账，按600万元在税前扣除，而集团子公司直接以母公司开具的分割单400万元在税前扣除。

【案例2】甲公司将自有二层办公楼的一层出租给乙公司，当月供电局开具增值税专用发票1 130元给甲公司。

【解析】

《企业所得税税前扣除凭证管理办法》第十九条规定，企业租用办公、生产用房等资产发生的水、电、燃气、冷气、暖气、通信线路、有线电视、网络等费用，出租方作为应税项目开具发票的，企业以发票作为税前扣除凭证；出租方采取分摊方式的，企业以出租方开具的其他外部凭证作为税前扣除凭证。

因此，甲公司给乙公司开发票的，乙公司以甲公司开具的发票为税前扣除凭证。甲公司采取分摊方式的，乙公司以甲公司开具的分割单等外部凭证作为税前扣除凭证。

【相关风险】

共同支出分摊风险。

1．共同支出分摊相关规定

（1）《企业所得税税前扣除凭证管理办法》第十八条规定，企业与其他企业（包括关联企业）、个人在境内共同接受应纳增值税劳务发生的支出，采取分摊方式的，应当按照独立交易原则进行分摊，企业以发票和分割单作为税前扣除凭证，共同接受应税劳务的其他企业以企业开具的分割单作为税前扣除凭证。

企业与其他企业、个人在境内共同接受非应税劳务发生的支出，采取分摊方式的，企业以发票外的其他外部凭证和分割单作为税前扣除凭证，共同接受非应税劳务的其他企业以企业开具的分割单作为税前扣除凭证。

第十九条规定，企业租用（包括企业作为单一承租方租用）办公、生产用房等资产发生的水、电、燃气、冷气、暖气、通信线路、有线电视、网络等费用，出租方作为应税项目开具发票的，企业以发票作为税前扣除凭证；出租方采取分摊方式的，企业以出租方开具的其他外部凭证作为税前扣除凭证。

（2）总局相关问答——可以分摊扣除的应纳增值税劳务是否包括应税服务？

问：2018年第28号第十八条规定，企业与其他企业（包括关联企业）、个人在境内共同接受应纳增值税劳务发生的支出，采取分摊方式的，应当按照独立交易原则进行分摊。文件中应纳增值税劳务是否包括应税服务？

答：《企业所得税税前扣除凭证管理办法》第九条、第十条、第十八条均提及"劳务"概念。这里的"劳务"是一个相对宽泛的概念，原则上包含了所有劳务服务活动。如《中华人民共和国增值税暂行条例》及其实施细则中规定的加工、修理修配劳务、销售服务等；企业所得税法及其实施条例规定的建筑安装、修理修配、交通运输、仓储租赁、金融保险、邮电通信、咨询经纪、文化体育、科学研究、技术服务、教育培训、餐饮住宿、中介代理、卫生保健、社区服务、旅游、娱乐、加工以及其他劳务服务活动等。此外，《办法》第十八条所称"应纳增值税劳务"中的"劳务"也应按上述原则理解，不能等同于增值税相关规定中的"加工、修理修配劳务"。

2. 具体处理办法

（1）共同接受应税劳务，采取分摊方式的，应当按照独立交易原则进行分摊，企业以发票和分割单作为税前扣除凭证，共同接受应税劳务的其他企业，以企业开具的分割单作为税前扣除凭证。

企业与其他企业、个人在境内共同接受非应税劳务发生的支出，采取分摊方式的，企业以发票外的其他外部凭证和分割单作为税前扣除凭证，共同接受非应税劳务的其他企业，以企业开具的分割单作为税前扣除凭证。

分割单应包括的内容：接受凭证单位名称、经济业务内容、数量、单价、金额和费用分摊情况等。企业需盖单位公章，自然人需附身份证复印件。

（2）共同发生的水、电、燃气、冷气、暖气、通信线路、有线电视、网络等费用，出租方作为应税项目开具发票的，企业以发票作为税前扣除凭证；出租方采取分摊方式的，企业以出租方开具的其他外部凭证作为税前扣除凭证。

3. 风险表现

（1）企业与其他企业（包括关联企业）、个人在境内接受应税劳务发生的支出，企业错误的采取开发票的方式分摊支出至其他企业；

（2）未按照独立交易原则进行分摊。

二、工资薪金税前扣除风险

【案例】某企业在2019年度终"应付职工薪酬"科目贷方余额160万元，截至2020年5月31日未发放，是否可以在2020年度企业所得税税前扣除？如果在2020年5月31日前发放，是否可以在2019年度企业所得税税前扣除？如果在2020年7月1日发放，该如何处理？

【解析】

（1）如果在2020年5月31日前发放。根据《国家税务总局关于企业工资薪金和职工福利费等支出税前扣除问题的公告》（国家税务总局公告2015年第34号）第二条"企业在年度汇算清缴结束前向员工实际支付的已预提汇缴年度工资薪金，准予在汇缴年度按规定扣除。"之规定，可以在2019年企业所得税税前扣除，汇算清缴不需要进行纳税调整。

（2）如果截至2020年5月31日仍未发放，根据《企业所得税法实施条例》第三十四条"企业发生的合理的工资薪金支出，准予扣除"之规定，未发生的部分不能在当年度税前扣除。该企业应在2019年度企业所得税汇算清缴时，将未发放的160万元工资薪金进行纳税调增处理。

（3）如果截至2020年5月31日未发放，但是在2020年7月1日发放，是按以前年度应扣未扣支出调整到2019年成本费用中扣除还是在实际发放的2020年度税前扣除呢？《企业所得税法实施条例释义》提到的是只有等到实际发生后，才准予税前扣除，不是追溯调整扣除。所以应该在2019年度企业所得税汇算清缴时调增处理后，在2020年度企业所得税税前扣除。

【相关风险】

工资薪金税前扣除错误风险。

1.　工资薪金支出范围界定

《企业所得税法实施条例》第三十四条规定，企业发生的合理的工资薪金支出，准予扣除。

（1）工资薪金支出范围界定。

工资薪金，是指企业每一纳税年度支付给在本企业任职或者受雇的员工的所有现金形式或者非现金形式的劳动报酬，包括基本工资、奖金、津贴、补贴、年终加薪、加班工资，以及与员工任职或者受雇有关的其他支出。

（2）工资薪金支出税前扣除条件。

①实际发生。《企业所得税法实施条例释义》中指出，准予税前扣除的，应该是企业实际所发生的工资薪金支出。这一点强调的是，作为企业税前扣除项目的工资薪金支出，应该是企业已经实际支付给其职工的那部分工资薪金支出，尚未支付的所谓应付工资薪金支出，不能在其未支付的这个纳税年度内扣除，只有等到实际发

生后，才准予税前扣除。所谓支付，根据人民银行的定义，是指货币给付及其资金清算的行为。如果是非货币，一般是实物的交付。

②合理性。《国家税务总局关于企业工资薪金及职工福利费扣除问题的通知》（国税函〔2009〕3号）规定如下：关于合理工资薪金问题，《中华人民共和国企业所得税法实施条例》第三十四条所称的"合理工资薪金"，是指企业按照股东大会、董事会、薪酬委员会或相关管理机构制订的工资薪金制度规定实际发放给员工的工资薪金。税务机关在对工资薪金进行合理性确认时，可按以下原则掌握：一是企业制订了较为规范的员工工资薪金制度；二是企业所制订的工资薪金制度符合行业及地区水平；三是企业在一定时期所发放的工资薪金是相对固定的，工资薪金的调整是有序进行的；四是企业对实际发放的工资薪金，已依法履行了代扣代缴个人所得税义务；五是有关工资薪金的安排，不以减少或逃避税款为目的。

③与任职或者受雇有关。《中华人民共和国企业所得税法实施条例》第四十二条中指出的"与员工任职或者受雇有关的其他支出"，这里所称的员工包括固定职工、合同工和临时工等。

《企业所得税法实施条例释义》指出，所谓任职或雇佣关系，一般是指所有连续性的服务关系，提供服务的任职者或者雇员的主要收入或者很大一部分收入来自任职的企业，并且这种收入基本上代表了提供服务人员的劳动。所谓连续性服务并不排除临时工的使用，临时工可能是由于季节性经营活动需要雇佣。虽然对某些临时工的使用是一次性的，但从企业经营活动的整体需要看又具有周期性，服务的连续性应足以对提供劳动的人确定计时或者计件工资，应足以与个人劳务支出相区别。

2. 风险表现

（1）工资薪金范围界定不清。

（2）年度计提未实际支付工资，未进行纳税调整。

（3）国有性质的企业，其工资薪金超过政府有关部门给予的限定数额。

（4）变相发工资，以发票报销的方式将工资薪金的一部分转化为其他费用。

（5）虚列、多列工资薪金税前扣除。

三、劳务派遣用工费用税前扣除风险

【案例】哈尔滨市甲公司成立于2007年11月30日，经营范围为劳务派遣、劳务服务、劳务咨询、社会保险与公积金代缴代办等。2015年7月29日，哈尔滨市道里区人民检察院以起诉书指控被告单位甲公司，被告人孟某某、卢某某犯虚开发票罪，向哈尔滨市道里区人民法院提起公诉。公诉机关指控孟某某在2014年8月至10月甲公司经营期间，在没有实际发生劳务派遣业务的情况下，指使公司职员卢某某向中海经测公司、宏程宝泰公司、水利水电公司、海泰导航公司、正阳家电公司等五家单位虚开了27份劳务费发票。法院审理认定甲公司与宏程宝泰公司、水利水电公司、海泰导航公司、正阳家电公司等四家公司未发生真实业务，开具的劳务发票系虚开，判决甲公司、孟某某、卢某某构成虚开发票罪。

法院观点：甲公司与中海经测公司签订了劳务派遣合同，另结合工资表等证据，可以认定双方发生了真实业务，甲公司为中海经测公司开具的15份发票不应认定为虚开。甲公司与宏程宝泰公司、海泰导航公司虽有工资表但未签订劳务派遣合同；甲公司与水利水电公司虽签订劳务派遣合同，但该合同是水利水电公司劳务结束后签订的，且又无工资单及相关劳务人员情况证明；甲公司与正阳家电公司无有效劳务派遣合同及相关劳务人员情况证明；因此公司与上述四家公司未发生真实业务，开具劳务发票的行为构成虚开发票罪。

【相关风险】

劳务派遣用工费用税前扣除处理错误风险。

1. 劳务派遣用工费用税前扣除相关规定

《国家税务总局关于企业工资薪金和职工福利费等支出税前扣除问题的公告》（国家税务总局公告2015年第34号）第三条规定，企业接受外部劳务派遣用工所实际发生的费用，应分两种情况按规定在税前扣除：按照协议（合同）约定直接支付给劳务派遣公司的费用，应作为劳务费支出；直接支付给员工个人的费用，应作为工资薪金支出和职工福利费支出。其中属于工资薪金支出的费用，准予计入企业工资薪金总额的基数，作为计算其他各项相关费用扣除的依据。

2. 劳务派遣用工的范围和比例

《劳务派遣暂行规定》（人力资源和社会保障部令第22号）第三条和《中华人民共和国劳动合同法》（中华人民共和国主席令第七十三号）第66条规定，用工单位只能在临时性、辅助性或者替代性的工作岗位上使用被派遣劳动者（只有三性岗位才能使用劳务派遣工）。前款规定的临时性工作岗位是指存续时间不超过6个月的岗位；辅助性工作岗位是指为主营业务岗位提供服务的非主营业务岗位；替代性工作岗位是指用工单位的劳动者因脱产学习、休假等原因无法工作的一定期间内，可以由其他劳动者替代工作的岗位。同时，《劳务派遣暂行规定》（人力资源和社会保障部令第22号）第四条规定：用工单位应当严格控制劳务派遣用工数量，使用的被派遣劳动者数量不得超过其用工总量的10%。

前款所称用工总量是指用工单位订立劳动合同人数与使用的被

派遣劳动者人数之和。计算劳务派遣用工比例的用工单位是指依照劳动合同法和劳动合同法实施条例可以与劳动者订立劳动合同的用人单位。

3. 风险表现

（1）按照协议（合同）约定直接支付给劳务派遣公司的费用，作为工资薪金支出和职工福利费支出，并将工资薪金的部分作为计算其他各项相关费用扣除的依据。

（2）取得虚开的劳务派遣发票税前列支。

（3）劳务派遣工的用工范围和用工比例不符合相关规定。

四、工会经费税前扣除风险

【案例】甲科技股份有限公司于2017年5月22日收到《湖北省恩施土家族苗族自治州国家税务局稽查局税务行政处罚决定书》（恩国税稽罚〔2017〕6号），湖北省恩施土家族苗族自治州国家税务局对该公司2011年1月1日至2015年12月31日期间纳税情况进行检查，调增该公司不符合税前扣除的职工福利费和管理费用，调增计提但未拨缴的工会经费，合计调增应纳税所得额73 377.91元，应补企业所得税17 737.69元。

【相关风险】

工会经费税前扣除处理错误风险。

1. 工会经费税前扣除相关规定

《企业所得税法实施条例》第四十一条规定，企业拨缴的工会经费，不超过工资薪金总额2%的部分，准予扣除。

2. 具体处理

（1）超过工资薪金总额2%的部分不能在当年企业所得税税前扣除，也不能在以后年度企业所得税税前扣除，形成永久性差异。

（2）工会经费扣除基数为企业发生的合理的工资薪金总额。这里所说的"合理工资薪金"，根据《国家税务总局关于企业工资薪金及职工福利费扣除问题的通知》[（国税函〔2009〕3号），以下简称"国税函〔2009〕3号文"] 文件的规定，是指企业按照股东大会、董事会、薪酬委员会或相关管理机构制订的工资薪金制度规定实际发放给员工的工资薪金。

（3）税前扣除工会经费需要有专用收据。

《国家税务总局关于工会经费企业所得税税前扣除凭据问题的公告》（国家税务总局公告2010年第24号）第一条规定，自2010年7月1日起，企业拨缴的职工工会经费，不超过工资薪金总额2%的部分，凭工会组织开具的《工会经费收入专用收据》在企业所得税税前扣除。

《国家税务总局关于税务机关代收工会经费企业所得税税前扣除凭据问题的公告》（国家税务总局公告2011年第30号）规定，自2010年1月1日起，在委托税务机关代收工会经费的地区，企业拨缴的工会经费，也可凭合法、有效的工会经费代收凭据依法在税前扣除。

根据上述规定，可以作为税前扣除依据的工会经费收据有两类：一是工会组织开具的《工会经费收入专用收据》；二是税务机关代收工会经费凭据。

3. 风险表现

（1）未取得合法工会经费税前扣除凭据。

（2）超过扣除限额的工会经费未做纳税调增处理.

（3）计提未拨缴工会经费在税前扣除。

五、职工福利费税前扣除风险

【案例1】某公司为食品加工企业，共有职工100人，其中生产工人80人，行政管理人员20人。2018年9月给每个职工发放一盒成本价为150元的月饼，该月饼市场售价为180元。

【解析】

根据《企业所得税法实施条例》第二十五条、国税函〔2008〕828号第二条和国家税务总局公告2016年第80号第二条的规定，该企业应确认视同销售收入18 000元，视同销售成本15 000元。

《企业会计准则》明确规定：企业以其生产的产品作为非货币性福利提供给职工的，应当按照该产品的公允价值和相关税费，计量应计入成本费用的职工薪酬金额，相关收入的确认、销售成本的结转和相关税费的处理，与正常商品销售相同。以外购商品作为非货币性福利提供给职工的，应当按照该商品的公允价值和相关税费计入成本费用。

因此，企业将自己生产的产品作为非货币性福利提供给职工的会计和税务处理实际上已不存在差异，即无需再专门进行增值税和企业所得税视同销售的处理，此情形下企业应分3步作如下会计处理：决定发放福利时，借记生产成本（或管理费用、制造费用），贷记应付职工薪酬；实际发放福利时，借记应付职工薪酬，贷记主营业务收入，贷记应交税费——应交增值税（销项税额）；结转销售成本时，借记主营业务成本，贷记库存商品。

【案例2】A公司在办理2019年度企业所得税汇算清缴时，经核算发现工资薪金总额为2 000万元，其中计入工资薪金的福利性支出800万元：①交通补贴100万元；②住房补贴200万元；③供暖补贴300万元；④特殊岗位人员福利性津贴200万元。其中，第1项、第2项和第4项是根据企业董事会制定的工资薪金制度按标准定期发放的，且A公司依法代扣代缴了个人所得税。

【解析】

根据国家税务总局2015年第34号公告规定，交通补贴100万元、住房补贴200万元和特殊岗位人员福利性津贴200万元符合合理工资薪金的条件，属于"福利性补贴"，计入工资薪金。供暖补贴300万元不属于福利性补贴，计入职工福利费。则：企业所得税允许全额扣除的工资总额=（2 000-300）=1700（万元），职工福利费扣除限额=1 700×14%=238（万元），职工福利费支出300（万元），应调增应纳税所得额=300-238=62（万元）。

在具体操作中，该如何区分福利性补贴与职工福利费呢？

国家税务总局2015年第34号公告规定，福利性支出中列入企业员工工资薪金制度、固定与工资薪金一起发放的福利性补贴，如果符合国税函〔2009〕3号文关于"合理工资薪金"的规定，可以作为企业发生的工资薪金支出，按规定在税前扣除。

国税函〔2009〕3号文关于"合理工资薪金"的规定：根据以下标准判断一项福利性支出是否属于"福利性补贴"，如果任意一项条件不满足，则属于"企业职工福利费"。

（1）福利性补贴纳入工资薪金制度管理，而且工资薪金制度必须是由企业的股东大会、董事会、薪酬委员会或相关管理机构制定的；

（2）发放福利性补贴依据的工资薪金制度必须相对规范，而且符合行业及地区水平；

（3）一定时期内福利性补贴相对固定，其调整是有序进行的；

（4）对实际发放的福利性补贴，已依法履行了代扣代缴个人所得税义务；

（5）有关福利性补贴的安排，不以减少或逃避税款为目的。

【相关风险】

职工福利费税前扣除处理错误风险。

1. 职工福利费税前扣除的相关规定

《中华人民共和国企业所得税法实施条例》（中华人民共和国国务院令第512号）第四十条规定：企业发生的职工福利费支出，不超过工资、薪金总额14%的部分，准予扣除。

2. 职工福利费的范围

（1）《财政部关于企业加强职工福利费财务管理的通知》（财企〔2009〕242号）规定：职工福利费是指企业为职工提供的除职工工资、奖金、津贴、纳入工资总额管理的补贴、职工教育经费、社会保险费和补充养老保险费（年金）、补充医疗保险费及住房公积金以外的福利待遇支出，包括发放给职工或为职工支付的各项现金补贴和非货币性集体福利。

【特别提示】国税函〔2009〕3号文明确规定：企业发生的职工福利费，应该单独设置账册，进行准确核算。没有单独设置账册准确核算的，税务机关应责令企业在规定的期限内进行改正。逾期仍未改正的，税务机关可对企业发生的职工福利费进行合理的核定。

（2）《国家税务总局关于企业工资薪金及职工福利费扣除问题的通知》（国税函〔2009〕3号）规定：可在企业所得税前限额扣除的企业职工福利费，主要有三类。

第一类是尚未实行分离办社会职能的企业，其内设福利部门所发生的设备、设施和人员费用，包括职工食堂、职工浴室、理发室、医务所、托儿所、疗养院等集体福利部门的设备、设施及维修保养费用和福利部门工作人员的工资、薪金，社会保险费，住房公积金，劳务费等；

第二类是为职工卫生保健、生活、住房、交通等所发放的各项补贴和非货币性福利，包括企业向职工发放的因公外地就医费用、未实行医疗统筹企业职工医疗费用、职工供养直系亲属医疗补贴、供暖费补贴、职工防暑降温费、职工困难补贴、救济费、职工食堂经费补贴、职工交通补贴等；

第三类则是按照其他规定发生的其他职工福利费，包括丧葬补助费、抚恤费、安家费、探亲路费等。

3. 非货币性福利的税务处理

（1）《企业所得税法实施条例》第二十五条规定：企业发生非货币性资产交换，以及将货物、财产、劳务用于捐赠、偿债、赞助、集资、广告、样品、职工福利或者利润分配等用途的，应当视同销售货物、转让财产或者提供劳务，但国务院财政、税务主管部门另有规定的除外。

（2）《国家税务总局关于企业处置资产所得税处理问题的通知》（国税函〔2008〕828号）第二条规定：企业将资产移送他人的下列情形，因资产所有权属已发生改变而不属于内部处置资产，应按规定视同销售确定收入。

（3）《国家税务总局关于企业所得税有关问题的公告》（国家税务总局公告2016年第80号）第二条规定：企业发生《国家税务总局关于企业处置资产所得税处理问题的通知》（国税函〔2008〕828号）第二条规定情形的，除另有规定外，应按照被移送资产的公允价值确定销售收入。

4. 风险表现

（1）计提未实际发生的福利费未进行纳税调增处理。

（2）超限额福利费用未进行纳税调增处理。

六、职工教育经费税前扣除风险

【案例】某软件生产企业2019年共实际发生工资薪金支出200万元，职工教育经费20万元（其中职工培训费用2万元能准确划分），计算该企业2019年税前准予扣除的职工教育经费（上年职工教育经费无结转扣除额）。

【解析】

企业发生职工培训费用2万元允许全额扣除，其他职工教育经费支出20−2=18万元，其中不超过工资总额8%的部分，即200×8%=16万元，准予在当年度税前扣除。共准予扣除16+2=18万元。剩余的20−18=2万元在以后纳税年度结转扣除。

注意，如果不能准确划分职工教育经费中的职工培训费用，则只允许扣除16万元，剩余的4万元在以后纳税年度结转扣除。

【相关风险】

职工教育经费税前扣除处理错误风险。

1. 职工教育经费税前扣除相关规定

职工教育经费扣除的规定较多，但是可以分为两种情况：按工资总额的8%扣除、按实际发生额扣除。

（1）扣除比例8%——适用于大部分一般企业。

《财政部、国家税务总局关于企业职工教育经费税前扣除政策的通知》（财税〔2018〕51号）第一条规定：企业发生的职工教育经费支出，不超过工资薪金总额8%的部分，准予在计算企业所得税应纳税所得额时扣除；超过部分，准予在以后纳税年度结转扣除。

（2）按实际发生额100%扣除——适用于部分特定行业企业或者特定费用

①《关于进一步鼓励软件产业和集成电路产业发展企业所得税政策的通知》（财税〔2012〕27号）规定：集成电路设计企业和符

合条件软件企业的职工培训费用，按实际发生额在计算应纳税所得额时扣除。

②《关于扶持动漫产业发展有关税收政策问题的通知》（财税〔2009〕65号）规定：经认定的动漫企业自主开发、生产动漫产品，可申请享受国家现行鼓励软件产业发展的所得税优惠政策。

③《国家税务总局关于企业所得税执行中若干税务处理问题的通知》（国税函〔2009〕202号）第四条规定：软件生产企业发生的职工教育经费中的职工培训费用，根据《财政部、国家税务总局关于企业所得税若干优惠政策的通知》（财税〔2008〕1号）规定，可以全额在企业所得税前扣除。软件生产企业应准确划分职工教育经费中的职工培训费支出，对于不能准确划分的，以及准确划分后职工教育经费中扣除职工培训费用的余额，一律按照《实施条例》第四十二条规定的比例扣除。

（3）特殊情况。

①《国家税务总局关于企业所得税应纳税所得额若干问题的公告》（国家税务总局公告2014年第29号）规定：核电厂操作员培训费，不同于一般的职工教育培训支出，可作为核电企业发电成本在税前扣除。

②《国家税务总局关于企业所得税若干问题的公告》（国家税务总局公告2011年第34号）规定：航空企业实际发生的飞行员养成费、飞行训练费、乘务训练费、空中保卫员训练费等空勤训练费用，根据《实施条例》第二十七条规定，可以作为航空企业运输成本在税前扣除。

2. 职工教育经费的范围。

《关于企业职工教育经费提取与使用管理的意见》（财建〔2006〕317号）第三条第五款规定，企业职工教育培训经费列支范围包括以下部分：

（1）上岗和转岗培训；

（2）各类岗位适应性培训；

（3）岗位培训、职业技术等级培训、高技能人才培训；

（4）专业技术人员继续教育；

（5）特种作业人员培训；

（6）企业组织的职工外送培训的经费支出；

（7）职工参加的职业技能鉴定、职业资格认证等经费支出；

（8）购置教学设备与设施；

（9）职工岗位自学成才奖励费用；

（10）职工教育培训管理费用；

（11）有关职工教育的其他开支。

3.　具体处理

（1）会计上计提的职工教育经费，未实际使用支出的部分，不得税前扣除，在进行企业所得税申报时应做应纳税所得额调增处理。

（2）职工教育经费实际支出比例超限部分，在当年不得税前扣除，在进行企业所得税申报时应做应纳税所得额调增。在以后年度，当年的职工教育经费实际支出和以前年度结转的未扣除职工教育经费（已经实际支出）可在比例内扣除。在以后年度如果扣除以前年度结转的职工教育经费，则应做应纳税所得额调减。

4.　风险表现

（1）计提的职工教育经费，未实际使用支出的部分，未进行应纳税所得额调增处理。

（2）软件生产企业未准确划分职工教育经费中的职工培训费支出，不能享受全额在企业所得税前扣除政策。

（3）超限额职工教育经费未进行应纳税所得税调增处理。

七、业务招待费税前扣除风险

【案例】某税务机关对大型医药制造企业A企业开展例行检查，发现该企业"销售费用"下的二级科目"会议费"列支金额占其"销售费用"70%以上。经过进一步调查，稽查人员发现，企业员工在"会议费"中报销的餐费，竟占该二级科目金额的80%以上，而与会议相关的场地、交通、住宿和设备租赁等费用合计不到20%。检查人员按照该企业年均会议费发生额估算，该医药企业近3年的餐费高达近8亿元，直接将50%的药品制造毛利率水平拉低了近20个百分点，对此，稽查人员提出了质疑。

该企业负责人解释，此类会议是由本企业医药代表或营销人员组织，由医疗卫生专业人士参加的，旨在向与会人士提供产品信息或学术及医教信息。费用包括场地设备租金、交通费、住宿费和会议餐费等。之所以餐费占比过高，主要是此类会议大多为小型学术会议，召开地点大多在医疗机构附近的餐馆。虽然形式上是用餐，但实质是借用餐馆场地向被邀请的医生介绍产品的药效和临床经验等，属于与经营相关的正常业务宣传，不属于业务招待，因此在申报纳税时做了全额列支处理。

稽查人员认为，虽然餐费并不等同于业务招待费，更不能简单地理解其与正常经营无关。但是，被查企业以餐费发票作为核算会议费的报销凭据，会议的真实性难以解释。同时，企业邀请函上注明的会议地点均在医院科室内部，举办时间在正常办公时间内，但餐费的刷卡支付凭单中的时间基本为晚餐时间。另外，当检查人员试图向被邀请的医院科室求证时，均无法取得第三方能够证明会议真实性的证据资料。最终被税务机关认定为不属于会议费，属于业务招待费，按规定进行纳税调增处理。

虽然企业在会计处理时遵循"实质重于形式"的原则，但税务机关在执法过程中更注重形式要件，即列支会议费的相关凭证应反映会议时间、地点、出席人员、内容和费用标准等，且作为原始凭证的发票是非常重要的证据。根据《发票管理办法》第二十一条和《发票管理办法实施细则》第二十六条的规定，发票开具必须反映真实的经营业务，而餐费发票只能证明用餐的事实，却无法反映其他内容。因此，在医药企业基于此类情况核算会议费时，应附上医疗机构参会的第三方证明材料，且出具的材料能够证明会议的时间、地点和内容等相关要件，以此来佐证"此用餐非彼用餐"。同时，医药企业应加强财务报销制度的管理。医药代表等业务人员报销时，财务人员除了审核发票真伪以外，还应审核发票反映的业务实质，以避免形式和事实的矛盾。

【相关风险】

业务招待费税前扣除处理错误风险。

1. 业务招待费税前扣除相关规定

（1）一般情况下。

《中华人民共和国企业所得税法实施条例》第四十三条规定：企业发生的与生产经营活动有关的业务招待费支出，按照发生额的60%扣除，但最高不得超过当年销售（营业）收入的5‰。

上述方法称为双限额扣除，即：按照发生额指标比例和收入比例指标孰低原则扣除。这里有两方面含义：一是不管企业发生多少业务招待费，可以列入税前扣除的业务招待费最多仅是实际发生额的60%，即最高可以税前扣除实际发生额的百分之六十；二是可以税前扣除的业务招待费还不能超过当年度销售（营业）收入的5‰，超过部分也不可以税前扣除。由此可见，业务招待费的税前扣除是按照"发生额的60%"与"当年销售（营业）收入的5‰"两项计算结果孰低原则确定的。

（2）筹建期间。

《关于企业所得税应纳税所得额若干税务处理问题的公告》（国家税务总局公告2012年第15号）第五条规定：企业在筹建期间，发生的与筹办活动有关的业务招待费支出，可按实际发生额的60%计入企业筹办费，并按有关规定在税前扣除。

对于企业在筹建期间发生的业务招待费不受收入额高低的控制，可按照实际发生额的60%直接计入企业筹办费，并按有关规定在税前扣除。但必须说明的是，这里"可按实际发生额的60%计入企业筹办费"是指税务处理，不是会计处理，企业在会计处理时应全额列入费用支出，仅是在计缴企业所得税进行纳税调整时，按实际发生额的60%计入企业可税前扣除的筹办费。然后再按照《国家税务总局关于企业所得税若干税务事项衔接问题的通知》（国税函〔2009〕98号）第九条规定：关于开（筹）办费的处理，企业可以在开始经营之日的当年一次性扣除，也可以按照新税法有关长期待摊费用的处理规定处理，但一经选定，不得改变。

2. 业务招待费的计算基数和口径

《企业所得税年度纳税申报表填报表单》填报说明规定：第1行"营业收入"填报纳税人主要经营业务和其他经营业务取得的收入总额。本行根据"主营业务收入"和"其他业务收入"的数额填报。一些企业往往直接按照会计报表上的销售收入额作为计算业务招待费的基数，不考虑其他相关调整事项，有可能造成基数比实际偏低，多交企业所得税。所以，计算业务招待费税前扣除基数时还应考虑以下规定。

（1）《国家税务总局关于企业所得税执行中若干税务处理问题的通知》（国税函〔2009〕202号）第一条规定：企业在计算业务招待费、广告费和业务宣传费等费用扣除限额时，其销售（营业）收入额应包括《中华人民共和国企业所得税法实施条例》第二十五条规定的视同销售（营业）收入额。

（2）《国家税务总局关于贯彻落实企业所得税法若干税收问题的通知》（国税函〔2010〕79号）第八条规定：对从事股权投资业务的企业（包括集团公司总部、创业投资企业等），其从被投资企业所分配的股息、红利以及股权转让收入，可以按规定的比例计算业务招待费扣除限额。

（3）《国家税务总局关于印发〈房地产开发经营业务企业所得税处理办法〉的通知》（国税发〔2009〕31号）第六条规定：企业通过正式签订《房地产销售合同》或《房地产预售合同》所取得的收入，应确认为销售收入的实现。

综上，我们可以得出如下结论。

（1）一般情况下，企业计算年度可在企业所得税前扣除的业务招待费的计算基数包括：

①主营业务收入。主营业务收入是指根据国家统一会计制度确认的、企业经常性的、主要业务所产生的收入，包括销售商品收入（非货币性资产交换收入）、提供劳务收入、建造合同收入、让渡资产使用权收入等。

②其他业务收入。其他业务收入是指根据国家统一会计制度确认的、是企业主营业务以外的其他日常活动所取得的收入。一般情况下，其他业务活动的收入不大，发生频率不高，在收入中所占比重较小。其他业务收入包括：非货币性资产交换收入、出租固定资产收入、出租无形资产收入、出租包装物和商品收入等。

③视同销售收入。视同销售是指会计上不作为销售核算，而在税收上作为销售、确认收入计缴税金的商品或劳务的转移行为。《国家税务总局关于企业处置资产所得税处理问题的通知》（国税

函〔2008〕828号）规定：企业将资产（自制或外购）用于市场推广或销售、交际应酬、职工奖励或福利、对外捐赠、其他改变资产所有权属（非货币性资产用于投资、分配、捐赠、抵偿债务等方面）的用途等移送他人的情形，应按规定视同销售确定收入。

需要注意的是销售（营业）收入额还应该包括免税收入。

（2）从事股权投资业务的企业，从被投资企业所分配的股息、红利以及股权转让收入，也可以作为计算业务招待费的基数，并按规定的比例计算业务招待费扣除限额。

①对于从事股权投资业务的企业，其被投资企业所分配的股息、红利以及股权转让收入应视为其主营业务收入，可以作为业务招待费的扣除基数。

②计算基数仅包括从被投资企业所分配的股息、红利以及股权转让收入三项收入，不包括权益法核算的账面投资收益，以及按公允价值计量金额资产的公允价值变动。

（3）对于房地产企业，还应包括企业通过正式签订《房地产销售合同》或《房地产预售合同》所取得的收入。

3. 业务招待费的具体范围

业务招待费，是指企业在经营管理等活动中用于与生产经营相关的接待应酬而支付的各种费用。在实际操作中，企业因发生业务招待行为而产生的费用一般作为业务招待费。业务招待费通常包括与企业生产经营活动有关的宴请客户及因接待业务相关人员发生的餐费、住宿费、交通费及其他费用，以及向客户及业务相关人员赠送礼品等开支。［《北京市税务局企业所得税实务操作政策指引（2019年第一期）》］

在实践中，招待费具体范围如下：

（1）企业生产经营需要而宴请或工作餐的开支。

（2）企业生产经营需要赠送纪念品的开支。

（3）企业生产经营需要而发生的旅游景点参观费和交通费及其他费用的开支。

（4）企业生产经营需要而发生的业务关系人员的差旅费开支。

4. 风险表现

（1）业务招待费与其他费用混淆不清，将招待费等有扣除限额的费用计入会议费、差旅费等无扣除限额的费用，加大税前扣除额。

（2）业务招待费计算基数错误。

（3）筹办期业务招待费计算错误。

（4）自产产品或购进商品无偿赠送客户未视同销售计提销项税额，未做企业所得税视同销售收入，或者视同销售收入和成本确认错误。

（5）自产产品或购进商品用于交际应酬对应支出纳税调整错误。

（6）给客户的回扣、贿赂等非法支出作为业务招待费在税前扣除。

八、会议费税前扣除风险

【案例】虚列会议费案例（以葛兰素史克商业贿赂事件为例）。因涉嫌严重商业贿赂等经济犯罪，葛兰素史克（中国）投资有限公司（简称"GSK中国"）部分高管被依法立案侦查。

是什么石头激起了如此巨浪？原来是一家名不见经传的旅行社——"2006年成立的上海××国际旅行社（以下简称'××旅行社'）"！"该旅行社几乎没做过任何旅游业务，而是只和一些药企打交道"，办案民警介绍。但令人奇怪的是，该旅行社年营业额却从成立之初的几百万元飙升到案发前的数亿元。该旅行社既然不做旅游，那么有着什么样的非常手段发财致富呢？媒体报道，××旅行社主要承接GSK中国的会议订单，这些会议牵涉了大量受贿又行贿的记录，旅行社成为GSK中国的"黑金池"，"无法走账的开销"均可以通过会议费或者会议费提成回扣消弭于无形。

涉案人员××旅行社的翁××说："我们一般是虚增人数套现，比如说实际20人参加报40人。在跟GSK合作的项目里，虚开的大概有20%，其中与梁×合作的项目虚开达到50%"，"他们这一行里还有虚构项目的，根本不存在的会议也开发票去报账"。会议究竟开了没有？到底有多少人参加？一般来说，公司财务部门并无确切核证的手段或相应步骤。只要发票合乎规范，到财务部门报销很容易蒙混过关。多报销出来的钱，既有回流给药企高管的，也有旅行社的。翁××还交代："我在GSK分到的蛋糕肯定不是最大的一块。"对此，记者了解到，GSK在中国最大的一个冷链项目，单笔贿金就提了200万元，也是靠虚开虚报做出来的。GSK中国一次年会的费用"就超过了1个亿（人民币）"。

【相关风险】

会议费税前扣除处理错误风险。

1. 会议费范围

《财政部、国家机关事务管理局、中共中央直属机关事务管理局关于印发〈中央和国家机关会议费管理办法〉的通知》（财行〔2013〕286号）规定：第十四条 会议费开支范围包括会议住宿费、伙食费、会议室租金、交通费、文件印刷费、医药费等。

前款所称交通费是指用于会议代表接送站，以及会议统一组织的代表考察、调研等发生的交通支出。会议代表参加会议发生的城市间交通费，按照差旅费管理办法的规定回单位报销。

参照上述会议费的定义，会议代表在会议期间发生的住宿费、伙食费，以及用于会议代表接送站和会议统一组织的代表考察、调研等发生的交通支出均属于会议费，作为"管理费用——会议费"或"销售费用——会议费"核算，不属于业务招待费范围，在提供能够证明其真实性的合法凭证后可以全额在税前扣除。

2. 会议费税前扣除的原则

根据企业所得税法及其实施条例规定，企业所得税成本费用税前扣除要遵循以下三项基本原则。

（1）真实性原则。真实性原则要求企业所发生的业务以及所列支的费用应当是真实的，并不仅仅是有发票入账，有发票但不真实的业务一样不允许税前扣除。

（2）相关性原则。相关性原则要求准予扣除的支出是与取得收入"直接相关"的支出。根据该原则，与企业生产经营无关的支出不允许在税前扣除。

（3）合理性原则。合理性原则是指支出首先应当是符合企业生产经营活动的常规支出。例如，确实与销售有关的会议费支出允许扣除。另外，企业发生的合理支出，限于应当计入当期损益或者有关资产成本的必要与正常的支出。根据这一原则，非法支出不能扣除；行政罚款、税收滞纳金、贿赂支出和秘密支付等也均不允许扣除。

会议费支出必须取得会议召开时间、地点、出席人员、内容、目的、费用标准及支付凭证等相关资料来反映会议支出的真实性。

3. 风险表现

（1）将有扣除限额的业务招待费按照会议费税前扣除。

（2）会议费证明资料不全或虚列会议费。

（3）以会议费套现等非销售运营支出，以及变相行贿支出、家庭成员个人消费支出等。

九、手续费、佣金支出税前风险

【案例】某市税务稽查局的检查人员对某经贸有限公司2018年度销售情况重新归类整理，进而计算出其出口退税、内销和出口征税3类业务的毛利率分别为11%、8%和0.07%。该企业利率水平不仅远低于同类行业，公司内部更是同期同类不同价，高达百余倍的毛利率悬殊。"化工染料出口行业本来就属于夕阳产业，国家不支持、政策不鼓励。我们经营的大部分产品都由出口退税改为出口征税，公司维持下去都已经非常困难了。"检查人员刚一提出质疑，该公司法定代表人就大吐苦水。真实情况果真如此吗？带着疑问，检查人员开始了进一步的检查。

通过对该公司2018年销售收入、成本费用逐月地分类统计与比对发现，2018年有5个月份的收入成本倒挂，特别是其中毛利率赤字达20%以上的就有2个月份，引起了检查人员的怀疑。共性的问题被提炼出来——对外支付高额佣金，冲减主营业务收入，并红字冲减"应缴税费——应缴增值税（销项税额）"。

面对这种财务处理方式，检查人员当即提出质疑。企业经理马上取来了《外贸企业会计处理方法》等书籍，辩解说他们采用CIF价（成本加保险费加运费）与客户结算，并一直按照老外贸企业的财务做法，以运费、保费、佣金冲减收入，在冲减收入的同时作冲减销项税额处理。检查人员一面向企业讲解相关的税收政策，一面暗自揣度如此高额的佣金支付，导致"天文"毛利率的出现，这样的亏本生意，企业为何乐此不疲呢？

检查人员调阅了该公司2018年度所有支付佣金的账簿凭证、所附协议以及付款记录，力图寻找佣金流向。翻开一份份佣金支付的相关凭证，检查人员发现企业佣金大多支付给一家香港公司，而在对支付行为的进一步核查中，一张张蹊跷的电汇单，引起了检查人员的警觉。所谓境外汇款，并没有汇入香港公司境外银行的账号，而是汇入其在大连某银行开立的离岸账户。为什么设在香港的公司要远赴大连开立离岸账户？又是谁在管理这个账户？带着一连串的疑问，检查人员向某银行递交了调取该离岸账户相关信息的协查函，开户信息和资金流动的资料很快打印出来，开户资料上赫然显示出，此离岸账户的开户人居然是该经贸有限公司的法定代表人！"自己"给"自己"支付佣金！面对检查人员掌握的企业汇款及离岸账户的相关信息，该公司法定代表人惊异之下，无奈道出实情。他是在与客户正常交易时，偶然获悉只要在境外注册成立贸易公司，即可在大连多家银行开设离岸账户，而公司实际经营中以支付佣金或货款名义，汇入离岸账户的款项，可比照境外汇款管理，流动于国内公司账外。于是，经朋友介绍，他找到代办境外公司注册业务的大连某咨询管理公司，向其交纳一定费用和简单资料后，注册成立了这家香港公司，并在大连某银行开设离岸账户，做起了收取自家佣金的生意。检查人员最后认定，该香港公司不存在第三方居间介绍的关系，支付给该香港公司的"佣金"也不符合税法的相关规定。

【相关风险】

手续费、佣金支出税前扣除处理错误风险。

1. 手续费、佣金支出税前扣除相关规定

（1）《财政部、国家税务总局关于保险企业手续费及佣金支出税前扣除政策的公告》（财政部、国家税务总局公告2019年第72号）规定：自2019年1月1日起，保险企业发生与其经营活动有关的手续费及佣金支出，不超过当年全部保费收入扣除退保金等后余额的18%（含本数）的部分，在计算应纳税所得额时准予扣除；超过部分，允许结转以后年度扣除。

保险企业发生的手续费及佣金支出税前扣除的其他事项继续按照《财政部、国家税务总局关于企业手续费及佣金支出税前扣除政策的通知》（财税〔2009〕29号）中第二条至第五条相关规定处理。保险企业应建立健全手续费及佣金的相关管理制度，并加强手续费及佣金结转扣除的台账管理。

截至2018年12月31日，保险企业发生与生产经营有关的手续费及佣金支出，不超过以下规定计算限额以内的部分，准予扣除；超过部分，不得扣除。具体包括：财产保险企业按当年全部保费收入扣除退保金等后余额的15%（含本数，下同）计算限额；人身保险企业按当年全部保费收入扣除退保金等后余额的10%计算限额。

（2）《财政部、国家税务总局关于企业手续费及佣金支出税前扣除政策的通知》（财税〔2009〕29号）规定如下：

①企业发生与生产经营有关的手续费及佣金支出，不超过以下规定计算限额以内的部分，准予扣除；超过部分，不得扣除。

其他企业：按与具有合法经营资格中介服务机构或个人（不含交易双方及其雇员、代理人和代表人等）所签订服务协议或合同确认的收入金额的5%计算限额。

②按照销售数量支付定额佣金的，应换算为实际销售收入后，计算佣金扣除限额。

③按照权责发生制的原则，收到客户预存款项，凡不作为当期收入的，在计算佣金扣除限额时，不作为计算基数，待收入实现时再计入计算基数。

（3）《国家税务总局关于印发〈房地产开发经营业务企业所得税处理办法〉的通知》（国税发〔2009〕31号）第二十条规定：企业委托境外机构销售开发产品的，其支付境外机构的销售费用（含佣金或手续费）不超过委托销售收入10%的部分，准予据实扣除。

（4）《国家税务总局关于企业所得税应纳税所得额若干税务处理问题的公告》（国家税务总局公告2012年第15号）第三条"关于从事代理服务企业营业成本税前扣除问题"规定，从事代理服务、主营业务收入为手续费、佣金的企业（如证券、期货、保险代理等企业），其为取得该类收入而实际发生的营业成本（包括手续费及佣金支出），准予在企业所得税前据实扣除。

（5）《国家税务总局关于企业所得税应纳税所得额若干税务处理问题的公告》（国家税务总局公告2012年第15号）第四条规定：电信企业在发展客户、拓展业务等过程中（如委托销售电话入网卡、电话充值卡等），需向经纪人、代办商支付手续费及佣金的，其实际发生的相关手续费及佣金支出，不超过企业当年收入总额5%的部分，准予在企业所得税前据实扣除。

根据《国家税务总局关于电信企业手续费及佣金支出税前扣除问题的公告》（国家税务总局公告2013年第59号）文件规定：所称电信企业手续费及佣金支出，仅限于电信企业在发展客户、拓展业务等过程中因委托销售电话入网卡、电话充值卡所发生的手续费及佣金支出。

2. 企业税前扣除手续费及佣金支出时需要注意的问题

《财政部、国家税务总局关于企业手续费及佣金支出税前扣除政策的通知》（财税〔2009〕29号）相关规定，企业税前扣除手续费时需要注意以下问题。

（1）企业应与具有合法经营资格中介服务企业或个人签订代办协议或合同，并按国家有关规定支付手续费及佣金。除委托个人代理外，企业以现金等非转账方式支付的手续费及佣金不得在税前扣除。企业为发行权益性证券支付给有关证券承销机构的手续费及佣金不得在税前扣除。

（2）企业不得将手续费及佣金支出计入回扣、业务提成、返利、进场费等费用。

（3）企业已计入固定资产、无形资产等相关资产的手续费及佣金支出，应当通过折旧、摊销等方式分期扣除，不得在发生当期直接扣除。

（4）企业支付的手续费及佣金不得直接冲减服务协议或合同金额，并如实入账。

（5）企业应当如实向当地主管税务机关提供当年手续费及佣金计算分配表和其他相关资料，并依法取得合法真实凭证。

3. 风险表现

（1）虚列手续费、佣金。

（2）现金支付非个人手续费、佣金税前扣除。

（3）超限额扣除手续费、佣金。

十、广告费和业务宣传费税前扣除风险

【案例】A公司系一家服装生产企业，2019年度A公司加入了所属行业的同业协会，每年须向行业协会支付一定金额的会费。2019年A公司向该协会支付赞助费20 000元，同时取得对方开具的财政局监制收据。A公司财务人员认为该笔赞助费用是生产经营中发生的费用，且该赞助费用对于提高公司知名度有正面影响，将该费用在企业所得税前列支。

税务机关对2019年涉税事项进行税务稽查时，检查出该事项，认为A公司与该行业协会签订的合同中并未列明该协会有为A公司提供广告宣传义务的内容，该笔费用应属于赞助支出，不得在税前扣除。

【解析】

《企业所得税法》第十条第六项明确规定，在计算应纳税所得额时，赞助支出不得扣除。本案中，A公司支出的该笔赞助费，首先其支付的对象不具有公益性质，赞助支出也具有明显的商业目的，故不属于捐赠支出；且赞助行业协会也无法达到向不特定公众宣传的作用，从A公司与该行业协会签订的合同中看，行业协会并没有提供广告宣传服务的义务，与企业的生产经营并无关联。故A企业的该笔赞助费不同于公益性捐赠、广告费和业务宣传费，属于赞助支出，不得在税前扣除。

【相关风险】

广告费和业务宣传费支出税前扣除处理错误风险。

1. 广宣费税前扣除的相关规定

（1）《企业所得税法实施条例》第四十四条规定：企业发生的符合条件的广告费和业务宣传费支出，除国务院财政、税务主管部门另有规定外，不超过当年销售（营业）收入15%的部分，准予扣除；超过部分，准予在以后纳税年度结转扣除。

（2）《国家税务总局关于企业所得税应纳税所得额若干税务处理问题的公告》（国家税务总局公告2012年第15号公告）规定：企业在筹建期间，发生的与筹办活动有关的业务招待费支出，可按实际发生额的60%计入企业筹办费，并按有关规定在税前扣除；发生的广告费和业务宣传费，可按实际发生额计入企业筹办费，并按有关规定在税前扣除。

（3）《财政部、国家税务总局关于广告费和业务宣传费支出税前扣除政策的通知》（财税〔2017〕41号）规定如下：

①对化妆品制造或销售、医药制造和饮料制造（不含酒类制造）企业发生的广告费和业务宣传费支出，不超过当年销售（营

业）收入30%的部分，准予扣除；超过部分，准予在以后纳税年度结转扣除。

注意，化妆品制造业和销售业均适用，医药和饮料仅适用制造业，医药销售、饮料销售不包括在内，而且饮料中不包括酒类。

②对签订广告费和业务宣传费分摊协议（以下简称"分摊协议"）的关联企业，其中一方发生的不超过当年销售（营业）收入税前扣除限额比例内的广告费和业务宣传费支出可以在本企业扣除，也可以将其中的部分或全部按照分摊协议归集至另一方扣除。另一方在计算本企业广告费和业务宣传费支出企业所得税税前扣除限额时，可将按照上述办法归集至本企业的广告费和业务宣传费不计算在内。

注意，归集扣除一方的扣除限额中不包括关联企业归集过来的广宣费，归集扣除一方的扣除限额=计算税前扣除限额+按规定归集至本企业扣除额。即接受归集扣除广告费和业务宣传费的关联企业，其接受扣除的费用不占用本企业的扣除限额，本企业可扣除的广告费和业务宣传费，除按规定比例计算的限额外，还可以将关联企业未扣除而归集来的广告费和业务宣传费在本企业扣除。

③烟草企业的烟草广告费和业务宣传费支出，一律不得在计算应纳税所得额时扣除。

注意，酒类企业的烟草广告费和业务宣传费支出可以扣除，按原则性规定执行，烟草企业的非烟草类的广告费和业务宣传费支出可以税前扣除。

2. 广宣费税前扣除需要注意的问题

（1）扣除基数即销售（营业）收入的确认。

《中华人民共和国企业所得税年度纳税申报表（A类100000）》填报说明：第1行"营业收入"，填报纳税人主要经营业务和其他经营业务取得的收入总额。本行根据"主营业务收入"和"其他业务收入"的数额填报。

《关于企业所得税执行中若干税务处理问题的通知》（国税函〔2009〕202号）第一条规定：企业在计算业务招待费、广告费和业务宣传费等费用扣除限额时，其销售（营业）收入额应包括《实施条例》第二十五条规定的视同销售（营业）收入额。

《国家税务总局关于印发〈房地产开发经营业务企业所得税处理办法〉的通知》（国税发〔2009〕31号）第六条规定、企业通过正式签订《房地产销售合同》或《房地产预售合同》所取得的收入，应确认为销售收入的实现。

因此，企业正常生产经营期间发生的广告费和业务宣传费当期扣除基数=销售（营业）收入+视同销售（营业）收入+（房地产开发企业销售未完工产品的收入−销售未完工产品转完工产品确认的销售收入）。

（2）费用发生年度超出扣除限额部分可结转下年扣除.

企业当年实际发生的符合条件的广告宣传费支出，按照《企业所得税法实施条例》和财税〔2017〕41号文规定的扣除基数和比例计算扣除后，仍有余额不能在当年扣除的，准予结转下一年度继续扣除，但仍需符合规定的扣除基数和比例标准。

（3）企业将货物、资产、劳务用于广告宣传时，进行视同销售纳税调整后，对应支出的会计处理与税收规定有差异需纳税调整金额的填报。

《关于修订企业所得税年度纳税申报表有关问题的公告》（国家税务总局公告2019年第41号）修改了《纳税调整项目明细表》（A105000）"二、扣除类调整项目（十七）其他"（第30行）的填写说明，在原有的"填报其他因会计处理与税收规定有差异需纳税调整的扣除类项目金额"基础上，增加了"企业将货物、资产、劳务用于捐赠、广告等用途时，进行视同销售纳税调整后，对应支出的会计处理与税收规定有差异需纳税调整的金额填报在本行"的表述。

申报表修改前自产产品用于捐赠、广告等税前扣除金额是按照会计核算金额确定的，收入一般是按市场公允价值确定的，企业需要就视同销售收入和视同销售成本的差额计入应纳税所得额，这对企业不公平。修改申报表后，企业可以将因视同销售而调增的金额填入第30行进行调减，消除了不公平税负。这个变化使得企业可以无额外税收负担的用自产产品开展营销活动，这无疑将提高企业的经营效率和经济活力。

3. 风险表现

（1）广告费支出与赞助支出混淆，与企业生产经营无关的赞助支出，在税前扣除。

（2）广宣费分摊计算错误。

（3）税前扣除广宣费无合法有效扣除凭证。

（4）广告和业务宣传视同销售对应支出的纳税调整错误。

十一、利息支出税前扣除风险

【案例】A公司的生产、经营范围为其他园艺作物种植，企业注册类型为有限责任公司。税务机关在采集A公司2016年度纳税数据时发现，该企业2016年度的财务费用占企业所得税税前扣除费用总额的99.83%，税务风险较高。在随后的全面核查中，税务机关发现，A公司自2014年以来，一直未开展任何实质性的生产、经营活动，其产生的财务费用均为向银行抵押贷款所产生的利息支出，且所贷款项全部用于B公司开展种植园建设以及农产品种植等经营活动。鉴于财务费用占比过高，税务机关对A公司开展了深入调查。

深入调查后发现，B公司与A公司属于同一法定代表人控制，且该法定代表人还注册了C、D和E另外3家公司。A、C、D和E这4家公司专门用于银行贷款，并将贷款全部投入B公司，供其开展农业生产、经营活动。通过实地核查，A、C、D和E 4家公司2016年全年银行贷款利息支出共计148.91万元，B公司发生的财务费用总额为109.37万元，5家企业属于关联企业，资金流转的税务处理不合规。

【解析】

《财政部、国家税务总局关于全面推开营业税改征增值税试点的通知》（财税〔2016〕36号）附件1第十四条规定，单位或者个体工商户向其他单位或者个人无偿提供服务，视同销售服务、无形资产或者不动产。同时，财税〔2016〕36号文件附件1的《销售服务、无形资产、不动产注释》规定，贷款指将资金贷与他人使用而取得利息收入的业务活动，各种占用、拆借资金取得的收入，按照贷款服务缴纳增值税。因此，关联企业间资金拆借行为应视同销售服务，按照规定缴纳增值税。A、B、C、D和E公司属于关联企业，A、C、D和E公司将资金提供给B公司使用，属于关联企业间的资金拆借行为，其收到的贷款利息应视同销售，计算缴纳增值税。

根据《企业所得税法实施条例》第三十七条的规定，企业在生产经营活动中发生的合理的、不需要资本化的借款费用，准予扣除。企业为购置、建造固定资产、无形资产和经过12个月以上建造才能达到预定可销售状态的存货发生借款的，在有关资产购置、建造期间发生的合理的借款费用，应当作为资本性支出计入有关资产的成本，并依照《企业所得税法实施条例》的规定，在企业所得税前扣除。税务机关在对B公司开展核查时确认，B公司2016年度发生的财务费用总额为109.37万元，其中37万元为B公司正常经营的贷款费用，72.37万元是B公司为建造农产品生产基地而产生的支出。因此，B公司当期可在企业所得税税前扣除的金额为37万元。其72.37万元的建造支出应予以资本化而不得在本期扣除。

由此，税务机关责令A、B、C、D和E公司纳税调整并补缴税款。

【相关风险】

利息支出税前扣除处理错误风险。

1. 利息支出税前扣除的相关规定

（1）《企业所得税法实施条例》第三十八条规定，企业在生产经营活动中发生的下列利息支出，准予扣除：

①非金融企业向金融企业借款的利息支出、金融企业的各项存款利息支出和同业拆借利息支出、企业经批准发行债券的利息支出。

②非金融企业向非金融企业借款的利息支出，不超过按照金融企业同期同类贷款利率计算的数额的部分。

（2）《中华人民共和国企业所得税法实施条例》第三十七条规定：企业在生产经营活动中发生的合理的不需要资本化的借款费用，准予扣除。企业为购置、建造固定资产、无形资产和经过12个月以上的建造才能达到预定可销售状态的存货发生借款的，在有关资产购置、建造期间发生的合理的借款费用，应当作为资本性支出计入有关资产的成本，并依照本条例的规定扣除。

（3）《财政部、国家税务总局关于企业关联方利息支出税前扣除标准有关税收政策问题的通知》（财税〔2008〕121号）中有如下规定：

①在计算应纳税所得额时，企业实际支付给关联方的利息支出，不超过以下规定比例和税法及其实施条例有关规定计算的部

分，准予扣除，超过的部分不得在发生当期和以后年度扣除。企业实际支付给关联方的利息支出，除符合本通知第二条规定外，其接受关联方债权性投资与其权益性投资比例为：A：金融企业，为5：1；B：其他企业，为2：1。

②企业如果能够按照税法及其实施条例的有关规定提供相关资料，并证明相关交易活动符合独立交易原则的；或者该企业的实际税负不高于境内关联方的，其实际支付给境内关联方的利息支出，在计算应纳税所得额时准予扣除。

③《特别纳税调整实施办法》第八十五条规定，所得税法第四十六条所称不得在计算应纳税所得额时扣除的利息支出应按以下公式计算：

不得扣除利息支出＝年度实际支付的全部关联方利息×（1−标准比例÷关联债资比例）

其中，标准比例是指《财政部、国家税务总局关于企业关联方利息支出税前扣除标准有关税收政策问题的通知》（财税〔2008〕121号）规定的比例。

关联债资比例是指根据所得税法第四十六条及所得税法实施条例第一百一十九的规定，企业从其全部关联方接受的债权性投资（以下简称"关联债权投资"）占企业接受的权益性投资（以下简称"权益投资"）的比例，关联债权投资包括关联方以各种形式提供担保的债权性投资。

④《特别纳税调整实施办法》第八十六条规定，关联债资比例的具体计算方法如下：

关联债资比例＝年度各月平均关联债权投资之和÷年度各月平均权益投资之和

其中：

各月平均关联债权投资＝（关联债权投资月初账面余额+月末账面余额）÷2

各月平均权益投资＝（权益投资月初账面余额+月末账面余额）÷2

权益投资为企业资产负债表所列示的所有者权益金额。如果所有者权益小于实收资本（股本）与资本公积之和，则权益投资为实收资本（股本）与资本公积之和；如果实收资本（股本）与资本公积之和小于实收资本（股本）金额，则权益投资为实收资本（股本）金额。

⑤如何理解"实际支付利息金额"？

反避税司副司长廖体忠对非居民企业所得税问题的解答如下。

提问者：实施办法中关于"实际支付的利息是指企业按照权责发生制原则计入相关成本、费用的利息。"该处的权责发生制如何理解，因为对其的理解不同，"实际支付利息金额"不一样，按会计理解，实际支付的利息不能扣除一般纳税调整后的金额后再进行特别纳税调整，这样会重复调整，按税法规定就要先做一般纳税调整，扣除一般纳税调整后的金额再做特别纳税调整。

廖体忠：《特别纳税调整实施办法（试行）》（国税发〔2009〕2号，以下简称《办法》）关于"实际支付的利息是指企业按照权责发生制原则计入相关成本、费用的利息"中权责发生制是指按照税法要求先做一般纳税调整，已扣除一般纳税调整后的金额再做特别纳税调整。

（4）《国家税务总局关于企业向自然人借款的利息支出企业所得税税前扣除问题的通知》（国税函〔2009〕777号）中有如下规定：

①企业向股东或其他与企业有关联关系的自然人借款的利息支出，应根据《中华人民共和国企业所得税法》（以下简称"税

法"）第四十六条及《财政部、国家税务总局关于企业关联方利息支出税前扣除标准有关税收政策问题的通知》（财税〔2008〕121号）规定的条件，计算企业所得税扣除额。

②企业向除第一条规定以外的内部职工或其他人员借款的利息支出，其借款情况同时符合以下条件的，其利息支出在不超过按照金融企业同期同类贷款利率计算的数额的部分，根据税法第八条和税法实施条例第二十七条规定准予扣除：一是企业与个人之间的借贷是真实、合法、有效的，并且不具有非法集资目的或其他违反法律、法规的行为；二是企业与个人之间签订了借款合同。

（5）《中华人民共和国企业所得税法实施条例》第二十七条规定：凡企业投资者在规定期限内未缴足其应缴资本额的，该企业对外借款所发生的利息，相当于投资者实缴资本额与在规定期限内应缴资本额的差额应计付的利息，其不属于企业合理的支出，应由企业投资者负担，不得在计算企业应纳税所得额时扣除。

《国家税务总局关于企业投资者投资未到位而发生的利息支出企业所得税前扣除问题的批复》（国税函〔2009〕312号）规定，具体计算不得扣除的利息，应以企业一个年度内每一账面实收资本与借款余额保持不变的期间作为一个计算期，每一计算期内不得扣除的借款利息按该期间借款利息发生额乘以该期间企业未缴足的注册资本占借款总额的比例计算，公式为：

企业每一计算期内不得扣除的借款利息＝该期间借款利息额×该期间未缴足注册资本额÷该期间借款额

企业一个年度内不得扣除的借款利息总额为该年度内每一计算期不得扣除的借款利息额之和。

2. 风险表现

（1）将高于金融机构同类、同期贷款利率以上的利息支出计入财务费用，未在企业所得税纳税申报表中进行纳税调整。

（2）应予资本化的利息支出全额计入财务费用在税前一次性扣除。

（3）存在将借款转给其他单位使用并为其负担利息的情况。对于本企业承担的与取得收入无关的财务费用，不能在企业所得税税前扣除，应做纳税调增处理。例如：某财务人员在对短期借款科目自查时，发现企业向银行借入的一笔短期借款所发生的财务费用由本企业负担，但借款实际却是无偿提供给本企业实际控制人用于个人支出使用，对于类似问题，财务人员就应对财务费用做纳税调增处理。

（4）大额金融机构手续费未取得合法有效票据。若取得的财务费用列支凭据不是税法规定的合法有效票据，财务人员应积极向票据提供方索取。例如：企业将在生产经营中取得的承兑汇票贴现时，因为承兑汇票金额往往较大，因而贴现费用也较高。财务人员在核查时应重点关注贴现凭证名头是否为本公司，是否为合法有效凭据。

（5）从其关联方接受债权性投资与权益性投资的比例超过规定标准，未对相应利息支出进行纳税调整。

十二、固定资产折旧税前扣除风险

【案例1】某市税务局稽查局稽查人员发现某实业公司财务人员在2019年度企业所得税申报时，多列支了197万的折旧费用。经查该实业公司2019年为贷款需要，请第三方对名下房产进行了评估，评估后房产有较大规模的增值，公司按照评估价调整了资产的计税基础，按照调整后的计税基础计提了折旧，且在纳税申报时没有进行纳税调整。最终，稽查局依法对该公司进行了纳税调整197万元，依法查补税款54万元、罚款27万元，加收滞纳金16万元，合计97万元。

【解析】

根据《中华人民共和国企业所得税法实施条例》第五十六条规定：企业的各项资产，包括固定资产、生物资产、无形资产、长期待摊费用、投资资产、存货等，以历史成本为计税基础。历史成本是指取得该项资产时实际发生的支出。企业持有各项资产期间，资产增值或者减值，除国务院财政、税务主管部门规定可以确认损益外，不得调整该资产的计税基础。因此，企业向银行贷款，由资产评估机构对企业进行重估发生的资产增值，不能确认为损益，不能调整资产的计税基础。

【案例2】甲公司以出包方式建造一幢办公大楼，2019年1月1日达到预定可使用状态，其工程预算造价1 800万元，施工方已开具发票金额1 500万元。因施工方暂未提供工程决算报告，甲公司按1 800万元估价入账。2019年11月，施工方提供竣工决算报告，其实际造价2 029万元，双方均确认该数额后，施工方又开具了金额为529万元的发票。假设会计与税法规定的办公大楼使用寿命均为20年，残值率为0。固定资产建造中发生的工程成本与取得相应发票时间不一致，导致工程预算造价与发票金额不一致。那么会计和税法要如何处理？

【解析】

1. 会计处理

《企业会计准则第4号——固定资产》应用指南规定：已达到预定可使用状态但尚未办理竣工决算的固定资产，应当按照估计价值确定其成本，并计提折旧；待办理竣工决算后，再按实际成本调整原来的暂估价值，但不需要调整原已计提的折旧额。

该案例中，根据会计规定，按照预估1 800万元计入成本，并从次月2019年2月1日起开始计提折旧。2019年11月再按照实际成本2 029万元调整原来暂估价值1 800万元。此前2019年2月1日至2019年11月计提的折旧不需要调整。

2. 税务处理

《国家税务总局关于贯彻落实企业所得税法若干税收问题的通知》（国税函〔2010〕79号）第五条规定：企业固定资产投入使用后，由于工程款项尚未结清未取得全额发票的，可暂按合同规定的金额计入固定资产计税基础计提折旧，待发票取得后进行调整。但该项调整应在固定资产投入使用后12个月内进行。

该案例中，根据税法规定，按照预估1 800万元计入成本，并从次月2019年2月1日起开始计提折旧。2019年11月再按照实际成本2 029万元调整原来暂估价值1 800万元，同时追溯调整2019年2月1日至2019年11月计提的折旧。

3. 税务风险及注意点解析

（1）A公司应当在办公楼投入使用后，进行在建工程转为固定资产的账务处理，同时按规定计提固定资产的折旧，但应在2019年12月31日前取得结算发票，同时根据发票调整企业已投入使用的固定资产的计税基础以及折旧额。

（2）如果未取得发票，那么在2019年的企业所得税汇算清缴时，将进行纳税调整，所计提折旧不得在企业所得税前扣除。

【相关风险】

固定资产折旧税前扣除处理错误风险。

1. 固定资产折旧税前扣除相关规定

（1）固定资产折旧税前扣除的一般规定。

《中华人民共和国企业所得税法》第十一条规定，在计算应纳税所得额时，企业按照规定计算的固定资产折旧，准予扣除。其中下列固定资产不得计算折旧扣除：

①房屋、建筑物以外未投入使用的固定资产；

②以经营租赁方式租入的固定资产；

③以融资租赁方式租出的固定资产；

④已足额提取折旧仍继续使用的固定资产；

⑤与经营活动无关的固定资产；

⑥单独估价作为固定资产入账的土地；

⑦其他不得计算折旧扣除的固定资产。

《中华人民共和国企业所得税法实施条例》第五十九条规定，固定资产按照直线法计算的折旧，准予扣除。

企业应当自固定资产投入使用月份的次月起计算折旧；停止使用的固定资产，应当自停止使用月份的次月起停止计算折旧。

（2）固定资产加速折旧企业所得税政策。

《中华人民共和国企业所得税法》第三十二条规定，企业的固定资产由于技术进步等原因，确需加速折旧的，可以缩短折旧年限或者采取加速折旧的方法。

《中华人民共和国企业所得税法实施条例》第九十八条规定，企业所得税法第三十二条所称可以采取缩短折旧年限或者采取加速折旧的方法的固定资产，包括以下两类：

①由于技术进步，产品更新换代较快的固定资产；

②常年处于强震动、高腐蚀状态的固定资产。

采取缩短折旧年限方法的，最低折旧年限不得低于本条例第六十条规定折旧年限的60%；采取加速折旧方法的，可以采取双倍余额递减法或者年数总和法。

《财政部、国家税务总局关于完善固定资产加速折旧企业所得税政策的通知》（财税〔2014〕75号）第一条规定，对生物药品制造业，专用设备制造业，铁路、船舶、航空航天和其他运输设备制造业，计算机、通信和其他电子设备制造业，仪器仪表制造业，信息传输、软件和信息技术服务业等6个行业的企业，2014年1月1日后新购进的固定资产，可缩短折旧年限或采取加速折旧的方法。

《国家税务总局关于固定资产加速折旧税收政策有关问题的公告》（国家税务总局公告2014年第64号）第一条规定：对六大行业，2014年1月1日后购进的固定资产（包括自行建造），允许按不低于企业所得税法规定折旧年限的60%缩短折旧年限，或选择采取双倍余额递减法或年数总和法进行加速折旧。

《国家税务总局关于进一步完善固定资产加速折旧企业所得税政策有关问题的公告》（国家税务总局公告2015年第68号）第一条规定：对轻工、纺织、机械、汽车等四个领域重点行业（以下简称"四个领域重点行业"）企业2015年1月1日后新购进的固定资产（包括自行建造，下同），允许缩短折旧年限或采取加速折旧方法。

（3）设备器具一次性税前扣除政策。

《国家税务总局关于设备器具扣除有关企业所得税政策执行问题的公告》（国家税务总局公告2018年第46号）第一条规定：企业在2018年1月1日至2020年12月31日期间新购进的设备、器具，单位价值不超过500万元的，允许一次性计入当期成本费用在计算应纳税所得额时扣除，不再分年度计算折旧。

《财政部、国家税务总局关于支持新型冠状病毒感染的肺炎疫情防控有关税收政策的公告》（财政部、国家税务总局公告2020年第8号）、《财政部、国家税务总局关于支持疫情防控保供等税费政策实施期限的公告》（财政部、税务总局公告2020年第28号）规定：自2020年1月1日至2020年12月31日，对疫情防控重点保障物资生产企业为扩大产能新购置的相关设备，允许一次性计入当期成本费用在企业所得税税前扣除。

疫情防控重点保障物资生产企业享受一次性税前扣除优惠政策不受单位价值的限制。

《财政部、国家税务总局关于海南自由贸易港企业所得税优惠政策的通知》（财税〔2020〕31号）规定：自2020年1月1日起执行至2024年12月31日，在海南自由贸易港设立的企业，新购置（含自建、自行开发）固定资产或无形资产，单位价值不超过500万元（含）的，允许一次性计入当期成本费用在计算应纳税所得额时扣除，不再分年度计算折旧和摊销。

新购置（含自建、自行开发）固定资产或无形资产，单位价值超过500万元的，可以缩短折旧、摊销年限或采取加速折旧、摊销的方法。

本条所称固定资产，是指除房屋、建筑物以外的固定资产。

2. 风险表现

（1）资产评估增值调整计税基础，计提折旧税前扣除。

（2）加速折旧税会差异处理错误。

（3）企业固定资产投入使用后未取得发票，计提折旧税前扣除处理错误。

十三、弥补亏损税务风险

【案例1】A公司对B公司进行吸收合并，符合特殊性税务处理条件。双方确定的重组日为2017年6月30日，B公司2016年未弥补亏损为600万元，2017年1～6月盈利为100万元，在重组日，B公司净资产公允价值为8 000万，假设重组完成当年末国债利率为3%，A

公司2017年纳税调整后所得为300万元，2018年纳税调整后所得为400万元，2019年纳税调整后所得为450万元，则A公司每年应纳税所得额为多少？

【解析】

可由合并企业弥补的被合并企业亏损的限额=被合并企业净资产公允价值×截至合并业务发生当年年末国家发行的最长期限的国债利率。

2017年弥补亏损：8 000×3%×50%＝120（万元）

A公司2017应纳税所得额=300-120=180（万元）

2018年弥补亏损：8 000×3%＝240（万元）

A公司2018应纳税所得额=400-240=160（万元）

2019年可弥补亏损：8 000×3%＝240（万元），实际还剩500-120-240=140（万元），则弥补140万元亏损。

A公司2019应纳税所得额=450-140=310（万元）

【案例2】某境内A企业2019年境内应纳税所得额为-29.64万元，其在B国设了一家分支机构，境外分支机构税后所得130万元（境内所得税率为25%，境外所得税率为20%）。

【解析】

境外所得可以弥补境内亏损。

实际应纳所得税额＝[130÷（1-20%）-29.64]×（25%-20%）＝6.64（万元）

【案例3】某公司主要以提供餐饮服务和娱乐服务为主，2020年餐饮服务占收入总额的60%。该公司2019年发生亏损20万，2020年发生亏损30万，假设2021年亏损10万，2022年亏损10万，2023年亏损20万，2024年开始盈利10万，2025年盈利20万，2026年盈利10万，该公司亏损如何结转弥补？

【解析】

（1）该公司2020年度餐饮收入占收入总额大于50%，符合"财政部税务总局公告2020年第8号公告"的困难行业企业条件，因此，2020年度发生的亏损，最长结转年限由5年延长至8年。

（2）由于8号公告规定是2020年度发生的亏损，最长结转年限由5年延长至8年，因此，在没有特殊情况下，该公司2019年亏损和2021年亏损结转年限仍然为5年。即：2019年亏损结转年限为5年，可以结转弥补至2024年；2020年亏损结转为8年，可以结转弥补至2028年；2021年亏损结转为5年，可以结转弥补至2026年。

（3）该公司2024年开始盈利10万，其2019年的亏损还在5年弥补期内，可弥补10万亏损，弥补后2019年还剩10万亏损，无法在以后年度弥补。2025年盈利20万，弥补2020年的亏损后，2020年还剩10万亏损未弥补，可以继续结转到至2028年。

（4）纳税人弥补以前年度亏损时，应按照"先到期亏损先弥补、同时到期亏损先发生的先弥补"的原则处理。所以2026年弥补亏损时，由于2021年的亏损先到期，所以先弥补2021年的亏损。2020年剩余的10万亏损继续往后结转。

（5）受疫情影响较大的困难行业企业按照8号公告第四条规定，适用延长亏损结转年限政策的，应当在2020年度企业所得税汇算清缴时，通过电子税务局提交《适用延长亏损结转年限政策声明》。

【相关风险】

弥补亏损事项处理错误风险。

1. 弥补亏损相关规定

依照企业所得税法的规定，企业将每一纳税年度的收入总额减除不征税收入、免税收入和各项扣除后小于零的数额，就形成了企业当期税收口径上的亏损。在以后的规定年限内，如果企业当年的纳税调整后所得大于零，可以扣除所得减免后的金额首先弥补这部分亏损，其剩余部分作为应纳税所得额，申报缴纳企业所得税。

（1）一般规定。

①《中华人民共和国企业所得税法》第五条规定，企业每一纳税年度的收入总额，减除不征税收入、免税收入、各项扣除以及允许弥补的以前年度亏损后的余额，为应纳税所得额。第十八条规定，企业纳税年度发生的亏损，准予向以后年度结转，用以后年度的所得弥补，但结转年限最长不得超过五年。

②《中华人民共和国企业所得税法实施条例》第十条规定，企业所得税法第五条所称亏损，是指企业依照企业所得税法和本条例的规定将每一纳税年度的收入总额减除不征税收入、免税收入和各项扣除后小于零的数额。

（2）延长亏损结转年限的规定

①《关于延长高新技术企业和科技型中小企业亏损结转年限的通知》（财税〔2018〕76号）第一条规定：自2018年1月1日起，当年具备高新技术企业或科技型中小企业资格（以下统称"资格"）的企业，其具备资格年度之前5个年度发生的尚未弥补完的亏损，准予结转以后年度弥补，最长结转年限由5年延长至10年。

②《国家税务总局关于延长高新技术企业和科技型中小企业亏损结转弥补年限有关企业所得税处理问题的公告》（国家税务总局公告2018年第45号，以下简称"45号公告"）第一条规定：《通知》第一条所称当年具备高新技术企业或科技型中小企业资格企业，其具备资格年度之前5个年度发生的尚未弥补完的亏损，是指当年具备资格的企业，其前5个年度无论是否具备资格，所发生的尚未弥补完的亏损。

③《关于支持新型冠状病毒感染的肺炎疫情防控有关税收政策

的公告》（财政部税务总局公告2020年第8号）第四条规定：受疫情影响较大的困难行业企业2020年度发生的亏损，最长结转年限由5年延长至8年。

困难行业企业，包括交通运输、餐饮、住宿、旅游（指旅行社及相关服务、游览景区管理两类）四大类，具体判断标准按照现行《国民经济行业分类》执行。困难行业企业2020年度主营业务收入须占收入总额（剔除不征税收入和投资收益）的50%以上。

（3）特殊规定。

①企业合并弥补亏损规定。

《财政部、国家税务总局关于企业重组业务企业所得税处理若干问题的通知》（财税〔2009〕59号）第四条第三款规定：企业合并，被合并企业的亏损不得在合并企业结转弥补。第六条第四款规定，企业合并，企业股东在该企业合并发生时取得的股权支付金额不低于其交易支付总额的85%，以及同一控制下且不需要支付对价的企业合并，可以选择按以下规定处理：被合并企业合并前的相关所得税事项由合并企业承继。

可由合并企业弥补的被合并企业亏损的限额=被合并企业净资产公允价值×截至合并业务发生当年年末国家发行的最长期限的国债利率。

国家税务总局关于发布《企业重组业务企业所得税管理办法》的公告（国家税务总局公告2010年第4号）第二十六条《通知》第六条第（四）项所规定的可由合并企业弥补的被合并企业亏损的限额，是指按《税法》规定的剩余结转年限内，每年可由合并企业弥补的被合并企业亏损的限额。

45号公告第三条规定，企业发生符合特殊性税务处理规定的合并事项的，其尚未弥补完的亏损，按照财税〔2009〕59号和本公告有关规定进行税务处理：（一）合并企业承继被合并企业尚未弥补完的亏损的结转年限，按照被合并企业的亏损结转年限确定；（三）合并企业具备资格的，其承继被合并企业尚未弥补完的亏损的结转年限，按照《通知》第一条和本公告第一条规定处理。

②企业分立弥补亏损规定。

《财政部、国家税务总局关于企业重组业务企业所得税处理若干问题的通知》（财税〔2009〕59号）第四条第五款规定：企业分立，企业分立相关企业的亏损不得相互结转弥补。第六条第五款规定：企业分立，被分立企业所有股东按原持股比例取得分立企业的股权，分立企业和被分立企业均不改变原来的实质经营活动，且被分立企业股东在该企业分立发生时取得的股权支付金额不低于其交易支付总额的85%，可以选择按以下规定处理：被分立企业已分立出去资产相应的所得税事项由分立企业承继。

被分立企业未超过法定弥补期限的亏损额可按分立资产占全部资产的比例进行分配，由分立企业继续弥补。

45号公告第三条规定：企业发生符合特殊性税务处理规定的合并事项的，其尚未弥补完的亏损，按照财税〔2009〕59号和本公告有关规定进行税务处理：（二）分立企业承继被分立企业尚未弥补完的亏损的结转年限，按照被分立企业的亏损结转年限确定；（三）分立企业具备资格的，其承继被分立企业尚未弥补完的亏损的结转年限，按照《通知》第一条和本公告第一条规定处理。

③政策性搬迁弥补亏损。

《国家税务总局关于发布〈企业政策性搬迁所得税管理办法〉的公告》（国家税务总局公告2012年第40号）第二十一条规定：企业以前年度发生尚未弥补的亏损的，凡企业由于搬迁停止生产经营无所得的，从搬迁年度次年起，至搬迁完成年度前一年度止，可作为停止生产经营活动年度，从法定亏损结转弥补年限中减除；企业边搬迁、边生产的，其亏损结转年度应连续计算。

④境内外亏损弥补。

境外亏损不能由境内盈利弥补。《中华人民共和国企业所得税法》第十七条规定：企业在汇总计算缴纳企业所得税时，其境外营业机构的亏损不得抵减境内营业机构的盈利。

《财政部、国家税务总局关于企业境外所得税收抵免有关问题的通知》（财税〔2009〕125号）第三条规定：在汇总计算境外应纳税所得额时，企业在境外同一国家（地区）设立不具有独立纳税地位的分支机构，按照企业所得税法及实施条例的有关规定计算的亏损，不得抵减其境内或他国（地区）的应纳税所得额，但可以用同一国家（地区）其他项目或以后年度的所得按规定弥补。

境外所得可以弥补境内亏损。《国家税务总局关于发〈企业境外所得税收抵免操作指南〉的公告》（国家税务总局公告2010年第1号）规定：若企业境内所得为亏损，境外所得为盈利，且企业已使用同期境外盈利全部或部分弥补了境内亏损，则境内已用境外盈利弥补的亏损不得再用以后年度境内盈利重复弥补。

如果企业境内为亏损，境外盈利分别来自多个国家，则弥补境内亏损时，企业可以自行选择弥补境内亏损的境外所得来源国家（地区）顺序。

⑤企业筹办期间不计算为亏损年度。

《国家税务总局关于贯彻落实企业所得税法若干税收问题的通知》（国税函〔2010〕79号）第七条规定：企业自开始生产经营的年度，为开始计算企业损益的年度。企业从事生产经营之前，即筹办活动期间发生的筹办费用支出，不得计算为当期的亏损，应按照《国家税务总局关于企业所得税若干税务事项衔接问题的通知》

（国税函〔2009〕98号）第九条的规定执行，即企业所得税法中开（筹）办费未明确列作长期待摊费用，企业可以在开始经营之日的当年一次性扣除，也可以按照企业所得税法有关长期待摊费用的处理规定进行处理，但一经选定，不得改变。即：企业从事生产经营之前筹办活动期间发生的筹办费用支出，不得计算为当期的亏损。

⑥清算期可以弥补亏损。

《关于企业清算业务企业所得税处理若干问题的通知》（财税〔2009〕60号）第三条规定，企业清算的所得税处理包括以下内容：（四）依法弥补亏损，确定清算所得。即清算的时候，可以弥补亏损。

⑦季度预缴可以弥补以前年度亏损。

《国家税务总局关于发布〈中华人民共和国企业所得税月（季）度预缴纳税申报表（2015年版）等报表〉的公告》（国家税务总局公告2015年第31号）填报说明第五条规定：（一）第8行"弥补以前年度亏损"，填报按照税收规定可在企业所得税前弥补的以前年度尚未弥补的亏损额。

⑧查补调增应纳税所得额弥补亏损。

《国家税务总局关于查增应纳税所得额弥补以前年度亏损处理问题的公告》（国家税务总局公告2010年第20号）规定，税务机关对企业以前年度纳税情况进行检查时调增的应纳税所得额，凡企业以前年度发生亏损，且该亏损属于企业所得税法规定允许弥补的，应允许调增的应纳税所得额弥补该亏损。弥补该亏损后仍有余额的，按照企业所得税法规定计算缴纳企业所得税。

⑨减免收入及所得不得弥补应税亏损，应税所得不得弥补减免项目亏损。

《国家税务总局关于做好2009年度企业所得税汇算清缴工作的

通知》（国税函〔2010〕148号）规定，对企业取得的免税收入、减计收入以及减征、免征所得额项目，不得弥补当期及以前年度应税项目亏损；当期形成亏损的减征、免征所得额项目，也不得用当期和以后纳税年度应税项目所得抵补。

2. 风险表现

（1）不能用于弥补亏损的收入用于弥补亏损。

（2）不具备延长弥补亏损年限的延长了弥补亏损年限。

（3）特殊情形下，计算可弥补亏损额出现错误。

（4）境内盈利抵减了境外亏损。

（5）减免收入及所得弥补了应税项目亏损，应税所得弥补了减免项目亏损。

第四章

个人所得税税务
风险管理

　　个人所得税是我国仅次于增值税和企业所得税的第三大税种。2018年8月，我国进行了第七次个人所得税制度改革，提高了个税起征点，充分考虑了个人实际税负承受能力以及地区等因素对个人收入的影响，使税收政策能够更好地促进劳动者生产积极性的提高以及体现税收的公平性。但在新个税改革过程中，也普遍存在因税收筹划手段不当、税收政策误读等原因导致发生税务风险的现象。因此，本章通过个人所得税税务风险分析指标、税务风险点两个方面相关内容的详细阐述，帮助大家提高对新个税政策相关知识以及执行口径的认识，以达到全面规避相关税务风险的目的。

第一节　个人所得税税务风险分析指标

一、个人所得税扣缴义务人人均工薪收入小于同地区同行业的平均水平

　　【案例】甲公司2019年共有员工66人，工资薪金总额为423 978元。该公司所处地区所处行业的月平均工资水平为8 000

元~10 000元。

【解析】

个人所得税扣缴义务人人均工薪收入=企业在分析期内工资薪金总额÷总人数=423 978÷66=6 423元

6 423元<8 000元，该企业可能存在未足额扣缴个人所得税问题。

【相关风险】

人均工资薪金收入异常风险。

1．指标值

个人所得税扣缴义务人人均工薪收入=企业在分析期内工资薪金总额÷总人数

2．指标预警值

与同地区同行业的人均工薪收入比较，如果偏离度比较大，视为异常。

3．问题指向

分析期内扣缴义务人人均工薪收入小于同地区同行业的平均水平，可能存在隐匿个人所得税收入问题。

二、个人所得税扣缴义务人人均工薪收入本期小于上期

【案例】甲公司2016年、2017年、2018年分别有员工49人、58人、52人，工资薪金总额分别为327 658元、453 692元和421 235元。该公司2019年共有员工66人，个人所得税申报系统申报工资薪金总额为423 978元。

【解析】

2016年人均工薪收入=2016年工资薪金总额÷总人数

=327 658÷49=6 686.90元

2017年人均工薪收入＝2017年工资薪金总额÷总人数=453 692÷58=7 822.28元

2018年人均工薪收入＝2018年工资薪金总额÷总人数=421 235÷52=8 100.67元

三年平均人均工薪收入＝（6 686.90+7 822.28+8 100.67）÷3=7 536.61元

2019年人均工薪收入＝2019年工资薪金总额÷总人数=423 978÷66=6 423.91元

2019年人均工薪收入＜三年平均人均工薪收入，可能存在少申报员工工资薪金收入问题。

【相关风险】

人均工资薪金收入陡降风险。

1．指标值

个人所得税扣缴义务人人均工薪收入＝企业在分析期内工资薪金总额÷总人数

2．指标预警值

与本企业前三年人均工薪收入的平均水平比较，如果偏离度比较大，视为异常。

3．问题指向

分析期内扣缴义务人人均工薪收入小于前三年人均工薪收入，可能存在隐匿个人所得税收入问题。

三、同一单位员工同时存在工资薪金所得与劳务报酬所得

【案例】2020年7月，个人所得税汇缴结束后，某税务局对

辖区自然人个人所得税申报情况进行分析核查，通过身份证号进行查询分析，发现甲公司2019年度存在多人在该公司的个人所得税扣缴申报记录中同时存在工资薪金所得与劳务报酬所得，于是对该公司进行了检查。发现该公司为了少交企业所得税，采取使用部分员工的身份证去代开劳务发票来达到税前列支费用的目的。

【相关风险】

在同一个扣缴单位同时存在工资薪金所得与劳务报酬所得申报记录风险。

1．指标值

同一自然人纳税人识别号在同一个扣缴单位的个人所得税申报记录。

2．指标预警值

同一自然人的纳税人识别号在同一个扣缴单位的个人所得申报记录中同时存在工资薪金所得与劳务报酬所得。

3．问题指向

一般来讲，企业员工从本企业取得的所得主要是工资薪金所得或股息红利所得。除特殊情况外，企业不会为本单位员工支付劳务报酬。如果同一个自然人的纳税人识别号在同一个扣缴单位同时有工资薪金所得和劳务报酬所得申报记录可能存在以下情况：一是企业为了达到降低社保缴费基数的目的，将社保最低缴费基数和发放的工资总额进行比对，通过将工资薪金转化为劳务报酬的方式来人为的减少工资总额；二是企业利用员工身份证代开劳务发票，虚列费用以达到少交企业所得税的目的。

四、个人所得税申报工资总额和企业所得税申报工资总额比对不符

【案例】甲公司2019年企业所得税申报表申报工资总额为89 4567元，个人所得税申报工资总额为866 578元。进一步核查发现该公司将每月发给员工的人人有份的午餐补助未扣缴个人所得税。

【相关风险】

个人所得税申报工资总额和企业所得税申报工资总额比对不符风险。

1. 指标值

指标值=分析期个人所得税申报工资总额÷分析期企业所得税申报工资总额

2. 指标预警值

一般情况下，二者比值接近1。

3. 问题指向

指标值<1，分析期个人所得税申报工资总额小于企业所得税申报工资总额，企业可能存在少扣缴个人所得税或企业所得税税前虚列工资薪金问题。

五、个人独资、合伙企业个税税负率小于行业平均值

【案例】税务机关在案头分析过程中发现，某个人独资企业2019年税收负担率和利润率均低于同地区同行业个人独资企业的平均税收负担率和利润率。经实地核查发现存在以下情况：（1）该企业存在代关联企业支付土地交易费，直接于费用科目列支，未通过往来科目核算；（2）列支商业保险支出；（3）投资者工资、薪金支出未列入不允许扣除的项目金额；（4）业务招待费超标准税前列支；（5）投资者的个人消费与企业的生产经营费用混为一谈。税务

机关认为，该企业纳税调整存在较大的随意性，应纳税调增的投资者工资、薪金支出等成本费用支出不作调增处理，有利于企业的投资者费用却作了纳税调减处理，导致少缴个体工商户生产经营所得个人所得税20 705.96元，责令该企业限期补缴上述税款，并处以所补税款50%罚款的行政处罚。

【解析】

《财政部、国家税务总局关于印发〈关于个人独资企业和合伙企业投资者征收个人所得税的规定〉的通知》（财税〔2000〕91号）第六条第三款规定，投资者及其家庭发生的生活费用不允许在税前扣除。根据《国家税务总局个体工商户个人所得税计税办法》（国家税务总局令第35号）的规定，个体工商户生产经营活动中，应当分别核算生产经营费用和个人、家庭费用；对于生产经营与个人、家庭生活混用难以分清的费用，其40%视为与生产经营有关费用，准予扣除。个体工商户实际支付给从业人员的、合理的工资薪金支出，准予扣除；业主的工资、薪金支出不得税前扣除。发生的与生产经营活动有关的业务招待费，按照实际发生额的60%扣除，但最高不得超过当年销售（营业）收入的5‰。同时，相关法规对个体工商户的工会经费、职工福利费支出、职工教育经费、广告费、业务宣传费和公益性捐赠支出等都作了限额规定。

上述案例中，该个人独资企业应将投资者及其家庭发生的生活费用与企业生产经营费用严格划分；如果成本费用中列支了投资者的工资福利，则应在全部纳税调增的同时，调减投资者减除费用；发生的业务招待费支出，应按照扣除限额扣除。

【相关风险】

个人独资、合伙企业个税税负率小于行业平均值风险。

1. 指标值

税收负担率=分析期个人所得税应纳税额÷分析期收入总额×100%

利润率=分析期利润总额÷分析期收入总额×100%

2. 指标预警值

税收负担率和利润率同时低于该行业地区平均值，视为异常。

3. 问题指向

对查账征收的个人独资、合伙企业税收负担率和利润率进行行业地区横向比较，如果税收负担率和利润率同时低于该行业地区平均值，可能存在虚列成本费用、少交个人所得税问题。

六、所有者权益变动少扣缴个人所得税

【案例】某企业为有限责任公司，有甲和乙两位自然人股东，分别持股51%和49%。2019年年初资本公积共计3 459 000元，盈余公积578 900元，未分配利润78 900元，净利润为129 658元。2019年年末资本公积共计3 459 000元，盈余公积463 219元，未分配利润22 096元。该企业扣缴个人所得税报告表明细中无股息红利所得申报记录。

【解析】

1. 甲自然人股东持股51%

指标值=[期初数（资本公积+盈余公积+未分配利润）+净利润−期末数（资本公积+盈余公积+未分配利润）]×自然人投资比例×20%=[（3 459 000+578 900+78 900）+129 658−（3 459 000+463 219+22 096）]×51%×20%=154 092.93×20%=30 818.586元。

2. 乙自然人股东持股49%

指标值=[期初数（资本公积+盈余公积+未分配利润）+净利润−期末数（资本公积+盈余公积+未分配利润）]×自然人投资比例

×20%=[（3 459 000+578 900+78 900）+129 658−（3 459 000+463 219+22 096）]×49%×20%=148 050.07×20%=29 610.014元。

由于该企业扣缴个人所得税报告表明细中无股息红利所得申报记录，可能存在少代扣代缴利息、股息、红利所得个人所得税的风险。

【相关风险】

资本公积（盈余公积）转增注册资本未扣缴个税风险。

1. 指标值

指标值=[期初数（资本公积+盈余公积+未分配利润）+净利润−期末数（资本公积+盈余公积+未分配利润）]×自然人投资比例×20%

2. 指标预警值

指标值大于扣缴个人所得税报告表明细中股息红利所得个人所得税额。

3. 问题指向

有自然人投资者的非个人独资合伙企业、非上市公司，在转增股本及分配时应代扣代缴利息、股息、红利所得个人所得税，如果指标值大于扣缴个人所得税报告表明细中的股息红利所得个人所得税额，则存在少代扣代缴利息、股息、红利所得个人所得税的风险。

七、个人所得税增长率与工资薪金支出增长率配比分析

【案例】某企业2019年代扣代缴个人所得税36万元，工资薪金总额为1 695万元。2020年代扣代缴个人所得税39万元，工资薪金总额为2 089万元。

【解析】

个人所得税增长率=（分析期个人所得税实缴额−基期个人所得税实缴额）÷基期个人所得税实缴额×100%=（39−36）÷36×100%=8.33%

工资薪金支出增长率=（分析期工资薪金总额−基期工资薪金总额）÷基期工资薪金总额×100%=（2 089−1 695）÷1 695×100%=23.24%

指标值=个人所得税增长率÷工资薪金支出增长率=8.33%÷23.24%=0.36

指标值<1，且相差较大，二者都为正，可能存在未足额扣缴个人所得税或虚列工资情况。

【相关风险】

个人所得税增长率与工资薪金支出增长率配比异常风险。

1. 指标值

个人所得税增长率=（分析期个人所得税实缴额−基期个人所得税实缴额）÷基期个人所得税实缴额×100%

工资薪金支出增长率=（分析期工资薪金总额−基期工资薪金总额）÷基期工资薪金总额×100%

指标值=个人所得税增长率÷工资薪金支出增长率

2. 指标预警值

正常情况下，指标值应接近1。

3. 问题指向

（1）指标值<1，且相差较大，二者都为正，可能存在未足额扣缴个人所得税或虚列工资情况。

（2）指标值>1，且相差较大，二者都为负，可能存在未足额扣缴个人所得税或虚列工资情况。

（3）指标值<0，前者为负后者为正，可能存在未足额扣缴个人所得税或虚列工资情况。

八、自然人代开劳务发票与个人所得税申报记录比对异常

【案例】某税务局税务稽查人员对甲企业进行税务检查过程中发现：该企业经常请省内知名教授来公司授课，并按税前10000元/天的标准向专家支付报酬，并取得了专家在税务机关代开的增值税发票作为税前扣除的凭证。按照代开发票上注明的身份证号进行了个人所得税申报的查询，均未发现该公司对所请教授的个人所得税扣缴记录。最后证实，该公司未按相关规定为上述人员扣缴个税。

【相关风险】

未按规定扣缴劳务报酬个税风险。

1. 指标值

指标值=某自然人纳税人识别号年度内代开劳务发票收入÷个人所得税申报劳务报酬收入

2. 指标预警值

正常情况下，指标值应等于1。

3. 问题指向

指标>1，支付所得的扣缴义务人可能存在未按规定预扣预缴个人所得税问题。

九、某股东其他应收款余额长期未变动异常

【案例】某税务局税务稽查人员对甲企业2019年度纳税情况进行税务检查过程中发现：该企业其他收款——A股东年初数为120万元，年末数未发生变化，依然为120万元。就对该公司其他应收款

进行详细检查，发现A股东于2018年3月从该公司借款120万元，用途是购买住房。税务稽查人员要求该企业按照《国家税务总局关于规范个人投资者个人所得税征收管理的通知》（财税〔2003〕158号）第二条"纳税年度内个人投资者从其投资的企业（个人独资企业、合伙企业除外）借款，在该纳税年度终了后既不归还，又未用于企业生产经营的，其未归还的借款可视为企业对个人投资者的红利分配，依照'利息、股息、红利所得'项目计征个人所得税"之规定，补扣个人所得税24万元。

【相关风险】

股东借款未还未按规定扣缴个税风险。

1. 指标值

指标值=某股东其他应收款年末数−某股东其他应收款年初数

2. 指标预警值

指标值≥0，视为异常。

3. 问题指向

指标≥0，可能存在纳税年度内个人投资者从其投资的企业（个人独资企业、合伙企业除外）借款，在该纳税年度终了后既不归还，又未用于企业生产经营的，未依照"利息、股息、红利所得"项目计征个人所得税的问题。

第二节　个人所得税税务风险点

一、工资薪金所得未按规定扣缴个人所得税

【案例】某汽车零部件有限公司经济性质为其他有限责任公司，注册资本2 000万元。属于增值税一般纳税人。区税务局对该纳

税人进行2017年度纳税评估时,发现该户在正常经营的情况下,业务量较2016年度有较大增长,但其2017年度缴纳的个人所得税的增长幅度却与其主营业务收入的增长幅度不匹配,遂将其列为评估对象。经举证约谈和实地核查,共计补缴个人所得税34 392.12元。

评估人员对该企业2017年度个人所得税查账户进行纳税评估时,发现该企业2016、2017两个年度主营业务收入的增长(2016年主营业务收入2 518万,2017年主营业务收入3 745万,同比增长48.73%),与其个人所得税入库金额的增长(2016年入库113 134.00元,2017年入库124 539.00元,同比增长10.08%)不匹配,存在着隐瞒收入以及随意列支扣除项目的嫌疑。

税务约谈:针对上述疑点,评估人员向该企业送达了《税务约谈通知书》。要求该企业对个人所得税申报异常情况进行解释,并按规定要求提供工资表和财务报表等相关资料。该企业财务负责人对该疑点进行了解释:公司奖金分为三部分,包括劳动竞赛奖、原材料节约奖、销售提成,由公司分到各部门,再由各部门二次分配到个人。由于各部门二次分配表格上报不及时,致使各项奖金没有全部纳入工资表,故部分奖金没有代扣个人所得税。

实地核查:针对约谈举证情况,该公司财务负责人所做的解释,只反映了一部分情况,经主管税务机关负责人批准,评估人员对纳税人下达了《纳税评估实地核查通知书》,对其纳税评估转入实地核查环节,重点审核其账目。

(1)审查纳税申报表中的工资、薪金总额与"工资结算单"的实际工资总额是否一致。发现有按扣除"现金伙食补贴"和"通讯补贴"以后实发工资申报纳税的情况。

(2)审查"生产成本"账户,发现有列支的原材料节约奖,未并入人员收入计算个人所得税。

（3）审查"营业费用"账户，发现列支发放了劳动竞赛奖，未并入人员收入计算个人所得税。

（4）审查"销售费用"账户，发现列支了销售提成奖金，已并入人员收入计算个人所得税。

（5）审查"管理费用"账户，发现记载了组织职工外出旅游等福利，未并入人员收入计算个人所得税。

（6）向企业管理人员了解了包括经理、高管在内的所有职工人数，和"工资结算单"中实领工资的人数比较，未发现异常。

评估处理：经评估人员分析选案和举证约谈，纳税人针对实地核查中提示的问题进行了自查，合计补扣补缴个人所得税34 392.12元。

【相关风险】

工资薪金所得未按规定扣缴个人所得税风险。

1. 相关规定

《个人所得税法》第二条规定，工资、薪金所得应当缴纳个人所得税。

《个人所得税法实施条例》第六条个人所得税法规定的各项个人所得的范围：（一）工资、薪金所得，是指个人因任职或者受雇取得的工资、薪金、奖金、年终加薪、劳动分红、津贴、补贴以及与任职或者受雇有关的其他所得。

第八条规定中个人所得的形式，包括现金、实物、有价证券和其他形式的经济利益；所得为实物的，应当按照取得的凭证上所注明的价格计算应纳税所得额，无凭证的实物或者凭证上所注明的价格明显偏低的，参照市场价格核定应纳税所得额；所得为有价证券的，根据票面价格和市场价格核定应纳税所得额；所得为其他形式的经济利益的，参照市场价格核定应纳税所得额。

2. 风险表现

（1）企业以组织境内外免费培训班、研讨会、工作考察等形式，对本企业雇员营销业绩进行奖励（包括实物、有价证券等），未与当期的工资薪金合并，按照"工资、薪金所得"项目扣缴个人所得税。

（2）企业以各种形式或名目给企业员工发放的所得（包括现金、实物、有价证券和其他形式的经济利益），除免税外，未与当期工资薪金合并，按"工资、薪金所得"项目扣缴个人所得税。如物业费、降温费、洗衣费等其他不得免税的费用。

（3）企业为员工（除个人投资者外）支付与企业生产经营无关的消费性支出及购买汽车、住房等财产性支出（所有权不属于企业），未按照"工资、薪金所得"项目扣缴个人所得税。

（4）企业出资购买房屋和其他财产，将所有权登记为企业其他人员（除个人投资者和投资者家庭成员外）；企业其他人员（除个人投资者和投资者家庭成员外）向企业借款用于购买房屋及其他财产，将所有权登记为企业其他人员，且借款年度终了后未归还借款的，未按照"工资、薪金所得"项目扣缴个人所得税。

（5）企业以现金形式发给个人的住房补贴、医疗补助费，除外籍个人以实报实销形式取得的住房补贴外，未全额计入领取人的当期工资、薪金收入计算扣缴个人所得税。

（6）企业以误餐补助名义发给职工的补贴、津贴，未并入当月工资、薪金所得扣缴个人所得税。

（7）企业从福利费和工会经费中支付给单位职工的人人有份的补贴、补助，不属于免税的福利费，未按税法规定并入工资、薪金所得扣缴个人所得税。

（8）个人在公司（包括关联公司）任职、受雇，同时兼任董事、监事的，未将董事费、监事费与个人工资收入合并，统一按工资、薪金所得项目缴纳个人所得税。

二、劳务报酬所得未按规定扣缴个人所得税

【案例】某集团有限公司经常外聘专家对员工进行内训。2019年4月，该公司支付外聘李教授内训课酬6 000元/天，授课时间共计2天，分四次完成培训任务，共计支付课酬12 000元。该公司按每次3 000元计算个人所得税为（3 000−800）×20%=440元，四次共计申报个税1 760元。2020年6月，市税务局稽查局税务检查指出该公司劳务扣缴税款计算错误。

【解析】

《个人所得税法实施条例》第十四条第一款规定：劳务报酬所得、稿酬所得、特许权使用费所得，属于一次性收入的，以取得该项收入为一次；属于同一项目连续性收入的，以一个月内取得的收入为一次。因为李教授是1个月内取得四次收入，应按一次计税。即：12 000×（1−20%）×20%=1 920元。

同时，该公司支付课酬时未要求李教授提供发票，因此，该项费用在未取得发票前不得在企业所得税税前扣除，调增2019年度企业所得税应纳税所得额。

【相关风险】

劳务报酬所得未按规定扣缴个人所得税风险。

1. 相关规定

《个人所得税法》第二条规定，下列各项个人所得，劳务报酬所得应当缴纳个人所得税。

《个人所得税实施条例》第六条规定，个人所得税法规定的劳务报酬所得，是指个人从事劳务取得的所得，包括从事设计、装潢、安

装、制图、化验、测试、医疗、法律、会计、咨询、讲学、翻译、审稿、书画、雕刻、影视、录音、录像、演出、表演、广告、展览、技术服务、介绍服务、经纪服务、代办服务以及其他劳务取得的所得。

2. 风险表现

（1）对外支付劳务报酬未按规定预扣预缴个人所得税。

（2）劳务报酬扣缴个税计算错误。

（3）企业以组织境内外免费培训班、研讨会、工作考察等形式，对本企业非雇佣的其他营销人员业绩进行奖励（包括实物、有价证券等），未作为其他营销人员当期的劳务收入，按照"劳务报酬所得"项目扣缴个人所得税。

（4）对于只担任董事或监事职务所取得的董事费收入，错用"工资、薪金所得"项目征税，未按照"劳务报酬所得"项目扣缴个人所得税。

三、利息、股息、红利所得未按规定扣缴个人所得税

【案例】以股息所得个人所得税混淆了利息所得个人所得税逃避缴税。2019年，某市税务局稽查局对某县甲工业企业近3年的税收进行检查。通过数据分析发现，该企业个人所得税纳税存在异常，检查年度纳税数额与上年相比差异较大。通过进一步检查发现，差异是由于企业在2019年缴纳了一笔利息个人所得税。经询问财务人员得知，该企业2018年进行企业改制，经济性质由有限责任公司变更为股份有限责任公司。在改制过程中，企业对以前年度的个人集资进行清退，同时返还利息，并代扣代缴个人所得税。财务人员的解释，让检查人员暂时放下了疑问。

在其后的检查中，检查人员对数据进行了归纳汇总。企业2018年发放利息支出3 621 981.89元，应代扣代缴个人所得税724 396.38

元，企业当期未代扣代缴，2019年没有利息支出。2019年2月，补缴了利息个人所得税121 685.92元，还有602 710.46元没有缴纳。6月缴纳了个人所得税款746 200元，多缴143 489.54元，数额不符。带着问题，检查人员询问了财务人员。面对具体数据，财务人员开始含糊其词，解释说会计人员业务不熟悉，把其他项目应代扣代缴的个人所得税计算在一起了，没有按税目区分。随后又说，企业的账簿都是经审计人员审计过的，纳税没有问题。

通过仔细翻看企业的账簿，排除了企业其他项目涉及的个人所得税，还是不能解开疑点。改制会不会有隐性收入？检查人员突然灵机一动，如此大数额税款，涉及的收入应该较大。回想起账簿中一组组数据，企业改制增资涉及的数额吸引了检查人员的眼球。企业增资扩股，除实收资本转换股本外，还用资本公积和留存收益转增股本。企业原股本14 313 800元，转股后股本56 000 000元，增股41 686 200元，除去企业用资本公积37 955 200元转股，企业增加的其他股本用留存收益转股3 731 000元。根据《国家税务总局关于进一步加强高收入者个人所得税征收管理的通知》（国税发〔2010〕54号）的相关规定，该企业的股东为自然人，被投资企业的留存收益转增股本实质是先进行分配后投资处理，应缴纳个人所得税746 200元。这一数额与企业6月缴纳的个人所得税相符，难道仅仅是巧合？面对证据，财务人员败下阵来，不得不承认他们没有代扣代缴集资利息个人所得税，以股息应缴纳的个人所得税混淆了个人集资利息缴纳的个人所得税，达到个人少缴税的目的。

【相关风险】

利息、股息、红利所得未按规定扣缴个人所得税风险。

1. 相关规定

（1）《个人所得税法》第二条、第三条规定：利息、股息、红利所得应当缴纳个人所得税；利息、股息所得，适用比例税率，税率为百分之二十。

《个人所得税法实施条例》第六条规定，利息、股息、红利所得，是指个人拥有债权、股权等而取得的利息、股息、红利所得。

（2）《财政部、国家税务总局关于规范个人投资者个人所得税征收管理的通知》（财税〔2003〕158号）第一条规定：除个人独资企业、合伙企业以外的其他企业的个人投资者，以企业资金为本人、家庭成员及其相关人员支付与企业生产经营无关的消费性支出及购买汽车、住房等财产性支出，视为企业对个人投资者的红利分配，依照"利息、股息、红利所得"项目计征个人所得税。

企业的上述支出不允许在所得税前扣除。

财税〔2003〕158号第二条规定：纳税年度内个人投资者从其投资企业（个人独资企业、合伙企业除外）借款，在该纳税年度终了后既不归还，又未用于企业生产经营的，其未归还的借款可视为企业对个人投资者的红利分配，依照"利息、股息、红利所得"项目计征个人所得税。

（3）《财政部、国家税务总局关于个人股票期权所得征收个人所得税问题的通知》（财税〔2005〕35号）第二条第四款规定：员工因拥有股权而参与企业税后利润分配取得的所得，应按照"利息、股息、红利所得"适用的规定计算缴纳个人所得税。第四条第三款规定：员工因拥有股权参与税后利润分配而取得的股息、红利所得，除依照有关规定可以免税或减税的外，应全额按规定税率计算纳税。

（4）《国家税务总局关于进一步加强高收入者个人所得税征收管理的通知》（国税发〔2010〕54号）规定：对以未分配利润、盈余公积扣除股票溢价发行外的其他资本公积转增注册资本和股本的，要按"利息、股息、红利所得"依据现行政策规定计征个人所得税。

《财政部、国家税务总局关于将国家自主创新示范区有关税收试点政策推广到全国范围实施的通知》（财税〔2015〕116号）第三条第一款规定：自2016年1月1日起，全国范围内的中小高新技术企业以未分配利润、盈余公积、资本公积向个人股东转增股本时，个人股东一次缴纳个人所得税确有困难的，可根据实际情况自行制定分期缴税计划，在不超过5个公历年度内（含）分期缴纳，并将有关资料报主管税务机关备案。第二款规定：个人股东获得转增的股本，应按照"利息、股息、红利所得"项目，适用20%税率征收个人所得税。

2. 风险表现

（1）企业出资购买房屋及其他财产，将所有权登记为投资者个人、投资者家庭成员，未视为企业对个人投资者的红利分配，依照"利息、股息、红利所得"项目扣缴个人所得税。

（2）个人投资者从其投资企业（个人独资企业、合伙企业除外）借款，在该纳税年度终了后既不归还，又未用于企业生产经营的，未归还的借款未视为企业对个人投资者的红利分配，依照"利息、股息、红利所得"项目扣缴个人所得税。

（3）企业员工因拥有股权而参与企业税后利润分配取得的所得，除免税外，错按"工资、薪金"所得扣缴个人所得税。

（4）企业向个人借款并支付利息时，未按税法规定扣缴个人所得税。

（5）对以未分配利润、盈余公积扣除股票溢价发行外的其他资本公积转增注册资本和股本的，未按"利息、股息、红利所得"计征个人所得税。

四、股权转让所得未按规定扣缴个人所得税

【案例】税务人员在对一家水处理设备有限公司进行税收检查时发现，该企业股东张某占100%股权。2019年1月，张某将其50%的股权转让给另一家水处理设备企业，股权转让金额为1 460万元，但是却未依法缴纳个人所得税。对此，张某解释，自己是平价方式转让了50%的股权，在转让过程中没有实现增值，不需要缴纳个人所得税。经税务部门进一步调查核实，按照独立第三方出具的企业价值评估报告中显示该公司的净资产为2 948万元，根据相关规定，该自然人张某转让50%的股权应缴纳个人所得税（财产转让所得）应为（2 948万元×50%-1 460万元）×20%=2.8万元。

【解析】

《股权转让所得个人所得税管理办法（试行）》（国家税务总局公告2014年第67号）第十二条规定，符合下列情形之一，视为股权转让收入明显偏低：（1）申报的股权转让收入低于股权对应的净资产份额的。其中，被投资企业拥有土地使用权、房屋、房地产企业未销售房产、知识产权、探矿权、采矿权、股权等资产的，申报的股权转让收入低于股权对应的净资产公允价值份额的。（2）申报的股权转让收入低于初始投资成本或低于取得该股权所支付的价款及相关税费的。（3）申报的股权转让收入低于相同或类似条件下同一企业同一股东或其他股东股权转让收入的。（4）申报的股权转让收入低于相同或类似条件下同类行业的企业股权转让收入的。（5）不具合理性的无偿让渡股权或股份。（6）主管税务机关认定的其他情形。

第十三条规定，符合下列条件之一的股权转让收入明显偏低，视为有正当理由：（1）能出具有效文件，证明被投资企业因国家政策调整，生产经营受到重大影响，导致低价转让股权；（2）继承或

将股权转让给其能提供具有法律效力身份关系证明的配偶、父母、子女、祖父母、外祖父母、孙子女、外孙子女、兄弟姐妹以及对转让人承担直接抚养或者赡养义务的抚养人或者赡养人；（3）相关法律、政府文件或企业章程规定，并有相关资料充分证明转让价格合理且真实的本企业员工持有的不能对外转让股权的内部转让；（4）股权转让双方能够提供有效证据证明其合理性的其他合理情形。

该公司股东张某平价转让50%股权的情况不属于上述列举的正当理由的范围，需依法缴纳个人所得税。

第十四条规定，主管税务机关应依次按照下列方法核定股权转让收入：（1）净资产核定法。股权转让收入按照每股净资产或股权对应的净资产份额核定。被投资企业的土地使用权、房屋、房地产企业未销售房产、知识产权、探矿权、采矿权、股权等资产占企业总资产比例超过20%的，主管税务机关可参照纳税人提供的具有法定资质的中介机构出具的资产评估报告核定股权转让收入。6个月内再次发生股权转让且被投资企业净资产未发生重大变化的，主管税务机关可参照上一次股权转让时被投资企业的资产评估报告核定此次股权转让收入。

【相关风险】

股权转让所得未按规定扣缴个人所得税风险。

1. 相关规定

（1）《个人所得税法》第二条规定，财产转让所得，应当缴纳个人所得税。《个人所得税法实施条例》第六条规定，财产转让所得，是指个人转让有价证券、股权、合伙企业中的财产份额、不动产、机器设备、车船以及其他财产取得的所得。

（2）《股权转让所得个人所得税管理办法（试行）》（国家税务总局公告2014年第67号）第三条规定，股权转让是指个人将股权转让给其他个人或法人的行为，包括以下情形：（1）出售股权；（2）公司回购股权；（3）发行人首次公开发行新股时，被投资企业股东将其持有的股份以公开发行方式一并向投资者发售；（4）股权被司法或行政机关强制过户；（5）以股权对外投资或进行其他非货币性交易；（6）以股权抵偿债务；（7）其他股权转移行为。

第四条规定，个人转让股权，以股权转让收入减除股权原值和合理费用后的余额为应纳税所得额，按"财产转让所得"缴纳个人所得税。合理费用是指股权转让时按照规定支付的有关税费。

第五条规定，个人股权转让所得个人所得税，以股权转让方为纳税人，以受让方为扣缴义务人。

第七条规定，股权转让收入是指转让方因股权转让而获得的现金、实物、有价证券和其他形式的经济利益。

第八条规定，转让方取得与股权转让相关的各种款项，包括违约金、补偿金以及其他名目的款项、资产、权益等，均应当并入股权转让收入。

第九条规定，纳税人按照合同约定，在满足约定条件后取得的后续收入，应当作为股权转让收入。

第十条规定，股权转让收入应当按照公平交易原则确定。

第十一条规定，符合下列情形之一的，主管税务机关可以核定股权转让收入：（1）申报的股权转让收入明显偏低且无正当理由的；（2）未按照规定期限办理纳税申报，经税务机关责令限期申报，逾期仍不申报的；（3）转让方无法提供或拒不提供股权转让收入的有关资料；（4）其他应核定股权转让收入的情形。

2. 风险表现

（1）个人发生股权转让给其他个人或法人的行为，受让方未按规定扣缴个人所得税。

（2）转让方取得与股权转让相关的各种款项：违约金、补偿金以及其他名目的款项、资产、权益等，未并入股权转让收入计征个人所得税。

（3）股权转让收入明显偏低且无正当理由。

（4）股权原值确定错误。

五、赠送礼品未按规定扣缴个人所得税

【案例】消费者黄女士在某商场消费满10000元，根据商场促销活动可参加抽奖一次，她幸运地抽到一部苹果手机。然而在满心欢喜准备领取手机时，却被告知要交800余元的税费后才能拿到手机。黄女士觉得商场抽奖告示上并没有注明税费问题，随即拨打税务部门电话求助。税务部门接诉后随即展开调查。

【解析】

首先，商家奖品价值未超过50 000元，没有违反《反不正当竞争法》；其次，抽奖所得奖品属个人偶然所得，相关税费该由得奖人支付。根据《中华人民共和国个人所得税法实施条例》规定，个人因参加企业的有奖销售活动而取得的赠品所得，需要缴纳个人所得税。个人因参加企业的有奖销售活动而取得的赠品所得，属于个人所得税"偶然所得"项目。税款由举办有奖销售活动的企业（单位）负责代扣代缴。

【相关风险】

赠送礼品未按规定扣缴个人所得税风险。

1. 相关规定

（1）《财政部、国家税务总局关于个人取得有关收入适用个人所得税应税所得项目的公告》（财政部、国家税务总局公告2019年第74号）第三条规定：企业在业务宣传、广告等活动中，随机

向本单位以外的个人赠送礼品（包括网络红包，下同），以及企业在年会、座谈会、庆典以及其他活动中向本单位以外的个人赠送礼品，个人取得的礼品收入，按照"偶然所得"项目计算缴纳个人所得税，但企业赠送的具有价格折扣或折让性质的消费券、代金券、抵用券、优惠券等礼品除外。

前款所称礼品收入的应纳税所得额按照《财政部、国家税务总局关于企业促销展业赠送礼品有关个人所得税问题的通知》（财税〔2011〕50号）第三条规定计算。

（2）《财政部、国家税务总局关于企业促销展业赠送礼品有关个人所得税问题的通知》（财税〔2011〕50号）第一条规定，企业在销售商品（产品）和提供服务过程中向个人赠送礼品，属于下列情形之一的，不征收个人所得税：（1）企业通过价格折扣、折让方式向个人销售商品（产品）和提供服务；（2）企业在向个人销售商品（产品）和提供服务的同时给予赠品，如通信企业对个人购买手机赠话费、入网费，或者购话费赠手机等；（3）企业对累积消费达到一定额度的个人按消费积分反馈礼品。

第二条第三款规定：企业对累积消费达到一定额度的顾客，给予额外抽奖机会，个人的获奖所得，按照"偶然所得"项目，全额适用20%的税率缴纳个人所得税。

第三条规定：企业赠送的礼品是自产产品（服务）的，按该产品（服务）的市场销售价格确定个人的应税所得；是外购商品（服务）的，按该商品（服务）的实际购置价格确定个人的应税所得。

2.　如何区分赠送礼品是否按偶然所得扣缴个税

（1）赠送礼品需按偶然所得扣缴个税

①在业务宣传、广告等活动中，随机向本单位以外的个人赠送礼品，对个人取得的礼品所得，按照"偶然所得"项目，全额适用

20%的税率缴纳个人所得税。

②企业在年会、座谈会、庆典以及其他活动中向本单位以外的个人赠送礼品，对个人取得的礼品所得，按照"偶然所得"项目，全额适用20%的税率缴纳个人所得税。

③企业对累积消费达到一定额度的顾客，给予额外抽奖机会，个人的获奖所得，按照"偶然所得"项目，全额适用20%的税率缴纳个人所得税。

（2）赠送礼品无需按偶然所得扣缴个税。

①企业赠送的具有价格折扣或折让性质的消费券、代金券、抵用券、优惠券等礼品除外（不一定是本单位的券）。

②企业通过价格折扣、折让方式向个人销售商品（产品）和提供服务。

③企业在向个人销售商品（产品）和提供服务的同时给予赠品，如通信企业对个人购买手机赠话费、入网费，或者购话费赠手机等。

④企业对累积消费达到一定额度的个人按消费积分反馈礼品。

3. 风险表现

（1）赠送礼品给个人，应扣缴未扣缴个人所得税。

（2）赠送礼品给个人，未按规定扣缴个人所得税。

六、发放网络红包未按规定扣缴个人所得税

【案例】原告雷××与被告北京小米支付技术有限公司姓名权纠纷一案。

2017年6月2日、6月14日，雷××分三次合计领取小米支付公司红包0.10元。2017年7月19日，雷××分两次合计领取小米支付公司红包0.03元。2017年7月，小米支付公司为雷××代扣代缴偶

然所得个人所得税25元。2017年8月，小米支付公司为雷××代扣代缴偶然所得个人所得税5元。

2018年4月，雷××接到北京市朝阳区社会保障中心通知，因小米支付公司在2017年7月、8月为雷××缴纳了个人所得税，该记录违反了国家规定的补贴政策，致使雷××低保审核、住房补贴和政府相关审核未能通过。

2018年8月26日，国家税务总局北京经济技术开发区税务局针对雷××的举报行为作出告知书，载明"小米支付公司代扣代缴雷××个人所得税的计税依据不准确"。小米支付公司于2017年8月14日对雷××的6月份偶然所得进行了重新申报，申报收入为0.13元，实缴税款0.03元。小米支付公司于2017年9月14日对雷××的7月份所得进行了重新申报，申报收入为0.04元，实缴税款0.01元。

关于小米支付公司第一次申报数额不准确的原因，该公司称为了便于缴纳税款，对部分红包获得者进行了合并申报并缴税。

小米支付公司辩称，该公司为雷××缴纳偶然所得的个税是法定义务，是在合理合法范围内使用其个人信息，根据法律规定，雷××应缴纳个人所得税，其参与该公司的红包活动并获取了现金红包，属于税法意义上的偶然所得，因而具有缴纳个税的义务。根据《国家税务总局关于加强网络红包个人所得税征收管理的通知》，派发红包的企业，具有代扣代缴个人所得税的义务，本案中该公司作为红包活动的组织者，具有代扣代缴个人所得税的义务，办理税务缴纳需向税务机构提供相应的纳税义务人的身份信息，该公司是在合理合法的范围内使用雷××身份信息。雷××在领取该公司发放的红包前已经知悉并同意该公司基于缴纳个税的需要使用其个人信息，在相关页面和规则部分，明确告知参与人注意，根据国家法律法规中奖后将代缴相关税款，可能使用用户个人信息，就是说该公司对于可能使用红包领取人的信息进行个税缴纳，已经在活动页面进行了明示，不存在所谓的盗用姓名，也没有盗用行为，不构成姓名侵权，因此雷××主张侵犯其姓名权并要求被告登报道歉，于法无据。即使雷××认为该公司代其缴纳的个税数额存在问题，其可以直接向税务机关申请退回多缴纳的税款，根据税收征收管理法的相关规定，纳税人超过应纳数额缴纳的税款，纳税人可以向税务机关要求退回多缴纳的税款，雷××对于超出应纳税额的部分可以通过税务机关对超出部分进行退回，该公司不会对其产生影响，也不会造成损失。

法院认为，公民的姓名权受到侵害的，有权要求赔偿损失。小米支付公司擅自以雷××的名义为其他红包获得者申报应税收入，侵犯了雷××的姓名权，小米支付公司应当承担侵权责任。关于赔礼道歉的诉讼请求，法院综合考量侵权行为的影响范围、损害后果，认定由该公司向雷××递交书面道歉信即可，无需在省级媒体的范围内进行刊登。关于精神损害赔偿，因小米支付公司使用雷××姓名为他人代缴税款的行为侵害了其姓名权，但雷××主张的数额过高，法院酌定为1 000元。

【相关风险】

发放网络红包未按规定扣缴个人所得税风险。

1. 相关规定

《国家税务总局关于加强网络红包个人所得税征收管理的通知》（税总函〔2015〕409号）第一条规定：对个人取得企业派发的现金网络红包，应按照偶然所得项目计算缴纳个人所得税，税款由派发红包的企业代扣代缴。

第二条规定：对个人取得企业派发的且用于购买该企业商品（产品）或服务才能使用的非现金网络红包，包括各种消费券、代金券、抵用券、优惠券等，以及个人因购买该企业商品或服务达到一定额度而取得企业返还的现金网络红包，属于企业销售商品（产品）或提供服务的价格折扣、折让，不征收个人所得税。

第三条规定：个人之间派发的现金网络红包，不属于个人所得税法规定的应税所得，不征收个人所得税。

2. 风险表现

①企业派发的现金网络红包，应扣缴未扣缴个人所得税。

②企业派发的现金网络红包，未按规定扣缴个人所得税。

七、离退休人员相关收入未按规定扣缴个人所得税

【案例】2015年5月11日，某市税务局稽查局对市卫生法学会的涉税情况实施税务检查并送达《税务检查通知书》。稽查局检查发现市卫生法学会2011年至2014年8月未与离退休返聘人员签订劳务雇佣合同，未按规定按照劳务报酬税目代扣代缴离退休返聘人员的个人所得税共计1 005 484.21元，并于2017年10月23日对市卫生法学会应扣未扣个人所得税违法行为处以1倍的罚款共计1 005 484.21元。市卫生法学会不服，于2017年11月16日向西城税务局提起行政复议。

市卫生法学会观点：市医疗纠纷人民调解委员会（以下简称"医调委"）是市卫生法学会的下属机构与事实不符，市卫生法学会不属于个人所得税代扣、代缴义务主体。稽查局核算个税应缴纳税额的，未与纳税义务人核定其收入及工作情况，未考虑纳税义务人存在的差异性，导致核算的个人所得税税额不准确。

稽查局观点：医调委不是独立的民事和税收行政法律责任主体，且未办理扣缴税款登记，不能承担代扣代缴个人所得税义务。市卫生法学会设立医调委，负有代扣代缴相关人员个人所得税的法定义务，其在账薄中核算相关人员的工资、劳务报酬，并

按"工资、薪金所得"应税项目代扣代缴个人所得税，已自认是医调委相关人员的个人所得税扣缴义务人。市卫生法学会聘用离退休人员，不符合按"工资、薪金所得"应税项目代扣代缴个人所得税的条件，应按"劳务报酬所得"应税项目代扣代缴个人所得税。

法院判决：第一稽查局作出的被诉处罚决定认定事实清楚、适用法律正确，内容并无不当。

【解析】

（1）个税代缴义务人的认定。根据《个人所得税法》规定，个人所得税以所得人为纳税人，以支付所得的单位或者个人为扣缴义务人。本案中，医调委属于依法设立的调解民间纠纷的群众性组织，未办理组织机构代码和建立账户，也未办理扣缴税款登记，不具有独立的民事主体资格，不具有承担代扣代缴个人所得税义务的资格。市卫生法学会设立医调委，且医调委工作人员的工资、保险支出等均使用市卫生法学会账户，证明市卫生法学会是离退休人员劳务报酬的实际支付方，作为支付方拥有天然的个税代扣代缴义务。

（2）应按"劳务报酬"代扣代缴个税。《国家税务总局关于个人兼职和退休人员再任职取得收入如何计算个人所得税问题的批复》（国税函〔2005〕382号）规定，个人兼职取得的收入应按照"劳务报酬所得"应税项目缴纳个人所得税；退休人员再任职取得的收入按照"工资薪金"应税项目缴纳个人所得税。

本案中，不符合上述"退休人员再任职"的条件，不能按照"工资、薪金所得"应税项目缴纳个人所得税，应以"劳务报酬"税目征收个人所得税，并根据市卫生法学会提供的账簿、工资表计算其应扣未扣个人所得税金额。

【相关风险】

离退休人员相关收入未按规定扣缴个人所得税风险。

1. 相关规定

（1）《国家税务总局关于个人兼职和退休人员再任职取得收入如何计算征收个人所得税问题的批复》（国税函〔2005〕382号）规定：退休人员再任职取得的收入，在减除按个人所得税法规定的费用扣除标准后，按"工资、薪金所得"应税项目缴纳个人所得税。

（2）《国家税务总局关于离退休人员再任职界定问题的批复》（国税函〔2006〕526号）规定，离退休人员再任职取得薪酬收入，除另有规定外，凡同时符合下列四个条件的，按"工资薪金所得"项目纳税，否则，按"劳务报酬所得"项目纳税：

①受雇人员与用人单位签订一年以上（含一年）劳动合同（协议），存在长期或连续的雇用与被雇用关系；

②受雇人员因事假、病假、休假等原因不能正常出勤时，仍享受固定或基本工资收入；

③受雇人员与单位其他正式职工享受同等福利、社保、培训及其他待遇；

④受雇人员的职务晋升、职称评定等工作由用人单位负责组织。

《国家税务总局关于离退休人员再任职界定问题的批复》（国税函〔2006〕526号）第三条规定：单位是否为离退休人员缴纳社会保险费，不再作为离退休人员再任职的界定条件。

（3）《国家税务总局关于离退休人员取得单位发放离退休工资以外奖金补贴征收个人所得税的批复》（国税函〔2008〕723号）规定：离退休人员除按规定领取离退休工资或养老金外，另从原任职单位取得的各类补贴、奖金、实物，不属于《中华人民共和国个人所得税法》第四条规定可以免税的退休工资、离休工资、离休生活补助费。根据《中华人民共和国个人所得税法》及其实施条例的有关规定，离退休人员从原任职单位取得的各类补贴、奖金、实物，按"工资、薪金所得"应税项目缴纳个人所得税。

（4）《财政部、国家税务总局关于高级专家延长离休退休期间取得工资薪金所得有关个人所得税问题的通知》（财税〔2008〕7号）规定：延长离休退休年龄的高级专家是指享受国家发放的政府特殊津贴的专家、学者和中国科学院、中国工程院院士。延长离休退休年龄的高级专家按下列规定征免个人所得税：

①对高级专家从其劳动人事关系所在单位取得的，单位按国家有关规定向职工统一发放的工资、薪金、奖金、津贴、补贴等收入，视同离休、退休工资，免征个人所得税；

②除上述1项所述收入以外各种名目的津补贴收入等，以及高级专家从其劳动人事关系所在单位之外的其他地方取得的培训费、讲课费、顾问费、稿酬等各种收入，依法计征个人所得税。

（5）《财政部、国家税务总局关于个人所得税法修改后有关优惠政策衔接问题的通知》（财税〔2018〕164号）规定：个人办理提前退休手续而取得的一次性补贴收入，应按照办理提前退休手续至法定离退休年龄之间实际年度数平均分摊，确定适用税率和速算扣除数，单独适用综合所得税率表，计算纳税。

计算公式：应纳税额={〔（一次性补贴收入÷办理提前退休手续至法定退休年龄的实际年度数）－费用扣除标准〕×适用税率－速算扣除数}×办理提前退休手续至法定退休年龄的实际年度数

2．风险表现

（1）离退休人员取得收入应扣缴未扣缴个人所得税。

（2）离退休人员取得薪酬收入未按规定扣缴个人所得税。

八、全年一次性奖金未按规定扣缴个人所得税

【案例】2020年3月，某企业根据其员工2019年度业绩情况发放了2019年度绩效奖，同时根据其年度内一季度的工作表现，如考勤、各项管理制度的执行情况发放"季度考核奖"，发放时，该企业将两项奖金合并按全年一次性奖金计算并扣缴了个人所得税。

【解析】

《国家税务总局关于调整个人取得全年一次性奖金等计算征收个人所得税方法问题的通知》（国税发〔2005〕9号）第一条规定：全年一次性奖金是指行政机关、企事业单位等扣缴义务人根据其全年经济效益和对雇员全年工作业绩的综合考核情况，向雇员发放的一次性奖金。

第五条规定：雇员取得除全年一次性奖金以外的其他各种名目奖金，如半年奖、季度奖、加班奖、先进奖、考勤奖等，一律与当月工资、薪金收入合并，按税法规定缴纳个人所得税。

根据上述规定，根据其全年经济效益和对雇员全年工作业绩的综合考核情况发放的一次性奖金按年终奖计税政策计税。除全年一次性奖金以外的季度考核奖等，与当月工资、薪金收入合并，按税法规定缴纳个人所得税。

【相关风险】

全年一次性奖金未按规定扣缴个人所得税风险。

1. 相关规定

（1）关于全年一次性奖金、中央企业负责人年度绩效薪金延期兑现收入和任期奖励的政策。

①居民个人取得全年一次性奖金，符合《国家税务总局关于

调整个人取得全年一次性奖金等计算征收个人所得税方法问题的通知》（国税发〔2005〕9号）规定的，在2021年12月31日前，不并入当年综合所得，以全年一次性奖金收入除以12个月得到的数额，按照本通知所附按月换算后的综合所得税率表（以下简称"月度税率表"），确定适用税率和速算扣除数，单独计算纳税。计算公式为：应纳税额＝全年一次性奖金收入×适用税率－速算扣除数

居民个人取得全年一次性奖金，也可以选择并入当年综合所得计算纳税。

自2022年1月1日起，居民个人取得全年一次性奖金，应并入当年综合所得计算缴纳个人所得税。

②中央企业负责人取得年度绩效薪金延期兑现收入和任期奖励，符合《国家税务总局关于中央企业负责人年度绩效薪金延期兑现收入和任期奖励征收个人所得税问题的通知》（国税发〔2007〕118号）规定的，在2021年12月31日前，参照本通知第一条第（一）项执行；2022年1月1日之后的政策另行确定。

（2）《国家税务总局关于调整个人取得全年一次性奖金等计算征收个人所得税方法问题的通知》（国税发〔2005〕9号）。

第一条规定： 全年一次性奖金是指行政机关、企事业单位等扣缴义务人根据其全年经济效益和对雇员全年工作业绩的综合考核情况，向雇员发放的一次性奖金。上述一次性奖金也包括年终加薪、实行年薪制和绩效工资办法的单位根据考核情况兑现的年薪和绩效工资。

第三条规定：在一个纳税年度内，对每一个纳税人，该计税办法只允许采用一次。

第四条规定：实行年薪制和绩效工资的单位，个人取得年终兑现的年薪和绩效工资按本通知第二条、第三条执行。

第五条规定：雇员取得除全年一次性奖金以外的其他各种名目奖金，如半年奖、季度奖、加班奖、先进奖、考勤奖等，一律与当月工资、薪金收入合并，按税法规定缴纳个人所得税。

2. 风险表现

（1）年终一次性奖金发放金额处于税率变动临界点，导致多交个人所得税。

（2）非全年一次性奖金所得按全年一次性奖金计算并扣缴了个人所得税。

（3）在一个纳税年度对一个纳税人多次适用年终奖计税方法扣缴个人所得税。

九、单位低价向职工售房未按规定扣缴个人所得税

【案例】2019年，某开发商将市场价300万元的一套住房按照240万元价格销售给某内部员工，则该员工购房，开发商应扣缴个人所得税税额多少？

【解析】

（3 000 000–2 400 000）÷12=50 000元，按月度税率表，确定适用税率30%，速算扣除数4 410元。

应纳税额=（3 000 000–2 400 000）×30%–4 410=175 590元

【相关风险】

单位低价向职工售房未按规定扣缴个人所得税风险。

1. 相关规定

（1）《财政部、国家税务总局关于单位低价向职工售房有关个人所得税问题的通知》（财税〔2007〕13号）

第一条规定：根据住房制度改革政策的有关规定，国家机关、企事业单位及其他组织（以下简称"单位"）在住房制度改革期

间，按照所在地县级以上人民政府规定的房改成本价格向职工出售公有住房，职工因支付的房改成本价格低于房屋建造成本价格或市场价格而取得的差价收益，免征个人所得税。

第二条规定：除本通知第一条规定情形外，根据《中华人民共和国个人所得税法》及其实施条例的有关规定，单位按低于购置或建造成本价格出售住房给职工，职工因此而少支出的差价部分，属于个人所得税应税所得，应按照"工资、薪金所得"项目缴纳个人所得税。

前款所称差价部分，是指职工实际支付的购房价款低于该房屋的购置或建造成本价格的差额。

（2）《财政部、国家税务总局关于个人所得税法修改后有关优惠政策衔接问题的通知》（财税〔2018〕164号）。

第六条规定：单位按低于购置或建造成本价格出售住房给职工，职工因此而少支出的差价部分，符合《财政部、国家税务总局关于单位低价向职工售房有关个人所得税问题的通知》（财税〔2007〕13号）第二条规定的，不并入当年综合所得，以差价收入除以12个月得到的数额，按照月度税率表确定适用税率和速算扣除数，单独计算纳税。计算公式为：

应纳税额 = 职工实际支付的购房价款低于该房屋的购置或建造成本价格的差额 × 适用税率 − 速算扣除数

2. 风险表现

（1）单位低价向职工售房应扣缴未扣缴个人所得税。

（2）单位低价向职工售房未按规定扣缴个人所得税。

十、为员工缴付的保险未按规定计算扣缴个人所得税

【案例】甲有限公司职工樊先生2019年每月实发工资10 500

元（公司已代缴个人缴纳的"三险一金"2 500元，其中含年金800元），公司年度内按本企业上年度职工工资总额240万元的1/12为全体职工缴付年金20万元，其中全年为樊先生缴纳年金13 000元。该公司认为职工缴付的年金属于免税项目，每月按实发工资10 500元扣缴樊先生个人所得税，并照此方法扣缴其他职工的个人所得税。

【解析】

税务稽查人员在对甲公司检查后，指出该公司扣缴个人所得税存在问题。正确的处理方式应为：

（1）樊先生个人每月缴纳的三险一金2 500元中，准予按缴费工资计税基数的4%扣除年金520元〔（10 500+2 500）×4%〕，其他三险一金1700元符合扣除标准。其每月取得工资时应按10 500+2 500−1 700−520=10 780元计算扣缴个人所得税款。

（2）公司按国家有关政策规定的比例，为樊先生缴付的13 000元以及为其他职工缴付的年金缴费，在计入其个人账户时，职工暂不缴纳个人所得税，在以后领取年金时，由年金托管人代扣代缴其应纳的个人所得税。

【相关风险】

为员工缴付的保险未按规定计算扣缴个人所得税风险。

1. 相关规定

（1）《财政部、国家税务总局关于基本养老保险费基本医疗保险费失业保险费、住房公积金有关个人所得税政策的通知》（财税〔2006〕10号）。

第一条规定：企事业单位按照国家或省（自治区、直辖市）人民政府规定的缴费比例或办法实际缴付的基本养老保险费、基本医疗保险费和失业保险费，免征个人所得税；个人按照国家或省（自治区、直辖市）人民政府规定的缴费比例或办法实际缴付的基本养老保险费、基本医疗保险费和失业保险费，允许在个人应纳税所得额中扣除。企事业单位和个人超过规定的比例和标准缴付的基本养老保险费、基本医疗保险费和失业保险费，应将超过部分并入个人当期的工资、薪金收入，计征个人所得税。

（2）《关于企业年金、职业年金个人所得税有关问题的通知》财税〔2013〕103号文件。

①企业和事业单位（以下统称"单位"）根据国家有关政策规定的办法和标准，为在本单位任职或者受雇的全体职工缴付的企业年金或职业年金（以下统称"年金"）单位缴费部分，在计入个人账户时，个人暂不缴纳个人所得税。

②个人根据国家有关政策规定缴付的年金个人缴费部分，在不超过本人缴费工资计税基数的4%标准内的部分，暂从个人当期的应纳税所得额中扣除。

③超过本通知第一条第1项和第2项规定的标准缴付的年金单位缴费和个人缴费部分，应并入个人当期的工资、薪金所得，依法计征个人所得税。税款由建立年金的单位代扣代缴，并向主管税务机关申报解缴。

④企业年金个人缴费工资计税基数为本人上一年度月平均工资。月平均工资按国家统计局规定列入工资总额统计的项目计算。月平均工资超过职工工作地所在设区城市上一年度职工月平均工资300%以上的部分，不计入个人缴费工资计税基数。职业年金个人缴费工资计税基数为职工岗位工资和薪级工资之和。职工岗位工资和薪级工资之和超过职工工作地所在设区城市上一年度职工月平均工资300%以上的部分，不计入个人缴费工资计税基数。

（3）《财政部、国家税务总局、保监会关于将商业健康保险个人所得税试点政策推广到全国范围实施的通知》（财税〔2017〕

39号）。

第一条规定：对个人购买符合规定的商业健康保险产品的支出，允许在当年（月）计算应纳税所得额时予以税前扣除，扣除限额为2 400元／年（200元／月）。单位统一为员工购买符合规定的商业健康保险产品的支出，应分别计入员工个人工资薪金，视同个人购买，按上述限额予以扣除。

2 400元/年（200元／月）的限额扣除为个人所得税法规定减除费用标准之外的扣除。

第二条规定：适用商业健康保险税收优惠政策的纳税人，是指取得工资薪金所得、连续性劳务报酬所得的个人，以及取得个体工商户生产经营所得、对企事业单位的承包承租经营所得的个体工商户业主、个人独资企业投资者、合伙企业合伙人和承包承租经营者。

第三条规定：关于商业健康保险产品的规范和条件：符合规定的商业健康保险产品，是指保险公司参照个人税收优惠型健康保险产品指引框架及示范条款（见附件）开发的、符合一定条件的健康保险产品。

2. 风险表现

（1）企事业单位和个人超过规定的比例和标准缴付基本养老保险费、基本医疗保险费和失业保险费、住房公积金，扣缴单位未将超过部分并入个人当期的工资、薪金收入，计算扣缴个人所得税。

（2）个人缴付的年金个人缴费部分，超过本人缴费工资计税基数的4%标准内的部分，从个人当期的应纳税所得额中扣除，少计个人所得税。

（3）个人购买不符合规定的商业健康保险产品的支出，在当年（月）计算应纳税所得额时税前扣除，少计个人所得税。

十一、财产租赁所得未按规定缴纳个人所得税

【案例】2020年1月苏某将住房出租给吴某，租期1年，1月8日吴某一次支付一年租金18万元，7月10日，发生修缮费1万元（取得合法有效凭证），苏某应缴纳多少个人所得税？

【解析】

1. 个人出租财产取得的财产租赁收入，在计算缴纳个人所得税时，应依次扣除以下费用

第一，财产租赁过程中缴纳的税费。

（1）增值税及附加。其他个人出租住房，按照5%的征收率减按1.5%计算应纳税额，其他个人采取一次性收取租金形式出租不动产的，其租金可在租赁期内平均分摊，分摊后月租金收入不超过10万元的，免征增值税。（注意：除其他个人外，一次性收取的租金不分摊计算）

180 000÷12=15 000元／月＜100 000元／月，可免征增值税，随征的附加税费同时减免。

政策依据：《营业税改征增值税试点有关事项的规定》（财税〔2016〕36号附件2）、《纳税人提供不动产经营租赁服务增值税征收管理暂行办法》的公告（2016年第16号）、《国家税务总局关于小规模纳税人免征增值税政策有关征管问题的公告》（2019年第4号）。

（2）房产税。房产税实行按年计算，分期缴纳的征收办法。对个人出租住房，不区分用途，按4%的税率征收房产税。2019年1月1日至2021年12月31日，增值税小规模纳税人房产税减按50%征收。

2019年房产税：180 000×4%=7200元，叠加享受减税优惠3 600元。

政策依据：《房产税暂行条例》、《财政部、国家税务总局关于廉租住房、经济适用住房和住房租赁有关税收政策的通知》（财税〔2008〕24号）、《财政部、国家税务总局关于实施小微企业普惠性税收减免政策的通知》（财税〔2019〕13号）、《国家税务总局关于增值税小规模纳税人地方税种和相关附加减征政策有关征管问题的公告》（国家税务总局公告2019年第5号）、《财政部、国家税务总局关于营改增后契税、房产税、土地增值税、个人所得税计税依据问题的通知》（财税〔2016〕43号）。

（3）印花税。个人出租、承租住房签订的租赁合同，免征印花税。

政策依据：《财政部、国家税务总局关于廉租住房、经济适用住房和住房租赁有关税收政策的通知》（财税〔2008〕24号）。

以上税费合计3 600元。

第二，向出租方支付的租金。

本案例是以自有住房出租，此项为0。

第三，由纳税人负担的租赁财产实际开支的修缮费用。

允许扣除的修缮费用，以每次800元为限，一次扣除不完的，准予在下一次继续扣除，直至扣完为止。

2. 计算应缴纳的个人所得税

2019年1～6月每月应缴纳个人所得税：

（180 000÷12-300）×（1-20%）×10%=1176元。

2019年7～12月每月应缴纳个人所得税：

（180 000÷12-300-800）×（1-20%）×10%=1 112元

【相关风险】

财产租赁所得未按规定缴纳个人所得税风险。

1. 相关规定

（1）《个人所得税法》第二条规定：财产租赁所得应当缴纳个人所得税。

第六条第四款规定，财产租赁所得应纳税所得额的计算：每次收入不超过四千元的，减除费用八百元；四千元以上的，减除百分之二十的费用，其余额为应纳税所得额。

《个人所得税法实施条例》第六条规定，财产租赁所得，是指个人出租不动产、机器设备、车船以及其他财产取得的所得。

第十四条规定，个人所得税法第六条第一款第二项、第四项、第六项所称每次，分别按照下列方法确定：财产租赁所得，以一个月内取得的收入为一次。

（2）《关于调整住房租赁市场税收政策的通知》（财税〔2000〕125号）规定，对个人出租房屋取得的所得暂减按10%的税率征收个人所得税。

（3）《国家税务总局关于个人转租房屋取得收入征收个人所得税问题的通知》（国税函〔2009〕639号）规定如下：

①个人将承租房屋转租取得的租金收入，属于个人所得税应税所得，应按"财产租赁所得"项目计算缴纳个人所得税。

②取得转租收入的个人向房屋出租方支付的租金，凭房屋租赁合同和合法支付凭据允许在计算个人所得税时，从该项转租收入中扣除。

③《国家税务总局关于个人所得税若干业务问题的批复》（国税函〔2002〕146号）有关财产租赁所得个人所得税前扣除税费的扣除次序调整为：①财产租赁过程中缴纳的税费；②向出租方支付的租金；③由纳税人负担的租赁财产实际开支的修缮费用；④税法规定的费用扣除标准。

（4）《征收个人所得税若干问题的规定》（国税发〔1994〕

089号）第六条关于财产租赁所得的征税问题规定如下：

①纳税义务人在出租财产过程中缴纳的税金和国家能源交通重点建设基金、国家预算调节基金、教育费附加，可持完税（缴款）凭证，从其财产租赁收入中扣除。

②纳税义务人出租财产取得财产租赁收入，在计算征税时，除可依法减除规定费用和有关税、费外，还准予扣除能够提供有效、准确凭证，证明由纳税义务人负担的该出租财产实际开支的修缮费用。允许扣除的修缮费用，以每次800元为限，一次扣除不完的，准予在下一次继续扣除，直至扣完为止。

③确认财产租赁所得的纳税义务人、应以产权凭证为依据。无产权凭证的，由主管税务机关根据实际情况确定纳税义务人。

④产权所有人死亡，在未办理产权继承手续期间，该财产出租而有租金收入的，以领取租金的个人为纳税义务人。

2. 财产租赁所得个人所得税计算

（1）计算公式。

每次（月）收入额不超过4 000元的：应纳税额=应纳税所得额×适用税率=[每次（月）收入额−允许扣除的项目−修缮费用（800元为限）−800]×20%

每次（月）收入额在4 000元以上的：应纳税额=应纳税所得额×适用税率=[每次（月）收入额−允许扣除的项目−修缮费用（800元为限）]×（1−20%）×20%

（2）"每次"如何确定。

（1）一个月收取一年的租金，算一次收入，实务中税务机关放宽口径按照每月收入为一次。

（2）每个月收取租金，每月算一次收入。

（3）不同租赁标的物（比如出租两套房），分别算次数。

3. 风险表现

（1）个人财产租赁所得应缴未缴个人所得税。

（2）个人财产租赁所得未按规定缴纳个人所得税。

十二、企业为雇员代扣代缴偶然所得个人所得税风险

【案例】某公司开展市场营销活动时，购买了某某音乐节门票，大部分以抽奖方式发放给个人（非本公司员工），剩余门票赠送给本公司员工。该公司以"偶然所得"名目为第三方个人及相关员工代扣代缴了20%的个人所得税。

【相关风险】

企业为雇员代扣代缴偶然所得个人所得税风险。

1. 相关规定

（1）《财政部、国家税务总局关于个人取得有关收入适用个人所得税应税所得项目的公告》（财政部、国家税务总局公告2019年第74号）第三条规定：企业在业务宣传、广告等活动中，随机向本单位以外的个人赠送礼品（包括网络红包，下同），以及企业在年会、座谈会、庆典以及其他活动中向本单位以外的个人赠送礼品，个人取得的礼品收入，按照"偶然所得"项目计算缴纳个人所得税，但企业赠送的具有价格折扣或折让性质的消费券、代金券、抵用券、优惠券等礼品除外。

（2）《财政部、国家税务总局关于企业促销展业赠送礼品有关个人所得税问题的通知》（财税〔2011〕50号）第三条规定：企业赠送的礼品是自产产品（服务）的，按该产品（服务）的市场销售价格确定个人的应税所得；是外购商品（服务）的，按该商品（服务）的实际购置价格确定个人的应税所得。

（3）《中华人民共和国个人所得税法实施条例》第六条第一

款规定：工资、薪金所得，是指个人因任职或者受雇取得的工资、薪金、奖金、年终加薪、劳动分红、津贴、补贴以及与任职或者受雇有关的其他所得。第八条规定：个人所得的形式，包括现金、实物、有价证券和其他形式的经济利益；所得为实物的，应当按照取得的凭证上所注明的价格计算应纳税所得额，无凭证的实物或者凭证上所注明的价格明显偏低的，参照市场价格核定应纳税所得额；所得为有价证券的，根据票面价格和市场价格核定应纳税所得额；所得为其他形式的经济利益的，参照市场价格核定应纳税所得额。

2．风险表现

存在对同一员工扣缴申报工资薪金所得又扣缴申报偶然所得情况，也可能存在个人所得税适用品目不正确问题。

第五章

其他税种税务
风险管理

小税种，也可能会出大问题，企业在防范大税种的相关风险的同时，一定不能忽视小税种的相关风险。本章将对印花税、土地增值税、房产税、土地使用税等相关税种的风险评估指标、主要风险点等进行详细阐述。

第一节　印花税税务风险管理

一、印花税税务风险分析指标

（一）印花税税负变动系数

【案例】某企业为建筑施工企业，2018年主营业务收入为6 400万元，缴纳印花税32 800元；2019年主营业务收入为9 800万元，缴纳印花税35 600元。

【解析】

印花税税负变动系数=本期印花税负担率÷上年同期印花税负担率。

2018年印花税负担率=（应纳税额÷计税收入）×100%=

3.28÷6 400×100%=0.05%

2019年印花税负担率=（应纳税额÷计税收入）×100%=3.56÷9 800×100%=0.036%

印花税税负变动系数=本期印花税负担率÷上年同期印花税负担率=0.036%÷0.05%=0.73

比值小于1，该企业可能存在未足额申报印花税问题。

【相关风险】

印花税税负变动系数异常风险。

1. 指标值

印花税税负变动系数=本期印花税负担率÷上年同期印花税负担率

其中：印花税负担率=（应纳税额÷计税收入）×100%

2. 指标预警值

正常情况下，二者的比值应接近1。

3. 问题指向

本指标用于分析可比口径下印花税额占计税收入的比例及其变化情况。本期印花税负担率与上年同期对比，正常情况下二者的比值应接近1。当比值小于1，可能存在未足额申报印花税问题。

（二）印花税同步增长系数

【案例】某企业为建筑施工企业，2018年主营业务收入为6 400万元，缴纳印花税32 800元；2019年主营业务收入为9 800万元，缴纳印花税35 600元。

【解析】

应纳税额增长率=〔（本期累计应纳税额–上年同期累计应纳税额）÷上年同期累计应纳税额〕×100%=〔（35 600–32 800）÷32 800〕×100%=8.54%

主营业务收入增长率=〔（本期累计主营业务收入额–上年同期

累计主营业务收入额）÷上年同期累计主营业务收入额〕×100%=〔（9 800–6 400）÷6 400〕×100%=53.13%

印花税同步增长系数=应纳税额增长率÷主营业务收入增长率=8.54%÷53.13%=0.16

比值小于1，该企业可能存在未足额申报印花税问题。

【相关风险】

印花税同步增长系数异常风险。

1. 指标值

印花税同步增长系数=应纳税额增长率÷主营业务收入增长率

应纳税额增长率=〔（本期累计应纳税额–上年同期累计应纳税额）÷上年同期累计应纳税额〕×100%

主营业务收入增长率=〔（本期累计主营业务收入额–上年同期累计主营业务收入额）÷上年同期累计主营业务收入额〕×100%

2. 指标预警值

正常情况下，二者的比值应接近1。

3. 问题指向

本指标用于分析印花税应纳税额增长率与主营业务收入增长率，评估纳税人申报（贴花）纳税情况真实性。适用于建筑安装等行业应纳税额增长率与主营业务收入增长率对比分析。正常情况下二者应基本同步增长，比值应接近1。当比值小于1，可能存在未足额申报印花税问题。

（三）印花税应纳税额与短期或长期借款合计增加额比对分析

【案例】某企业2019年初长期借款为4 000万元，2019年末长期借款为6 000万元。年度印花税申报数为零。

【解析】

《印花税暂行条例》第二条规定，下列凭证为应纳税凭证：

（一）借款合同或者具有合同性质的凭证；（三）营业账簿。

印花税税目税率表。

借款合同：征税范围为银行及其他金融组织和借款人（不包括银行同业拆借）所签订的借款合同；税率为万分之零点五，即按借款金额万分之零点五贴花；纳税义务人为立合同人；单据作为合同使用的，按合同贴花。

该企业2019年长期借款增加2 000万元，印花税为零，可能存在向银行借款未申报缴纳印花税问题。

【相关风险】

印花税应纳税额与短期或长期借款合计增加额比对异常风险。

1. 指标值

短期或长期借款合计增加额=本期短期或长期借款年末数 – 本期短期或长期借款年初数

2. 指标预警值

正常情况下，指标值>0，借款合同印花税额>0。

3. 问题指向

如果本期短期或长期借款合计增加额大于0，而本期借款合同印花税应纳税额为0，可能存在向银行借款未缴纳印花税问题。

（四）印花税应纳税额与实收资本、资本公积合计增加额比对分析

【案例】某企业2019年实收资本年初数为8 000万元，年末数为9 000万元。年度印花税申报数为零。

【解析】

印花税税目税率表。

营业账簿：征税范围为记载资金的营业账簿，对其他营业账簿不征收印花税；税率为万分之二点五，即按实收资本（股本）、资本公积的万分之二点五贴花。

《国家税务总局关于资金账簿印花税问题的通知》（国税发〔1994〕25号）第一条规定：生产经营单位执行"两则"后，其"记载资金的账簿"的印花税计税依据改为"实收资本"与"资本公积"两项的合计金额。

第二条规定：企业执行"两则"启用新账簿后，其"实收资本"和"资本公积"两项的合计金额大于原已贴花资金的，就增加的部分补贴印花。

《财政部、国家税务总局关于对营业账簿减免印花税的通知》（财税〔2018〕50号）规定，自2018年5月1日起，对按万分之五税率贴花的资金账簿减半征收印花税，对按件贴花五元的其他账簿免征印花税。

该企业2019年实收资本年初数为8 000万元，年末数为9 000万元，印花税为零，可能存在实收资本增加未申报缴纳印花税问题。

【相关风险】

印花税应纳税额与实收资本、资本公积合计增加额比对分析异常风险。

1. 指标值

实收资本、资本公积合计增加额=本期实收资本、资本公积年末数 – 本期实收资本、资本公积年初数

2. 指标预警值

正常情况下，指标值>0，实收资本印花税额>0。

3. 问题指向

如果本期实收资本、资本公积合计增加额大于0，而本期印花税应纳税额为0，可能存在实收资本、资本公积增加未缴纳印花税问题。

（五）印花税变动率与在建工程增加额比对分析

【案例】某企业资产负债表2019年初在建工程为6 000万元，

2019年末在建工程为10 000万元。2019年申报印花税金额为200元。

【解析】

该企业在建工程增加，应该有购进建筑服务的行为。

《印花税暂行条例》第二条规定，建设工程承包合同或者具有合同性质的凭证为应纳税凭证。

建筑、安装工程承包合同按承包金额万分之三贴花，纳税人为立合同人。

根据上述规定，该企业可能存在签订建筑合同未按规定缴纳印花税的问题。

【相关风险】

印花税变动率与在建工程增加额比对分析异常风险。

1. 指标值

在建工程增加额=本期在建工程期末数－本期在建工程期初数

2. 指标预警值

正常情况下，指标值>0，建筑合同印花税额>0。

3. 问题指向

如果本期在建工程增加额大于0，而本期印花税应纳税额为0，可能存在签订建筑服务合同未缴纳印花税问题。

二、印花税税务风险点

（一）发生印花税应税范围的行为未按规定缴纳印花税

【案例】2019年5月初，某县税务局在对行业企业涉税数据进行案头分析时发现，辖区某煤炭运销企业印花税申报数据异常。从相关数据看，近几年来，虽然该企业印花税申报税额较大，但其印花税税额仅与主营业务收入（销售合同）应缴纳的印花税数额相符，而其煤炭产品购进环节（采购合同）印花税却并未进行纳税申报。

税务人员了解到，该企业是一家国有企业，是为其母公司旗下所有煤炭生产企业煤产品做统一销售的公司。因该企业与煤炭生产企业签有框架性购销合同，采取每吨煤收取3元~5元服务费进行统一销售，但实际操作时，双方通过开具增值税专用发票进行煤炭价款结算，在账目处理时，双方均按照产品销售和商品购入处理。经过调查，税务人员初步认为，该企业存在对原煤购进合同未申报缴纳印花税的嫌疑，遂将其确定为专业纳税评估对象。

针对案头分析发现的疑点，对该企业2016年~2018年度印花税纳税情况开展了专业纳税评估。在约谈该企业相关人员时，企业人员认为其经营行为不属于购销行为，而属于代母公司行使统一销售煤产品的代销行为，因而原煤购进环节未申报缴纳印花税，只就原煤销售环节申报缴纳了印花税，从而造成在2016年~2018年度少申报缴纳购销合同印花税2 110.73万元。

由于涉案税额较大，征纳双方在税收政策理解上存在偏差。为稳妥起见，县税务局向市税务局作了专题汇报，市税务局专门就此案情况向省税务局进行了请示，省税务局经过慎重研究后明确："该企业的经营行为是购销行为而非代销行为，因为有增值税专用发票的流转，同时还有资金的流转，完全符合购销合同的成立要件。根据印花税暂行条例和经济合同法相关规定，以及《关于企业集团内部使用的有关凭证征收印花税问题的通知》（国税函〔2009〕9号）文件精神，该企业购入原煤应征收印花税。"

【相关风险】

发生印花税应税范围的行为未按规定缴纳印花税风险。

1. 相关规定

《印花税暂行条例》第一条规定，在中华人民共和国境内书立、领受本条例所列举凭证的单位和个人，都是印花税的纳税义务人（以下简称"纳税人"），应当按照本条例规定缴纳印花税。

第二条规定，下列凭证为应纳税凭证。

（1）购销、加工承揽、建设工程承包、财产租赁、货物运输、仓储保管、借款、财产保险、技术合同或者具有合同性质的凭证。

（2）产权转移书据。

（3）营业账簿。

（4）权利、许可证照。

（5）经财政部确定征税的其他凭证。

2. 印花税征税范围、税率及纳税义务人（见表5-1）

表5-1　印花税税目、税率表

	税目	范围	税率	纳税义务人	说明
1	购销合同	包括供应、预购、采购、购销结合及协作、调剂、补偿、易货等合同	按购销金额万分之三贴花	立合同人	
2	加工承揽合同	包括加工、定作、修缮、修理、印刷、广告、测绘、测试等合同	按加工或承揽收入万分之五贴花	立合同人	
3	建设工程勘察设计合同	包括勘察、设计合同	按收取费用万分之五贴花	立合同人	
4	建筑安装工程承包合同	包括建筑、安装工程承包合同	按承包金额万分之三贴花	立合同人	

续表

	税目	范围	税率	纳税义务人	说明
5	财产租赁合同	包括租赁房屋、船舶、飞机、机动车辆、机械、器具、设备等合同	按租赁金额千分之一贴花。税额不足1元的按1元贴花	立合同人	
6	货物运输合同	包括民用航空、铁路运输、海上运输、内河运输、公路运输和联运合同	按运输费用万分之五贴花	立合同人	单据作为合同使用的，按合同贴花
7	仓储保管合同	包括仓储、保管合同	按仓储保管费用千分之一贴花	立合同人	仓单或栈单作为合同使用的，按合同贴花
8	借款合同	银行及其他金融组织和借款人（不包括银行同业拆借）所签订的借款合同	按借款金额万分之零点五贴花	立合同人	单据作为合同使用的，按合同贴花
9	财产保险合同	包括财产、责任、保证、信用等保险合同	按保险费收入千分之一贴花	立合同人	单据作为合同使用的，按合同贴花
10	技术合同	包括技术开发、转让、咨询、服务等合同	按所载金额万分之三贴花	立合同人	
11	产权转移书据	包括财产所有权和版权、商标专用权、专利权、专有技术使用权等转移书据	按所载金额万分之五贴花	立据人	
12	营业账簿	生产经营用账册	记载资金的账簿，按固定资产原值与自有流动资金总额万分之五贴花。其他账簿按件贴花5元	立账簿人	《财政部 税务总局关于对营业账簿减免印花税的通知》（财税〔2018〕50号）自2018年5月1日起，对按万分之五税率贴花的资金账簿减半征收印花税，对按件贴花五元的其他账簿免征印花税

	税目	范围	税率	纳税义务人	说明
13	权利、许可证照	包括政府部门发给的房屋产权证、工商营业执照、商标注册证、专利证、土地使用证	按件贴花5元	领受人	

3. 风险表现

发生印花税应税范围的行为未按规定缴纳印花税。

（二）实收资本、资本公积变化未缴纳印花税

【案例】某服饰公司是2018年12月成立的，于2019年1月开始生产经营，主要从事外贸服装生产和销售，该公司成立以来，生产经营情况正常，各种税收及基金费申报缴纳也及时。该公司2019年度销售收入419.67万元，利润为5.59万元，增值税税负在1.3%左右。该单位资产总额为764.88万元，权益总额500.8万元。

该公司2019年1月开始正常生产，在审核该公司全年的纳税申报表时发现印花税仅申报了购销合同和账册贴花，而新注册的实收资本和其他许可证照以及其他合同没有申报，初步认定，该公司存在少申报印花税的疑点。因此，确定该公司为纳税评估对象。

评估人员首先就该公司的财务报表和纳税申报表进行了书面审核，从申报资料可以看出，该公司2019年共申报印花税1 299元，申报房产税18 380.66元，申报城镇土地使用税6 304.5元，个人所得税全年零申报。从财务报表中可以看出，实收资本500万元，"在建工程"科目也有数据，肯定有建筑合同，经评估分析，该公司可能存在印花税少申报问题。

为了进一步核实情况，于是评估人员在4月20日向该公司下达账证核实通知书，对该单位相关纳税资料进行了详细检查，通过看账簿、翻凭证，核对出入库单据，发现有运输合同3.37万元、实收资本500万元、建筑合同146.51万元、购买的房产95万元、证照等都未申报印花税，最终确定少申报印花税2 184.7元，其他税种未发现少申报。

【相关风险】

实收资本、资本公积变化未缴纳印花税风险。

1. 相关规定

《国家税务总局关于资金账簿印花税问题的通知》（国税发〔1994〕25号）第一条规定，印花税计税依据为"实收资本"与"资本公积"两项的合计金额。

"实收资本"和"资本公积"两项的合计金额大于原已贴花资金的，就增加的部分补贴印花。

《中华人民共和国印花税暂行条例施行细则》第二十四条规定，凡多贴印花税票者，不得申请退税或者抵用。

2. 风险表现

"实收资本"和"资本公积"两项的合计金额大于原已贴花资金的，未就增加的部分补贴印花。

（三）发生产权转移行为未按规定缴纳印花税

【案例】W公司是一家未上市的股份有限公司，公司股东张某是原始股东之一，公司成立时以5 000万元出资持有公司25%的股份。2019年6月张某出国发展，将名下W公司25%的股份以1.2亿元的价格悉数转让给黄某。在对W公司的专项检查中，检查人员就该转让业务检查纳税情况，发现公司留存文档中有张某已缴纳6万元印花税的依据，却没有黄某缴纳印花税的凭证。经询问发现，黄某未缴纳该笔印花税。税务局据此责成黄某补缴印花税并处以罚款。

　　黄某起初认为张某已经就1.2亿元的转让标的全额缴纳了印花税，自己不应再交。税务稽查人员解释说，根据印花税相关法规规定，两方或者两方以上当事人签订并各执一份凭证的，应当由各方就所执的一份各自全额贴花。也就是张某、黄某都应分别就转让协议上的1.2亿元标的全额缴纳印花税。听完解释后，黄某继续提出异议，认为他与张某签订的股权转让协议，受让的是W公司的股权，作为W公司的股东，这笔印花税当然应该由W公司来替他支付，这是公司财务人员的错，并以此理由不接受罚款处罚。稽查人员再次解释，相关法规规定，产权转移书据由立据人贴花，作为股权转让协议的当事人，黄某和张某才是该产权的转移书据印花税的纳税义务人，而W公司并没有纳税义务。

　　《印花税暂行条例》第八条规定：同一凭证，由两方或者两方以上当事人签订并各执一份的，应当由各方就所执的一份各自全额贴花。

　　《印花税暂行条例施行细则》第十六条规定：产权转移书据由立据人贴花，如未贴或者少贴印花，书据的持有人应负责补贴印花。所立书据以合同方式签订的，应由持有书据的各方分别按全额贴花。

【相关风险】

发生产权转移行为未按规定缴纳印花税风险。

1. 相关规定

《中华人民共和国印花税暂行条例施行细则》第十六条规定：产权转移书据由立据人贴花，如未贴或者少贴印花，书据的持有人应负责补贴印花。所立书据以合同方式签订的，应由持有书据的各方分别按全额贴花。

《中华人民共和国印花税暂行条例》（国务院令第11号）中印花税税目税率表规定，产权转移书据，按书据所载金额0.5‰贴花。

产权转移书据包括财产所有权和版权、商标专用权、专利权、专有技术使用权等转移书据和土地使用权出让合同、土地使用权转让合同、商品房销售合同等权利转移合同。

所称产权转移书据，是指单位和个人产权的买卖、继承、赠与、交换、分割等所立的书据。"财产所有权"转移数据的征收范围，是指政府管理机关登记注册的动产、不动产所有权转移所立的书据，以及企业股权转让所立的书据，并包括个人无偿赠送不动产所签订的"个人无偿赠与不动产登记表"。当纳税人完税后，税务机关（或其他征收机关）应在纳税人印花税完税凭证上加盖"个人无偿赠与印章"。

2. 风险表现

发生产权转移行为未按规定缴纳印花税。

（四）电子形式签订的应税凭证未按规定缴纳印花税

【案例】某电信分公司主要负责全省电信网络手机销售工作，该企业购进手机业务，通过用友财务软件中的ERP系统与总公司通过电子"请购单"进行确认、付款，然后生成入库单，总公司给分公司开具增值税专用发票。"请购单"上明确以下事项：存货编码、存货名称、单位、数量、总部出货单价、订货金额、需求公司（分公司）、采购公司（总公司）、调入仓库。上述电子"请购单"是否属于印花税应税凭证？

【解析】

《国家税务总局关于各种要货单据征收印花税问题的批复》（国税函发〔1990〕994号）规定，商业企业开具的要货成交单据，是当事人之间建立供需关系，以明确供需各方责任的常用业务凭证，属于合同性质的凭证，应按规定贴花。

《财政部、国家税务总局关于印花税若干政策的通知》（财税〔2006〕162号）规定，对纳税人以电子形式签订的各类应税凭证按规定征收印花税。

《北京市地方税务局关于印花税征收管理有关问题的通知》（京地税地〔2006〕531号）第一条规定：对纳税人以电子形式签订的各类应税凭证按规定征收印花税。对于以电子形式签订的各类印花税应税凭证，纳税人应自行编制明细汇总表，明细汇总表的内容应包括合同编号、合同名称、签订日期、适用税目、合同所载计税金额、应纳税额等。纳税人依据汇总明细表的汇总应纳税额，按月以税收缴款书的方式缴纳印花税，不再贴花完税。缴纳期限为次月的10日内，税收缴款书的复印件应与明细汇总表一同保存，以备税务机关检查。

因此，上述"请购单"所载内容具备合同要素，属于合同性质的凭证，是以电子形式签订的应税凭证，符合以上规定，应缴纳印花税。

【相关风险】

电子形式签订的应税凭证未按规定缴纳印花税风险。

1. 相关规定

（1）《国家税务总局关于各种要货单据征收印花税问题的批复》（国税函发〔1990〕994号）规定，商业企业开具的要货成交单据，是当事人之间建立供需关系，以明确供需各方责任的常用业务凭证，属于合同性质的凭证，应按规定贴花。

（2）《财政部、国家税务总局关于印花税若干政策的通知》（财税〔2006〕162号）规定，对纳税人以电子形式签订的各类应税凭证按规定征收印花税。

2. 风险表现

对以电子形式签订的各类应税凭证未按规定缴纳印花税。

第二节　土地增值税税务风险管理

一、土地增值税税务风险分析指标

（一）转让应税项目增值率变动系数

1. 指标值

转让应税项目增值率变动系数＝（当期转让应税项目增值率－基期转让应税项目增值率）÷基期转让应税项目增值率

2. 指标预警值

一般情况下，转让应税项目增值率变动系数应该大于等于零。

3. 问题指向

该指标适用于发生经常性转让行为的纳税人，如房地产开发、投资、销售行业。增值率变动系数反映企业的经营状况和业绩，变动率出现负数，应进一步深入进行分析核实。

（二）转让应税项目增值率与同类项目转让增值率配比

1. 指标值

转让应税项目增值率与同类项目转让增值率的比值＝转让应税项目的增值率÷市场上相同或类似项目的增值率

2. 指标预警值

一般情况下，指标值应接近1。

3. 问题指向

分析判断发生转让房产和土地使用权的价格和增值额的准确性，防止隐瞒转让收入，虚增成本。二者接近1，如果远低于1，说明转让的价格低于市场价格，进一步评估分析。

（三）土地增值税变动与企业利润额（应纳税所得额、应纳所得税额）变动的配比分析

1. 指标值

本指标主要适用于经常发生土地增值税应税项目的房地产开发公司、投资公司等。

指标值＝土地增值税增长率÷营业利润增长率

2. 指标预警值

该指标应等于或略大于1。

3. 问题指向

土地增值税是以法定增值额作为计税依据的，而法定的土地增值额与企业利润额（应纳税所得额、应纳所得税额，下同）也呈现正相关关系。因而考察土地增值税变动与企业利润额之间的变化发展关系，也可以对纳税人税收义务履行情况作出判断。

企业利润增加无非是盈利能力增加或盈利能力不变，销售收入规模增加，任何一种情况都会使土地增值税发生相同幅度的增加。结合土地增值税超率累进税率，一定幅度价格增加会形成转让收入和增值率的增加，引起税额增加。该指标应等于或略大于1，如果比值小于1，说明土地增值税增长幅度低于营业利润增长幅度，如果远低于1，或为负数，应确认为重点可疑，进一步评估分析。

（四）当期转让全部土地使用权、房产的增值率变动与同期房地产行业价格指数变动的配比分析

1. 指标值

指标值＝转让全部土地使用权、房产的增值率÷同期房地产行业价格指数变动率

2. 指标预警值

该指标一般应等于或接近于1。

3. 问题指向

房地产开发企业当期转让全部土地使用权、房产的增值率的高低变化，很大程度上取决于转让收入的高低变化，因为可扣除的成本和费用是相对固定的。因此，社会经济研究机构或政府经济部门发布的当地房地产价格指数，可作为市场行情的晴雨表。当价格指数增长快，说明房地产价格上升的速度也快，土地增值税纳税人在应税项目的权属转让上也会获得更大的收入和价差，并得到较高的增加值和增加率。由此我们可以认为，本系数一般应该等于或接近于1。如果该比值接近0或者为负数，则说明土地增值税的增长幅度大大低于价格指数增长，甚至出现相反的变化趋势，应作为重大疑点进一步进行分析。

二、土地增值税税务风险点

（一）应履行未履行土地增值税纳税义务

【案例】某市一家外国公司的分公司于2018年3月转移办公地址，将原用于其办公的一座房产转让给他人，取得货币收入100万元但未交纳土地增值税。经当地税务机关稽查发现后，认定该分公司属于土地增值税的纳税义务人，向其追征了税款。

【解析】

（1）不论是企业、事业单位、国家机关、社会团体及其他组织，还是个人，只要有偿转让房地产，都是土地增值税的纳税人。

（2）不论是全民所有制企业、集体企业、私营企业、个体经营者，还是联营企业、合资企业、合作企业、外商独资企业等，只要有偿转让房地产，都是土地增值税的纳税人。

（3）不论是内资企业还是外商投资企业、外国驻华机构，也不论是中国公民、港澳台同胞、海外华侨，还是外国公民，只要有偿转让房地产，都是土地增值税的纳税人。

在上述案例中，该外国公司属于外国企业的分公司，既不是中国企业，又不具备法人资格，但只要进行了有偿转让房地产的行为，就是土地增值税的纳税人，应依法缴纳土地增值税。

【相关风险】

应履行未履行土地增值税纳税义务风险。

1. 相关法规

（1）《土地增值税暂行条例》第二条规定，转让国有土地使用权、地上的建筑物及其附着物（以下简称"房地产"）并取得收入的单位和个人，为土地增值税的纳税义务人（以下简称"纳税人"），应当依照本条例缴纳土地增值税。

第十条规定，纳税人应当自转让房地产合同签订之日起七日内向房地产所在地主管税务机关办理纳税申报，并在税务机关核定的期限内缴纳土地增值税。

（2）《土地增值税暂行条例实施细则》第六条规定，条例第二条所称的单位，是指各类企业单位、事业单位、国家机关和社会团体以及其他组织；条例第二条所称的个人，包括个体经营者。

2. 风险表现

应履行未履行土地增值税纳税义务。

（二）土地增值税征收范围判断错误

【案例】某私营工业企业于2016年1月向该市的工商银行申请贷款500万元，用于引进先进设备，银行要求企业以其新建的一座厂房抵押。经企业同意后，双方于2016年2月15日签订借款合同，在合同中约定，企业以其新建的厂房作为抵押，向该市的工商银行贷款500万元，贷款期限为两年，贷款利率10%。到了2018年2月15

日，该企业由于经营不善，无力偿还贷款。银行代其将新建厂房拍卖，取得600万元的收入，在偿还贷款本息及相关费用后，将余款交还给该企业。当地的税务机关经稽查后认定，该企业应于2018年2月就其厂房拍卖所得收入缴纳土地增值税。

【解析】

在上述案例中，该私营工业企业虽然以其新建的厂房作为抵押品取得了500万元的银行贷款，但其厂房的所有权并没有改变，500万元的银行贷款也并非是该企业取得的收入，而是必须在两年后还本付息的借款，因而其抵押行为并不属于土地增值税的征税范围，不需要缴纳土地增值税。2018年2月，银行代该企业拍卖其新建厂房，使得厂房的所有权发生了转移，该企业也间接获得了拍卖厂房所取得的收入，并以其偿还了银行的贷款。按照《土地增值税暂行条例》第二条的规定，上述拍卖行为应属于土地增值税的征税范围，应依法缴纳土地增值税。

【相关风险】

土地增值税征收范围判断错误风险。

1. 相关规定

《土地增值税暂行条例实施细则》第三条规定，条例第二条所称的国有土地，是指按国家法律规定属于国家所有的土地。

2. 风险表现

（1）属于应交土地增值税范围未交税。

（2）不属于应交土地增值税范围交错税。

（三）土地增值税收入、扣除项目确认错误

【案例】某房地产公司土地增值税偷税案例分析

（1）纳税人基本情况：某房地产开发有限公司2012～2018年陆续开发房地产项目四个：项目A、项目B、项目C、项目D，其中项目A、D各分两期开发，项目B、C不分期。项目A于2013年竣工验收，项目B于2015年竣工验收，项目C和项目D一期于2018年竣工验收，上述已竣工验收项目已销售的房地产建筑面积占整个项目可售面积均达到85%以上，均可进行土地增值税清算；项目D二期未竣工验收，销售量也未达到85%。

项目A、B、C和项目D一期已销售的房产收入共计191 030万元，项目D的第二期已取得预售收入29 900万元。

该公司2012～2018年以来，只是对预收房产的收入申报预缴土地增值税，2012～2018年共预缴土地增值税3 589万元。

（2）案件查处情况：近年来房地产行业发展速度加快，房价日益上涨，行业利润不断增加，但该公司销售利润率明显偏低、申报缴纳的土地增值税税额较小，检查组决定从转让土地及房产的成本和税收方面入手。

首先从外围调查取证，配合对纳税人的账簿检查。

①到发展改革委了解该公司历年来房地产项目立项情况，初步掌握该公司开发的楼盘地点、建筑面积。

②从国土资源局取得该公司所有的用地协议书、文件或土地使用权证书，初步掌握其取得土地的分布情况。

③从建委取得该公司开发的房地产项目竣工验收单或备案表，掌握其开发项目的竣工验收时间。

④调取该公司财务报表、企业所得税申报表，了解其已入账的收入、成本、利润的情况。查询该公司历年缴纳土地增值税的情况。

⑤收集政府公布的开发成本指标及成本构成指标。

⑥根据项目完工情况，测算该公司开发的房地产项目总收入，按照该公司取得土地的时间测算其取得土地的成本，按政府公布的

单位面积开发成本测算其完工项目的总开发成本，进而测算土地增值税的增值额、应缴的土地增值税，与历年缴纳的土地增值税进行比较，初步判断该公司缴纳的土地增值税差距较大。

其次，分别以成本和收入两大类进行具体检查。

①通过对"工程施工"科目的检查，发现该公司投资路桥建设已于2012年完工，但成本一直未办理结算，据介绍是因为农民拆迁补偿问题一直协商不清。经税务机关与当地政府协调，促使该公司进行了成本清算。

②通过对"开发成本"科目的检查，发现该公司已竣工验收的开发项目A、C和项目D一期，工程成本均未全部结算完毕，账面上还有不少预提的建安成本，检查组责成其在30天内必须把所有已竣工验收项目的所有成本结算完毕。

③经过审核"预收账款——代建工程"明细账，并查阅政府关于代建房的相关文件，发现该公司开发的项目B为政府引进外资项目，由政府低价划拨土地给该公司用于写字楼的建设，建成后除其中的一层留该公司自用外，其余的给某外资公司。双方合同中约定，外资公司以该公司投入的成本价结算房产价值，该公司只收取管理费。因此，双方一致认为该项目为代建工程。经审核，此项目土地使用权证、立项书均为该公司的，按政策规定不属于代建工程，系销售不动产行为。

④根据账面资料，分项目分期汇总该公司销售情况，包括楼盘名称、房号、确权面积、购买人、合同签订时间、合同金额、付款方式，总体掌握该公司每个项目每期销售收入的详细情况。

⑤到项目所在地进行实地盘点，并以购买者的身份到各物业公司了解剩余房产情况、已交付房产的时间等。

⑥通过对"开发成本"明细账的检查，发现该公司购买建材的

部分发票有假发票之嫌。经协查、审验，发现假发票金额达1 100万元。

⑦通过对"费用"明细账的检查，发现该公司支付的咨询费中附有某工程造价咨询公司对其开发项目的造价咨询报告，检查组立即调取工程造价咨询公司造价审核结果和依据，对照该公司的账面支付成本进行分析，并对财务部负责人、工程部负责人做了询问笔录，最后核实该公司虚列建安成本1 300万元。

（3）检查中发现的问题。

①转让土地取得收入未缴土地增值税2 093万元。该公司与政府签订投资路桥协议。双方约定，在工程完工后，政府一方按合同约定的工程预算造价折算土地对其补偿。如果工程实际成本超出预算成本，政府再适当追加补偿土地的数量。由补偿的土地所产生的增值额全部归企业一方所有。2012年路桥建设完工，政府按照协议补偿该公司土地400亩，该公司拥有土地的使用权、支配权和处分权。此后，该公司在尚未取得土地使用权证的情况下，即将其中的370亩土地使用权陆续转让，取得收入20 700万元。剩下30亩自行开发项目B。投资建设路桥的成本及缴纳的土地相关费用总额按取得的土地数量进行分摊，转让部分的土地成本及费用为12 600万元，缴纳与转让土地使用权相关的税费约1 149万元，增值额6 951万元，增值率约51%，未申报缴纳土地增值税约2 093万元。

②该公司"长期应付款"科目三年来一直体现贷方余额1 400万元，经外调核实，该笔款项系该公司转让5.3亩土地的土地权取得的收入。扣除公司为此支付的出让金及相关费用1 200万元和已缴纳的与转让土地权相关的税费约78万元，增值额122万元，增值率约9%，未申报缴纳土地增值税约37万元。

③该公司将已入"固定资产"科目并计提折旧的"某大厦"房

产转让（已使用3年），收到房款并在账面上体现收入460万元。该项房产的购入成本是370万元（其中：缴纳契税约11万元），购房发票合法有效，但该公司在转让前没有进行价值评估。根据有关税收政策规定，此种情况下，转让方应按购房发票每年加计5%费用约54万元，缴纳与转让房产的相关税费约25万元，增值额11万元，增值率约2%，应补缴土地增值税3万元。

④该公司开发项目A、C和项目D一期的已售收入共计188 000万元，其中普通住宅收入67 700万元。该公司将普通住宅中的22套销售给公司内部高管人员，总计480万元，价格明显偏低且无正当理由，如果按其同期同类房产平均价格核定，则应确定收入610万元。

项目A、C和项目D一期共支付土地及开发成本（含未销售房产成本）112 480万元，其中：假发票列支成本1 100万元、虚增开发成本1 300万元、不合法票据列支开发间接费用960万元、不属于开发间接费用的费用1 700万元。该公司已按规定预缴土地增值税3 083万元。该公司所支付的贷款利息是按每个项目每期的建筑面积进行分摊，而无法按取得贷款的实际用途划分使用对象，也不能提供金融机构证明，因此，按照有关规定，房地产开发费用按加计10%计算。经过调整计算，项目A一期普通住宅应补土地增值税93万元、其他房产应补土地增值税314万元；项目A二期普通住宅应补土地增值税99万元、其他房产应补土地增值税861万元；项目C普通住宅应补土地增值税276万元、其他房产应补土地增值税5 244万元；项目D普通住宅应补土地增值税1 031万元、其他房产应补土地增值税642万元。这里的"其他房产"指的是项目A、C、D第一期的写字楼、商场、车位。

⑤该公司的项目D二期正在预售中，未办理竣工验收。在已取得的29 900万元预售款收入中，普通住宅占8 700万元，写字楼、商场、车位21 200万元。如分别按1%、2%计算，应预征土地增值税

约511万元，已预征506万元，应补缴土地增值税5万元。

该公司将开发项目B收到的销售房款挂"预收账款——代建工程"科目，工程于2013年竣工结算，土地成本、开发成本及配套设施成本为2 600万元。其中，少部分房产为自用，已按建筑面积分摊开发成本560万元；其他房产销售给某外资公司，取得售楼款2 900万元挂"预收账款——代建工程"科目，已缴纳与转让房产相关的税费约161万元。由于该公司所支付的贷款利息是按每个项目每期的建筑面积进行分摊，而无法按取得贷款的实际用途划分使用对象，也不能提供金融机构证明，因此，按照有关规定，房地产开发费用按加计10%计算为204万元，加计20%扣除约为408万元，增值额87万元，增值率3%，应补增值税约26万元。

【相关风险】

土地增值税收入、扣除项目确认错误风险。

1．相关规定

（1）《中华人民共和国土地增值税暂行条例》第四条规定：纳税人转让房地产所取得的收入减除本条例第六条规定扣除项目金额后的余额，为增值额。

第五条规定：纳税人转让房地产所取得的收入，包括货币收入、实物收入和其他收入。

第六条规定：计算增值额的扣除项目包括以下内容：

①取得土地使用权所支付的金额；

②开发土地的成本、费用；

③新建房及配套设施的成本、费用，或者旧房及建筑物的评估价格；

④与转让房地产有关的税金；

⑤财政部规定的其他扣除项目。

（2）《中华人民共和国土地增值税暂行条例实施细则》第五条规定：第二条所称的收入，包括转让房地产的全部价款及有关的经济收益。

（3）《关于营改增后土地增值税若干征管规定的公告》（国家税务总局公告2016年70号）第一条规定：营改增后，纳税人转让房地产的土地增值税应税收入不含增值税。适用增值税一般计税方法的纳税人，其转让房地产的土地增值税应税收入不含增值税销项税额；适用简易计税方法的纳税人，其转让房地产的土地增值税应税收入不含增值税应纳税额。

为方便纳税人，简化土地增值税预征税款计算，房地产开发企业采取预收款方式销售自行开发的房地产项目的，可按照以下方法计算土地增值税预征计征依据：

土地增值税预征的计征依据=预收款–应预缴增值税税款

第二条规定：关于营改增后视同销售房地产的土地增值税应税收入确认问题。

纳税人将开发产品用于职工福利、奖励、对外投资、分配给股东或投资人、抵偿债务、换取其他单位和个人的非货币性资产等，发生所有权转移时应视同销售房地产，其收入应按照《国家税务总局关于房地产开发企业土地增值税清算管理有关问题的通知》（国税发〔2006〕187号）第三条规定执行。纳税人安置回迁户，其拆迁安置用房应税收入和扣除项目的确认，应按照《国家税务总局关于土地增值税清算有关问题的通知》（国税函〔2010〕220号）第六条规定执行。

第三条规定：关于与转让房地产有关的税金扣除问题。

①营改增后，计算土地增值税增值额的扣除项目中"与转让房地产有关的税金"不包括增值税。

②营改增后，房地产开发企业实际缴纳的城市维护建设税（以下简称"城建税"）、教育费附加，凡能够按清算项目准确计算的，允许据实扣除。凡不能按清算项目准确计算的，则按该清算项目预缴增值税时实际缴纳的城建税、教育费附加扣除。

其他转让房地产行为的城建税、教育费附加扣除比照上述规定执行。

第四条规定：关于营改增前后土地增值税清算的计算问题。

房地产开发企业在营改增后进行房地产开发项目土地增值税清算时，按以下方法确定相关金额：

①土地增值税应税收入=营改增前转让房地产取得的收入+营改增后转让房地产取得的不含增值税收入

②与转让房地产有关的税金=营改增前实际缴纳的营业税、城建税、教育费附加+营改增后允许扣除的城建税、教育费附加

第五条规定：关于营改增后建筑安装工程费支出的发票确认问题。

营改增后，土地增值税纳税人接受建筑安装服务取得的增值税发票，应按照《国家税务总局关于全面推开营业税改征增值税试点有关税收征收管理事项的公告》（国家税务总局公告2016年第23号）规定，在发票的备注栏注明建筑服务发生地县（市、区）名称及项目名称，否则不得计入土地增值税扣除项目金额。

2．风险表现

（1）收入确认风险。

①非直接销售和自用房地产收入确定不符合规定。房地产开发企业将开发产品用于职工福利、奖励、对外投资、分配给股东或投资人、抵偿债务、换取其他单位和个人的非货币性资产等，发生所有权转移时应视同销售房地产，收入按照规定的方法确认。

②隐瞒、虚报转让价格或价格明显偏低。当房地产开发企业不报或者有意低报转让价格的情况下，可能会被税务机关按照评估机构参照同类房地产的市场交易价格进行评估，进而根据评估价格确定房地产的转让收入。

③与转让房地产有关的经济利益未按规定确认。房地产企业的转让收入包括全部价款和经济利益。对于房地产企业因转让房地产收取的违约金、赔偿金、滞纳金、延期付款利息等其他各种性质的经济利益，都应当确认为房地产转让收入。当房地产购买方违约，导致房产未能转让的，违约金不作为与转让房地产有关的经济利益。因此，对于这部分经济利益，应按规定如实认定。

（2）成本确认风险。

①未取得合法凭据的无法扣除。土地增值税的扣除项目金额时，应以合法凭据为依据，未取得合法凭据的不得扣除。对方单位是经营性企业时必须提供税务部门监制的发票。如果对方单位是行政机关或者政府行业管理机构，则可以是行政事业性收据，但是也应是符合要求的收据才行。

②未实际发生的成本不得扣除。扣除项目金额中归属的各类成本必须是真实发生的（除去特别规定的可以预提的成本），否则不得在土地增值税计算中扣除。以开发过程中占比较大的建安发票为例，如果存在相关合同中注明的建筑工程款、材料费、单位用量、工程造价等信息与账目科目中开发成本、工程物资等科目存在差异，或者开票方与领用方不符等异常情况，那么税务机关会对业务的真实性产生合理怀疑，如果经过调查，这些成本并未实际发生，轻则补缴税款，重则视情况处以偷税、虚开等处理处罚。

③扣除项目的分配或分摊不合规定。符合分配分摊规定的成本才能扣除。房地产开发土地面积、建筑面积和可售面积必须与权

属证、房产证、预售证、房屋测绘所测量数据、销售记录、销售合同、有关主管部门的文件等载明的面积数据一致，并确定各项扣除项目的分摊标准。对于一些特殊成本的分摊，例如车库的成本的分摊，还有特别的规定。扣除项目分配或者分摊不合规定，会被认定为不得扣除或者扣除错误进行调整，不但需要补缴税款，视情况可能被认定为偷税，而予以处理处罚。

（3）开发费用确认风险。

房地产开发费用包括房地产开发项目相关的销售费用、管理费用、财务费用等。常出现税务风险的是融资费用。根据《土地增值税暂行条例实施细则》第七条（三）规定：财务费用中的利息支出，凡能够按转让房地产项目计算分摊并提供金融机构证明的，允许据实扣除，但最高不能超过按商业银行同类同期贷款利率计算的金额。其他房地产开发费用，按本条（一）（二）项规定计算的金额之和的百分之五以内计算扣除。凡不能按转让房地产项目计算分摊利息支出或不能提供金融机构证明的，房地产开发费用按本条（一）（二）项规定计算的金额之和的百分之十以内计算扣除。因此，这部分财务费用一是要看是否列入房地产开发成本的利息支出中，如果列入了，那需要调整到财务费用中计算扣除。另外，需要看这部分利息支出是否取得了合法有效的凭证。对于未能提供金融机构证明的利息支出，首先会被判断是否具有真实性，是否符合业务需要，接着会被核查扣除比例。如果不符合规定，会被要求补缴税款、滞纳金，也可能视情形被追究偷税等责任。

（四）核定征收土地增值税风险

【案例】2018年9月，某房地产开发公司开发项目全部为普通住宅，可售面积4万平方米，每平方米售价1.5万元。该楼盘地价及开发成本合计4亿元，总售价6亿元。

【解析】

土地增值税核定征收税额=6亿元÷1.1×5%=0.3亿元

土地增值税查账征收税额：

不含税收入=6亿元÷1.1=5.45亿元

税金及附加（忽略）

扣除项目金额=4亿元×1.3=5.2亿元

增值额=5.45亿元−5.2亿元=0.25亿元

增值率=0.25÷5.2×100%=4.8%

应纳土地增值税 =0.25亿元×30%=0.075亿元

免税额：普通住宅增值率不超过20%的，免征土地增值税。免税额=0.075亿元

通过示例可以看出，核定征收企业需要缴纳土地增值税0.3亿元，而通过查账征收不需要缴纳土地增值税，企业的利润因此增加3 000万元。

【相关风险】

核定征收土地增值税风险。

1. 相关规定

（1）《土地增值税清算管理规程》（国税发〔2009〕91号）第三十三条规定：在土地增值税清算过程中，发现纳税人符合核定征收条件的，应按核定征收方式对房地产项目进行清算。

（2）《国家税务总局关于加强土地增值税征管工作的通知》（国税发〔2010〕53号）第四条规定：核定征收必须严格依照税收法律法规规定的条件进行，任何单位和个人不得擅自扩大核定征收范围，严禁在清算中出现"以核定为主、一核了之""求快图省"的做法。

（3）《土地增值税清算规程》第三十五条规定的核定征收情

形如下：一是依照法律、行政法规的规定应当设置但未设置账簿的；二是擅自销毁账簿或者拒不提供纳税资料的；三是虽设置账簿，但账目混乱或者成本资料、收入凭证、费用凭证残缺不全，难以确定转让收入或扣除项目金额的；四是土地增值税清算条件，企业未按照规定的期限办理清算手续，经税务机关责令限期清算，逾期仍不清算的；五是申报的计税依据明显偏低，又无正当理由的。

2. 风险表现

（1）只有符合核定征收条件的，才能在土地增值税清算中进行核定征收。并且，从某些地区的规定中可以看出，对于不符合核定征收条件的，要及时调整为查账征收，并且同时涉嫌构成偷税的，要依据《税收征收管理法》进行处理。

（2）账务核算不规范，未及时索取发票等有效凭证，被核定征收土地增值税，导致税负上升。

第三节　房产税税务风险管理

一、房产税税务风险分析指标

（一）房产税应缴与实缴税款差异分析

1. 指标值

（1）企业实际缴纳的房产税（原值）。

（2）企业应缴房产税。

A应缴房产税＝[房产原值×（1–减除幅度）]×房产税适用税率

B应缴房产税（房屋自用）＝（房产年末原值–房屋出租原值）×（1–减除幅度）×房产税适用税率

房产税（原值）差异值=企业实际缴纳的房产税（原值）－应

缴房产税

2. 指标预警值

正常情况下差异值应该为零，如果二者不相符，视为异常。

3. 问题指向

在房产原值数据真实的情况下，经过指标值的测算，可推算出应纳房产税，将测算的应纳房产税与实际缴纳的房产税比对，判断是否存在差异。如果房产税（原值）差异值小于零且差异较大，则企业可能存在房产税少计，隐瞒房产原值收入等问题，视为异常。

A应用于查账征收且房屋全部自用的单位；B应用于既有房屋自用又有出租的单位。

（二）房屋租金收入变动率与房产税变动率比对分析

1. 指标值

房屋租金收入变动率=（分析期房屋租金收入–上期房屋租金收入）÷上期房屋租金收入×100%

房产税变动率=［分析期房产税（房屋出租）–上期房产税（房屋出租）］÷上期房产税（房屋出租）×100%

2. 指标预警值

正常情况下，两个变动率的关系是正相关的，两者基本应该同步增长。

3. 问题指向

若房屋租金收入变动率大于0，而房产税变动率小于或等于0时，可能存在少缴房产税的问题；反之，可能存在少交增值税的问题，需进一步核实企业是否存在该类问题。

（三）固定资产（房屋）原值变动率与房产税变动率比对分析

1. 指标值

固定资产（房屋）原值变动率=［固定资产原值（房屋）期末

数–固定资产原值（房屋）期初数］÷固定资产原值（房屋）期初数×100%

房产税变动率=［分析期房产税（从价）–上期房产税（从价）］÷上期房产税（从价）×100%

指标值=房产税变动率÷固定资产（房屋）原值变动率

2. 指标预警值

正常情况下，两个变动率的关系是正相关的，两者基本应该同步增长。

3. 问题指向

（1）指标值小于1，且房产税变动率与固定资产变动率且均为正数，固定资产增长幅度高于房产税增长幅度，可能存在少计提房产税问题；

（2）指标值大于1，且房产税变动率与固定资产变动率且均为负数，固定资产减少幅度低于房产税减少幅度，可能存在少计提房产税问题；

（3）指标值小于0，房产税变动为负值，固定资产变动率为正值，固定资产增幅较大而房产税不增长，可能存在少计提房产税问题。

（四）在建工程变动率与房产税变动率比对分析

1. 指标值

在建工程变动率=（在建工程期末数–在建工程期初数）÷在建工程期初数×100%

房产税变动率=（分析期房产税–上期房产税）÷上期房产税×100%

2. 指标预警值

正常情况下，两个变动率的关系是负相关的，在建工程减少，房产税增长。

3. 问题指向

（1）如果分析期在建工程变动率小于0，而房产税变动率小于或等于0时，可能存在少缴房产税的问题；

（2）如果在建工程长期大于零，而房产税变动率小于或等于0时，可能存在企业房产已经验收或者在验收前就已交付使用，未按规定申报缴纳房产税。

（五）（租赁）印花税与（租赁）房产税比对分析

1. 指标值

（租赁）印花税变动率=（分析期印花税−上期印花税）÷上期印花税×100%

（租赁）房产税变动率=（分析期房产税−上期房产税）÷上期房产税×100%

2. 指标预警值

正常情况下，两个变动率的关系是正相关的。

3. 问题指向

（1）如果租赁房产税增长额>0，而本期（租赁）印花税应纳税额为0，纳税人可能未按规定缴纳印花税。

（2）如果租赁房产税增长额为0，而本期（租赁）印花税应纳税额>0，纳税人可能未按规定缴纳租赁房产税。

此问题仅限于缴纳租赁房屋合同印花税的纳税人，或者缴纳房产租金收入营业税的纳税人。

二、房产税税务风险点

（一）地价未计入房产原值一并申报房产税

【案例】某企业土地成本100万元，土地面积10 000平方米，房屋的面积为4 000平方米，请问该企业在计算房产原值时并入的土地成本是多少？

【解析】

容积率低于0.5时，按2倍的比例将土地成本计入房产原值。

容积率 = 房屋建筑面积 ÷ 土地面积=4 000÷10 000=0.4<0.5

需按2倍的比例将土地成本计入房产原值，因此并入的土地成本为100×（0.4×2）=80万元。

【相关风险】

地价未计入房产原值一并申报房产税风险。

1. 相关规定

《财政部、国家税务总局关于安置残疾人就业单位城镇土地使用税等政策的通知》（财税〔2010〕121号）第三条明确规定：对按照房产原值计税的房产，无论会计上如何核算，房产原值均应包含地价，包括为取得土地使用权支付的价款、开发土地发生的成本费用等。宗地容积率低于0.5的，按房产建筑面积的2倍计算土地面积并据此确定计入房产原值的地价。

2. 风险表现

按照账簿中"固定资产"账户显示的金额申报缴纳房产税，没有将列示在"无形资产"等科目的土地成本纳入房产原值。

（二）免租期未按规定申报缴纳房产税

【案例】A公司将自有房产一套出租给Y公司使用，租赁合同约定给予Y公司一年的免租期，免租期自2018年1月1日起至12月31日止，免租期结束后，Y公司正常向A公司支付租金。因房产已经对外出租，且在免租期内并未收取租金，A公司在2018年未申报房产税。

【解析】

根据财税〔2010〕121号第二条规定，免收租金期间由产权所有人按照房产原值缴纳房产税。因此，A公司应该在免租期内以房屋所有权人的身份按照房产原值进行正常纳税申报，从价计征房产税。

【相关风险】

免租期未按规定申报缴纳房产税风险。

1. 相关规定

《财政部、国家税务总局关于安置残疾人就业单位城镇土地使用税等政策的通知》（财税〔2010〕121号）第二条规定：对出租房产，租赁双方签订的租赁合同约定有免收租金期限的，免收租金期间由产权所有人按照房产原值缴纳房产税。

2. 风险表现

出租房产，租赁双方签订的租赁合同约定有免收租金期限的，免收租金期间未按规定缴纳房产税。

（三）房地产开发企业售出前已使用或出租、出借的商品房未按规定缴纳房产税

【案例】A公司是一家大型房地产开发企业，该公司开发的一栋商住楼于2019年5月完全竣工，各项手续完备。A公司将其中5套商品房装修后作为样板间对外展示，供购房者参观，同时将其中2套商品房作为办公用房供现场工作人员使用。A公司财务人员考虑到上述7套商品房在售出前仍属存货产品，因此并未申报缴纳房产税。

【解析】

根据国税发〔2003〕89号第一条"对房地产开发企业建造的商品房，在售出前，不征收房产税；但对售出前房地产开发企业已使用或出租、出借的商品房应按规定征收房产税"之规定，5套商品房

装修后作为样板间，仅用作对外展示，仍属存货产品，不征收房产税；2套商品房用于现场工作人员办公，已投入使用，应按规定申报缴纳房产税。

【相关风险】

房地产开发企业售出前已使用或出租、出借的商品房未按规定缴纳房产税风险。

1. 相关规定

《国家税务总局关于房产税、城镇土地使用税有关政策规定的通知》（国税发〔2003〕89号）第一条规定：鉴于房地产开发企业开发的商品房在出售前，对房地产开发企业而言是一种产品，因此，对房地产开发企业建造的商品房，在售出前，不征收房产税；但对售出前房地产开发企业已使用或出租、出借的商品房应按规定征收房产税。

2. 风险表现

房地产开发企业售出前已使用或出租、出借的商品房未按规定缴纳房产税。

（四）房产税纳税义务起始时间确认错误

【案例】A公司委托Y建筑公司建造一栋办公楼，2017年3月已办理完竣工决算并交付使用，2017年8月办证。A公司依据"房产税由产权所有人缴纳"的规定，认为只有取得了产权证才会发生房产税纳税义务，因此自2017年9月开始申报该办公楼的房产税。

【解析】

根据财税地字〔1986〕8号第十九条"纳税人委托施工企业建设的房屋，从办理验收手续之次月起征收房产税。纳税人在办理验收手续前已使用或出租、出借的新建房屋，应按规定征收房产税"之规定，取得房产证并不是成为发生房产税纳税义务的前提条件，按照实质重于形式原则，如果房产已经验收或者在验收前就已交付使用，就应当进行房产税纳税申报。

【相关风险】

房产税纳税义务起始时间确认错误风险。

1. 相关规定

《财政部、国家税务总局关于印发房产税若干具体问题解释和暂行规定》（财税地字〔1986〕8号）第十九条规定：纳税人委托施工企业建设的房屋，从办理验收手续之次月起征收房产税。纳税人在办理验收手续前已使用或出租、出借的新建房屋，应按规定征收房产税。

2. 风险表现

房屋从取得房产证之日起才开始缴纳房产税。

（五）临时性房屋未按规定缴纳房产税

【案例】A公司是一家施工企业，为进行某房地产项目开发，在工地现场临时搭建板房等房产35间，供建设期间工人住宿、休息、餐饮等使用，至2019年6月30日该项目完工，A公司将搭建的临时房屋自2019年7月1日起转让给了建设方Y公司，Y公司作为临时办公用房使用。Y公司受让房屋后，因为是工地的临时搭建房屋，认为不属于房产税征税范围，并未进行房产税纳税申报。

【解析】

根据财税地字〔1986〕8号第二十一条"如果在基建工程结束以后，施工企业将这种临时性房屋交还或者估价转让给基建单位的，应当从基建单位接收的次月起，依照规定征收房产税"之规定，Y公司应依法申报缴纳房产税。

【相关风险】

临时性房屋未按规定缴纳房产税风险。

1. 相关规定

《财政部、国家税务总局关于房产税若干具体问题的解释和暂行规定》（财税地〔1986〕8号）规定：凡是在基建工地为基建工地服务的各种工棚、材料棚、休息棚和办公室、食堂、茶炉房、汽车房等临时性房屋，不论是施工企业自行建造还是由基建单位出资建造交施工企业使用的，在施工期间，一律免征房产税。但是，如果在基建工程结束以后，施工企业将这种临时性房屋交还或者估价转让给基建单位的，应当从基建单位接收的次月起，依照规定征收房产税。

2. 风险表现

在基建工程结束以后，施工企业将临时性房屋交还或者估价转让给基建单位的，未规定缴纳房产税。

第四节　土地使用税税务风险管理

一、土地使用税税务风险分析指标

（一）城镇土地使用税变动率

1. 指标值

城镇土地使用税变动率 =（当期土地使用税 − 基期土地使用税）÷基期土地使用税 × 100%

2. 指标预警值

一般情况下，如果企业土地占用量不发生变化，城镇土地使用税变动率应该等于零。

3. 问题指向

根据所占土地的地理位置确定不同的单位税额，单位税额确认后不会轻易改变。因此，企业土地占用量不发生变化，城镇土地使用税变动率应该等于零。如果城镇土地使用税变动率小于零，税务机关会进一步核查是否有转让土地使用权的行为。如果没有，可能存在少交土地使用税的问题。

（二）城镇土地使用税变动率与房产税变动率配比分析

1. 指标值

房产税变动率=（本期房产税额−基期房产税额）÷基期房产税额×100%

城镇土地使用税变动率=（本期城镇土地使用税额−基期城镇土地使用税额）÷基期城镇土地使用税额×100%

2. 指标预警值

正常情况下，两个变动率的关系是正相关的，两者基本应该同步增长。

3. 问题指向

如果土地使用税变动率大于0，而房产税变动率小于或等于0时，可能存在少缴房产税的问题；反之，可能存在少缴土地使用税的问题。

该指标应用于未对房屋进行改造及土地使用级次、税额未发生变化的基础上，同时关注相关比率是否发生异常变化，企业房产使用情况是否有相应变动。

（三）城镇土地使用税变动率与无形资产变动率配比分析

1. 指标值

城镇土地使用税变动率=（本期城镇土地使用税额−基期城镇土地使用税额）÷基期城镇土地使用税额×100%

无形资产变动率＝（无形资产期末数−无形资产年初数）÷无形资产年初数×100%

指标值=年度应纳城镇土地使用税变动率÷年度无形资产变动率

2. 指标预警值

正常情况下，二者应同步增长。

3. 问题指向

（1）若指标值小于1，且城镇土地使用税变动率与无形资产变动率均为正数，无形资产增加，可能存在少计提城镇土地使用税问题；

（2）若指标值大于1，且城镇土地使用税变动率与无形资产变动率均为负数，无形资产减幅低于城镇土地使用税，可能存在未计、少计提城镇土地使用税问题；

（3）若指标值小于0，且城镇土地使用税变动率为负数，无形资产变动率为正数，无形资产增长而城镇土地使用税减少，可能存在少计提城镇土地使用税问题。

（四）A房地产公司城镇土地使用税案例分析

2015年底，某区税务局对A房地产公司2012、2013、2014年的纳税情况展开评估，发现该公司三年间缴纳的城镇土地使用税金额不一致，后两年减少约1.6万元。"房地产企业缴纳的税款动辄上千万元，A公司会为少缴1.6万元税款冒违法风险？"评估人员心想。房企在未交房的情况下，城镇土地使用税不应该减少，是不是财务人员计算出错了？带着疑惑，评估人员约谈了A公司财务人员。对方告知，这是企业办证土地面积比土地出让合同面积小所致。

企业开发用地面积要经过严格测量，怎会出现前后不一致的情况？评估人员查阅有关资料，发现A公司土地出让合同与土地使用证的土地面积并无差异。评估人员随即检查企业的土地成本科目，发现账面上的土地价款比土地出让合同的土地价款低很多。再查有关土地的初始入账凭证和企业其他资料，评估人员发现企业实收资本构成里包括一块土地。这时，企业财务人员道出了事实。A公司成立时，股东以一块面积为80亩的土地作价8 070万元入股，因该地块周边配套不完善一直未开发，2012年12月A公司与政府置换了一块面积为76亩的土地。两块土地按评估价置换，原土地评估价为1.63亿元，新土地价格为2.22亿元，涉及补缴土地出让金5 900万元。经过核查有关土地交易资料，评估人员证实A公司财务人员反映的情况属实。

为确保有关置换业务的涉税处理准确无误，该局组织业务骨干研究税收政策，也鼓励A公司研读政策。双方经过对政策研读，在几方面出现了意见分歧。

1. 土地增值税方面

A公司认为：公司原有土地属于政府收回性质，适用土地增值税暂行条例第八条第二款和土地增值税暂行条例实施细则第十一条的免征规定。税务机关认为：A公司不能提供原有土地被收回是因城市实施规划、国家建设需要的资料，因而即使是土地被政府收回，也不符合免征条件，应按规定缴税。A公司原有土地成本是8 070万元，评估价是1.63亿元，原有土地未开发，应补缴土地增值税2 900万元。

2. 企业所得税方面

A公司认为：该土地置换应按《企业政策性搬迁所得税管理办法》第十三条处理，不缴纳企业所得税。

税务机关认为：根据《企业政策性搬迁所得税管理办法》第三条规定，A公司无法提供属于政策性搬迁的证明资料，不符合政策性搬迁的条件，应按规定缴纳企业所得税。企业土地评估作价所得扣除应纳土地增值税和弥补以前年度亏损后，应缴纳企业所得税418万元。

3．契税方面

A公司认为：该项土地置换业务适用契税暂行条例细则第十条之规定，应按补缴的土地出让金缴纳契税。

税务机关认为：根据契税暂行条例细则第六条第四款之规定，土地使用权交换，指土地使用者之间相互交换土地使用权的行为，A公司的土地置换是土地使用者与土地所有者的交换，不适用契税暂行条例细则第十条的规定，应按新土地合同金额缴纳契税，应补缴契税206万元。

在税务人员耐心细致的政策说明下，A公司最终认识到先前对相关政策理解有偏差，及时按规定补缴税款3 524万元。

二、土地使用税税务风险点

（一）土地使用税征免税范围界定不清

【案例】某县税务局稽查局于2019年8月对位于城郊的国有企业远洋公司的2018年1月～6月纳税情况进行检查。在检查城镇土地使用税纳税情况时，检查人员发现A公司提供的政府部门核发的土地使用证书显示：A公司实际占地面积80 000平方米。其中：

①企业内学校和医院共占地2 000平方米；

②厂区外公共绿化用地5 000平方米，厂区内生活小区的绿化用地1 000平方米；

③2018年1月1日，公司将一块1 000平方米的土地对外出租给另一企业，用以生产经营；

④2018年3月1日，将一块1 500平方米的土地无偿借给某国家机关作公务使用；

⑤与某海洋公园共同拥有一块面积为5 000平方米的土地，其中远洋公司实际占有面积为3 000平方米，其余归海洋公园使用；

⑥2018年5月1日，新征用厂区附近的两块土地共计4 000平方米，一块是征用的耕地，面积为2 800平方米，另一块是征用的非耕地，面积为1 200平方米；

⑦除上述土地外，其余土地均为公司生产经营用地（该公司所在地适用税额为1元／平方米）。

【解析】

（1）税法规定，企业办的学校、医院、托儿所、幼儿园自用的土地，比照由国家财政部门拨付事业经费的单位自用的土地，免征城镇土地使用税。

（2）对企业厂区（包括生产、办公及生活区）以内的绿化用地，应按规定缴纳城镇土地使用税，厂区以外的公共绿化用地和向社会开放的公园用地，暂免征收城镇土地使用税。

应纳税额＝1 000×1÷2＝500（元）

（3）土地使用权出租的，由拥有土地使用权的企业缴纳城镇土地使用税。该公司不缴税。

（4）税法规定，对免税单位无偿使用纳税单位的土地，免征城镇土地使用税；对纳税单位无偿使用免税单位的土地，纳税单位照章缴纳城镇土地使用税。本案例中承租土地的国家机关免予缴纳城镇土地使用税。A公司2018年1月～2月应纳税额为：1 500×1×2÷12＝250（元）。

（5）土地使用权共有的，由共有各方分别纳税。对海洋公园的土地免税，远洋公司实际占有面积为3 000平方米按规定征税。

应纳税额＝3 000×1÷2＝1 500（元）

（6）税法规定，对征用的耕地因缴纳了耕地占用税，从批准征用之日起满一年后征收城镇土地使用税；征用的非耕地因不需要缴纳耕地占用税，应从批准征用之次月起征收城镇土地使用税。因此，A公司上半年只需对征用的非耕地缴纳6月份一个月的城镇土地使用税。

应纳税额 = 1 200 × 1 ÷ 12 = 100（元）

（7）应纳税额 =（80 000 − 2 000 − 5 000 − 1 000 − 1 000 − 1 500 − 3 000 − 4 000）× 1 ÷ 2 = 31 250（元）

综上，该公司2018年1月～6月合计应纳城镇土地使用税为：

500 + 250 + 1 500 + 100 + 31 250 = 33 600（元）

【相关风险】

土地使用税征免税范围界定不清风险。

1．相关规定

《中华人民共和国城镇土地使用税暂行条例》第二条规定：在城市、县城、建制镇、工矿区范围内使用土地的单位和个人，为城镇土地使用税（以下简称"土地使用税"）的纳税人，应当依照本条例的规定缴纳土地使用税。

前款所称单位，包括国有企业、集体企业、私营企业、股份制企业、外商投资企业、外国企业以及其他企业和事业单位、社会团体、国家机关、军队以及其他单位；所称个人，包括个体工商户以及其他个人。

第六条规定，下列土地免缴土地使用税：

①国家机关、人民团体、军队自用的土地；

②由国家财政部门拨付事业经费的单位自用的土地；

③宗教寺庙、公园、名胜古迹自用的土地；

④市政街道、广场、绿化地带等公共用地；

⑤直接用于农、林、牧、渔业的生产用地；

⑥经批准开山填海整治的土地和改造的废弃土地，从使用的月份起免缴土地使用税5年至10年；

⑦由财政部另行规定免税的能源、交通、水利设施用地和其他用地。

2. 风险表现

土地使用税征免税范围界定不清。

（二）土地使用税的纳税义务开始时间确认错误

【案例】2013年11月，某市甲房地产企业通过"招、挂、拍"程序，耗资2亿元与当地土地储备中心签订一份土地转让合同。由于当地土地储备中心2013年的土地储备指标全卖完了，为了实现2013年的财政收入的目标，当地政府只好把2014年的土地指标预先放到2013年来销售，也就是说，当地政府即土地储备中心与该房地产公司签订的土地销售合同，卖的是2014年的土地指标，而不是真正的土地实物，结果在土地转让合同中没有写土地交付的使用时间。

甲房地产公司从土地储备中心索取的一张2亿元的发票，在财务上的账务处理是：借：无形资产——土地　贷：银行存款。由于没有具体的土地，没有办理土地使用权证书，直到2014年12月份才把土地交给房地产企业使用，该房地产企业直到2015年3月份才办理了土地使用权证书。2015年5月份，当地的税务稽查局抽到该房地产公司进行检查，结果发现该房地产公司2013年11月份买的该土地，没有缴纳土地使用税，要求该房地产企业进行补缴2013年12月份以来的土地使用税，并要求罚款并缴纳滞纳金。

【解析】

《财政部、国家税务总局关于房产税、城镇土地使用税有关政策的通知》（财税〔2006〕186号）第二条规定：以出让或转让方式有偿取得土地使用权的，应由受让方从合同约定交付土地时间的次月起缴纳城镇土地使用税；合同未约定交付土地时间的，由受让方从合同签订的次月起缴纳城镇土地使用税。

《国家税务总局关于通过招拍挂方式取得土地缴纳城镇土地使用税问题的公告》（国家税务总局公告2014年第74号）规定：通过招标、拍卖、挂牌方式取得的建设用地，不属于新征用的耕地，纳税人应按照《财政部 国家税务总局关于房产税城镇土地使用税有关政策的通知》（财税〔2006〕186号）第二条规定，从合同约定交付土地时间的次月起缴纳城镇土地使用税；合同未约定交付土地时间的，从合同签订的次月起缴纳城镇土地使用税。

本案例中的房地产企业在与当地土地储备中心签订的土地转让合同中，没有写明土地交付使用的时间，根据财税〔2006〕186号文件第二条的规定，本房地产企业必须从2013年签订合同的时间11月的次月12月开始申报缴纳土地使用税。

如果该房地产公司能提前做好税收筹划，在2013年11月与当地土地储备中心签订土地转让合同时，就能够考虑到当地土地储备中心无法交付土地的客观现实情况，在当时的土地转让合同中写清楚预计政府能够提供土地交付使用的时间，假使为2015年4月，则根据财税〔2006〕186号文件第二条的规定，该房地产公司缴纳土地使用税的时间为2015年5月份，就可以规避当地税务稽查局作出的以上补税、罚款和缴纳滞纳金的税务风险。

【相关风险】

土地使用税的纳税义务开始时间确认错误风险。

1. 相关规定

（1）《财政部、国家税务总局关于房产税城镇土地使用税有关政策的通知》（财税〔2006〕186号）第二条规定：对纳税人自建、委托施工及开发涉及的城镇土地使用税的纳税义务发生时间，由纳税人从取得土地使用权合同约定交付土地时间的次月起缴纳城镇土地使用税；合同未约定交付土地时间的，由受让方从合同签订的次月起缴纳城镇土地使用税。基于此规定，是否取得《土地使用证》或是否全额缴款都不能作为判定纳税义务发生时间的依据。

（2）《国家税务总局关于通过招拍挂方式取得土地缴纳城镇土地使用税问题的公告》（国家税务总局公告2014年第74号）规定：通过招标、拍卖、挂牌方式取得的建设用地，不属于新征用的耕地，纳税人应按照《财政部、国家税务总局关于房产税城镇土地使用税有关政策的通知》（财税〔2006〕186号）第二条规定，从合同约定交付土地时间的次月起缴纳城镇土地使用税；合同未约定交付土地时间的，从合同签订的次月起缴纳城镇土地使用税。

（3）《国土资源部、住房和城乡建设部关于进一步加强房地产用地和建设管理调控的通知》（国土资发〔2010〕151号）第四条规定，土地出让必须以宗地为单位提供规划条件、建设条件和土地使用标准，严格执行商品住房用地单宗出让面积规定，不得将两宗以上地块捆绑出让，不得"毛地"出让。

2. 土地使用税的纳税义务开始时间

（1）根据以上法律规定，如果企业取得的土地是熟地（净地）的，土地使用税的纳税义务开始时间分两种情况：

①由纳税人从取得土地使用权合同约定交付土地时间的次月起缴纳城镇土地使用税；合同未约定交付土地时间的，由受让方从合同签订的次月起缴纳城镇土地使用税。

②在土地管理部门与企业办理土地交付手续的实践中，要特别注意以下两点纳税义务开始时间：

第一，土地管理部门与企业办理土地交付使用手续的时间滞后于合同中约定的交付使用时间，则城镇土地使用税应从合同约定交付土地时间的次月起缴纳；

第二，土地管理部门与企业办理土地交付使用手续的时间早于合同中约定的交付使用时间，则城镇土地使用税从土地实际交付的次月起缴纳。

（2）如果企业通过招投标取得的土地是生地（毛地），则土地使用税的纳税义务时间是拆迁工作完成，开始使用土地的时间。

（三）土地使用税纳税截止时间确认错误

【案例】2010年7月13日，甲工贸公司与市国土资源局签订国有建设用地使用权出让合同，合同约定出让面积为72 095.10平方米，2010年7月20前交付出让土地。该宗土地于2010年11月11日取得使用权证。

2012年2月13日，因甲工贸公司未按出让合同约定进行开发建设，市国土资源局拟决定收回该土地使用权。

2012年12月26日，甲工贸公司与乙电子公司签订土地及附属物转让协议，将前述土地中的72亩转让给乙电子公司，约定土地及附属建筑物转让价款7 870 305元。

2013年1月14日，市项目入驻审核工作领导小组召开会议，决定收回甲工贸公司72亩土地，并按规定公开挂牌出让。××市土地收购储备中心也与甲工贸公司签订了收回土地使用权协议。协议约定：乙方（指甲工贸公司）将108亩土地中的72亩交回甲方，甲方按所供土地实际价款10 000元每亩返还给乙方；乙方在此宗土地上所建建筑物、附属设施由乙方与重新挂牌取得土地使用权人协商。

2013年1月18日，乙电子公司将8 063 800元汇入甲工贸公司的账户代甲工贸公司偿还借款，双方完成土地及附属建筑物转让行为。

2013年2月5日，甲工贸公司土地使用权面积因被收回72亩，由72 095.10平方米变更登记为24 034.2平方米。2013年2月21日，乙电子公司通过参加挂牌出让，取得原告被收回的48 060.9平方米土地使用权。

被告市稽查局以原告转让、使用不动产未依法缴纳税款为由，于2014年7月18日对原告甲工贸公司作出税务处理决定，原告不服该税务处理决定，于2014年9月17日向市税务局提起行政复议，复议维持市稽查局的处理决定，原告仍不服，向法院提起行政诉讼。

原审法院驳回原告诉讼请求，原告不服向法院提起上诉。

上诉人甲工贸公司认为：2012年2月13日市国土局收回了其土地使用权，故征收2012年度城镇土地使用税没有法律依据。市稽查局决定征收2013年度城镇土地使用税没有考虑建设审批障碍，是政府原因导致没有审批建设用地，故该土地没有实际使用，不应当缴纳土地使用税。

法院认为：根据相关规定，甲工贸公司应当自2010年8月起交纳城镇土地使用税。也应按规定缴纳2011、2012年度的城镇土地使用税。最终驳回甲工贸公司的上诉请求。根据财税〔2006〕186号第二条规定，以出让或转让方式有偿取得土地使用权的，从合同约定交付土地时间的次月起缴纳城镇土地使用税，合同没有约定的，由受让方自合同约定的次月起缴纳。合同约定于2010年7月20日向甲工贸公司交付，所以甲工贸公司应于2010年8月起缴纳城镇土地使用税。土地使用权实际被收回的时间为2013年1月，2012年国土局及房管局只是做出了收回土地的前置程序，即"拟收回"。而甲工贸公司2013年2月5日申请变更土地使用权登记，证明2011年度、

2012年度该72 095.10平方米的国有土地使用权属甲工贸公司，也应当按照规定缴纳城镇土地使用税。

【相关风险】

土地使用税纳税截止时间确认错误风险。

1.　相关规定

《财政部、国家税务总局关于房产税城镇土地使用税有关问题的通知》（财税〔2008〕152号）规定：纳税人因房产、土地的实物或权利状态发生变化而依法终止房产税、城镇土地使用税纳税义务。

至于"房产、土地的实物或权利状态发生变化"具体指的是什么，国家税务总局并没有明确规定。有的地方自行出台了规定，大致分为以下几种标准：

（1）签订销售合同。

《广西壮族自治区地方税务局关于房地产企业城镇土地使用税纳税义务终止时间的通知》（桂地税字〔2009〕117号）规定，对房地产开发企业建造的商品房用地，在商品房出售之前，应依照规定征收城镇土地使用税；终止缴纳的时间应以商品房出售双方签订销售合同生效的次月起。

（2）房屋交付使用。

《青岛市地方税务局关于明确房地产企业商品房开发期间城镇土地使用税有关问题的通知》（青地税函〔2009〕128号）规定：房地产企业开发商品房已经销售的，土地使用税纳税义务的截止时间为商品房实物或权利状态发生变化即商品房交付使用的当月末。

《安徽省地方税务局关于若干税收政策问题的公告》（安徽省地方税务局公告2012年第2号）规定：房地产开发企业销售新建商品房的城镇土地使用税纳税义务截止时间，为房屋交付使用的当月末。房屋交付使用的时间为合同约定时间。未按合同约定时间交付使用的，为房屋的实物或权利状态发生变化的当月末。

《西安市地方税务局关于明确房地产开发企业房地产开发用地城镇土地使用税征收起止时间有关问题的通知》（西地税发〔2009〕248号）规定：房地产开发企业房地产开发用地城镇土地使用税征收截止时间应为《商品房买卖合同》或其他协议文件约定房屋交付的当月末；未按《商品房买卖合同》或其他协议文件约定时间交付房屋的，城镇土地使用税征收截止时间为房屋实际交付的当月末。房地产开发企业商品房销售期间，应逐月统计已交付和未交付部分，并按建筑面积比例分摊计算当月应缴纳土地使用税。

（3）房屋交付时间和购房者房屋产权登记时间孰先。

《重庆市地方税务局关于明确房地产开发企业城镇土地使用税纳税义务终止有关问题的公告》（重庆市地方税务局公告2012年第6号）规定：房地产开发企业已销售房屋的占地面积，可从房地产开发企业的计税土地面积中扣除。房地产开发企业销售房屋并终止城镇土地使用税纳税义务时间按"房屋交付时间和购房者房屋产权登记时间孰先"的原则确定。

（4）办理产权证。

《河南省地方税务局房地产开发企业城镇土地使用税征收管理办法》（豫地税发〔2006〕84号）第七条规定：房地产开发企业城镇土地使用税纳税人，开发商品房已经销售的，应自房屋交付使用之次月，按照交付使用商品房屋的建筑面积所应分摊的土地面积相应调减应税土地面积。

房屋交付使用，是指房地产开发企业按照售房合同的规定，将房屋已销售给购房人且购房人已办理了房屋土地使用权证或者房屋产权证，房屋所占有的土地已发生实际转移的行为。

2. 风险表现

（1）土地的实物或权利状态已发生变化，而未终止城镇土地使用税纳税义务，多缴土地使用税。

（2）不符合土地的实物或权利状态已发生变化的相关条件，终止城镇土地使用税纳税义务，少缴土地使用税。

参考文献

1. 申山宏. 大数据下涉税风险分析，中国税务出版社，2017年版.

2. 屈震，马泽方. 企业所得税汇算清缴关键点风险点解析，中国税务出版社，2018年版.

3. 邵凌云. 税收风险管理理论与实务，中国税务出版社，2017年版.

4. 陈玉琢. 视同销售对应支出纳税调整的思路和运用，税务研究，2020年第6期.

5. 余静，吕伟. 税收风险管理理论模型与实践应用，立信会计出版社，2018年版.